教育史学会紀要　第60集

日本の教育史学

教育史学会機関誌編集委員会編

目　次

Ⅰ　研究論文

（1）森文政の再検討
　　　―諸学校令制定と「経済」主義に着目して―
　　　　　　　　　　　　　　　　　　湯川　文彦（お茶の水女子大学）………… 6

（2）明治30年代半ばにおける教師の教育研究の位置づけ
　　　―大瀬甚太郎の「科学としての教育学」論と教育学術研究会の活動に注目して―
　　　　　　　　　　　　　　　　　　白石　崇人（広島文教女子大学）………… 19

（3）甲賀ふじのアメリカ留学と幼稚園教育実践
　　　　　　　　　　　　　　　　　　永井　優美（東京成徳短期大学）………… 32

（4）戦後初期における旧軍関係教育機関出身者への施策
　　　―「非軍事化」と「民主化」の動向とその射程に着目して―
　　　　　　　　　　　　　　　　　　白岩　伸也（筑波大学・大学院生）……… 45

（5）清末国内知識人による「学堂楽歌」運動の展開
　　　―常州の音楽講習会を中心に―
　　　　　　　　　　　　　　　　　　班　　　婷（広島大学）………………… 58

（6）西ベルリン・ノイケルン区所有の学校田園寮に関する研究
　　　―東西分裂時代のヴァンゼー別荘で存続した「教育の場」―
　　　　　　　　　　　　　　　　　　江頭　智宏（名古屋大学）………………… 71

（7）20世紀転換期イギリスにおける学校医療サービスの発展
　　　―ロンドン学校診療所の活動に注目して―
　　　　　　　　　　　　　　　　　　増田　圭佑（広島大学・大学院生）……… 84

Ⅱ　教育史学会第60回大会記録

（1）個人発表一覧 …………………………………………………………………… 98
（2）コロキウム一覧 ………………………………………………………………… 101
（3）国際シンポジウム：教育史研究の新たな船出　―教育史研究はどこに向かうべきか―
　　　シンポジウム趣旨説明
　　　　　　　　　　　　　　　　　　大戸　安弘（横浜国立大学）……………… 102
　　　報告
　　　　外から見た日本の教育史
　　　　　　　　　　　　　　　　　　Richard RUBINGER（インディアナ大学）…… 103
　　　　21世紀の時代診断と教育史研究の方向
　　　　　　　　　　　　　　　　　　韓　　龍震（高麗大学校）…………………… 107

教育史研究の「学際化」と「国際化」
　　　　　　　　　　　　　　　　辻本　雅史（国立台湾大学）………… 112

　　指定討論
　　　「教育史研究の新たな船出」へ向けて
　　　　　　　　　　　　　　　　越水　雄二（同志社大学）…………… 118

　　　教育史研究の「新たな船出」を妨げる言葉
　　　　　　　　　　　　　　　　VAN STEENPAAL Niels（京都大学）…… 121

　　討論のまとめ
　　　　　　　　　　　　　　　　一見真理子（国立教育政策研究所）……… 124

Ⅲ　海外研究情報

　　グローバリゼーションの下での教育史研究
　　　―中国ウォッチャーの目からみた動向を踏まえて―
　　　　　　　　　　　　　　　　新保　敦子（早稲田大学）…………… 130

Ⅳ　書　評

（１）川村肇・荒井明夫　編『就学告諭と近代教育の形成―勧奨の論理と学校創設』
　　　　　　　　　　　　　　　　田中　智子（京都大学）　………… 140

（２）永井優美　著『近代日本保育者養成史の研究―キリスト教系保姆養成機関を中心に』
　　　　　　　　　　　　　　　　髙田　文子（白梅学園大学）………… 143

（３）田嶋　一　著『〈少年〉と〈青年〉の近代日本―人間形成と教育の社会史』
　　　　　　　　　　　　　　　　菅原　亮芳（高崎商科大学）………… 145

（４）田中千賀子　著『近代日本における学校園の成立と展開』
　　　　　　　　　　　　　　　　川口　仁志（松山大学）　………… 148

（５）奥平康照　著『「山びこ学校」のゆくえ―戦後日本の教育思想を見直す』
　　　　　　　　　　　　　　　　太郎良　信（文教大学）　………… 151

（６）山本和行　著『自由・平等・植民地性―台湾における植民地教育制度の形成』
　　　　　　　　　　　　　　　　白石　崇人（広島文教女子大学）………… 154

（７）藤森智子　著『日本統治下台湾の「国語」普及運動―国語講習所の成立とその影響』
　　　　　　　　　　　　　　　　北村　嘉恵（北海道大学）………… 156

（８）渡邊隆信　著『ドイツ自由学校共同体の研究―オーデンヴァルト校の日常生活史』
　　　　　　　　　　　　　　　　池田　全之（お茶の水女子大学）………… 159

（９）河合　務　著
　　　『フランスの出産奨励運動と教育―「フランス人口増加連合」と人口言説の形成』
　　　　　　　　　　　　　　　　尾上　雅信（岡山大学）　………… 162

V　図書紹介

（1）太田拓紀 著『近代日本の私学と教員養成―ノン・エリート中等教員の社会史』
　　　　　　　　　　　　　　　杉森　知也（日本大学）……………166

（2）佐々木浩雄 著『体操の日本近代―戦時期の集団体操と〈身体の国民化〉』
　　　　　　　　　　　　　　　鈴木　明哲（東京学芸大学）…………167

（3）天野郁夫 著『新制大学の誕生―大衆高等教育への道』（上・下）
　　　　　　　　　　　　　　　西山　　伸（京都大学）……………169

（4）三好信浩 著『日本の産業教育―歴史からの展望』
　　　　　　　　　　　　　　　三羽　光彦（芦屋大学）……………170

（5）学校沿革史研究会　寺﨑昌男・西山　伸・湯川次義 著
　　『学校沿革史の研究　大学編2―大学類別比較分析』
　　　　　　　　　　　　　　　小宮山道夫（広島大学）……………172

（6）奈良女子大学アジア・ジェンダー文化学研究センター 編
　　『奈良女子高等師範学校とアジアの留学生』
　　　　　　　　　　　　　　　佐藤　由美（埼玉工業大学）…………174

（7）上垣　豊 著『規律と教養のフランス―近代教育史から読み直す』
　　　　　　　　　　　　　　　井岡　瑞日（大阪総合保育大学）…………175

（8）藤澤房俊 著『ムッソリーニの子どもたち―近現代イタリアの少国民形成』
　　　　　　　　　　　　　　　柴田　賢一（尚絅大学短期大学部）………177

I 研究論文

森文政の再検討
― 諸学校令制定と「経済」主義に着目して ―

湯　川　文　彦（お茶の水女子大学）

はじめに

　明治19（1886）年に制定された諸学校令は、これまで近代教育制度の原型として注目を集めてきた。しかし、諸学校令の制定過程が史料的な制約から不明であったため、先行研究では、文部大臣森有礼の秘書官であった木場貞長の回顧談[1]―小学校令案を省内で作成させたが不十分であったため、森自身が起案し、木場ら秘書官が整頓し、森が直に閣議に持ち込んだ―をもとに、諸学校令制定を森が一手に行ったものであるとみなし、明治17年に森が文部省御用掛となって以来の政策意図と教育政策を一体のものと捉えて、森文政の画期性を評価する[2]。ただし、木場の回顧談は『教育五十年史』編纂という顕彰事業のなかにあり、また、木場自身は諸学校令制定過程の全容を把握する立場にはなかったことを考えると、木場の回顧談に基づいて森の政策意図＝諸学校令の制定＝森文政期の教育政策という等式を立てることには問題がある。そうしたなかで、森文政の画期性ないし森と諸学校令の関係については、これまでも疑義が呈されているが[3]、問題の解明に必要な当時の内閣における森文部大臣の位置や法令制定手続きのあり方についての検討がなされておらず、未だ多くの不明な点が残されている。

　そこで本稿では、木場の回顧談、森の意見書、演説集など、従来用いられてきた史料の批判に加えて、内閣側の新史料の発掘とその分析を通じて諸学校令の制定過程の解明を図り、森文政の再検討を行う。検討に際して注目するのは、内閣の立法・行政上の役割である。明治18年12月、太政官制から内閣制度への移行が実施され、初代内閣総理大臣に伊藤博文、文部大臣に森が就任したが、立法手続きにおいては、法案審査機関である内閣法制局の審査を経なければならず、また伊藤内閣は地方経済の逼迫に鑑みて行財政整理を断行しなければならない立場にあった。したがって、諸学校令の制定および実施には内閣の立法手続きおよび施政方針による一定の制約が伴っていたと考えられる。そのなかで森はどのような役割を担ったのだろうか。本稿では、まず森の参事院議官兼文部省御用掛時代の活動と法案審査機関の関係を明らかにした上で、森が諸学校令制定・実施に果たした役割を明らかにする。ついで、森文政の特徴である「経済」主義について、内閣方針との関係に着目して再検討を行い、その性格を明らかにすることとしたい。

1. 諸学校令の制定過程と内閣の動向

(1) 参事院議官としての森の立場―「教育令ニ付意見」をめぐって―

　明治18年7月に森は「教育令ニ付意見」[4]を記し、名誉職学務委員制の導入とともに、将来的な学校種別法令整備を展望した。従来の研究では、第三次教育令制定に森が関わったのか否かという関心から本史料が解釈されてきたが、これは明治18年6月17日に文部省が内閣に上申した「学務委員撰任方ノ件」の参事院審査のために、参事院議官であった森がその説明のために用意した演説書であると考えられる。本項では、森が参事院議官兼文部省御用掛時代に行った活動と本史

料を著した経緯の検討を通して、当該期の内閣の立法過程における森の立場を明らかにする。

当時、政府では地方費削減のための制度改革が議論されていた。内務卿山県有朋は明治18年2月の上申書「地方経済改良ノ議」において、地方税・区町村費削減のため土地割を地租5分の1以内に収めることを提言し、4月6日には大蔵卿松方正義と連名で「区町村費節減ノ議」を上申して、区町村費の土地割分を地租7分の1以内と定め、地方費に占める割合の大きい教育費、就中、学務委員費用の削減を求めた。これを受けて、文部卿大木喬任は「町村教育費ノ儀ニ付上申」を提出し、先の「区町村費節減ノ議」よりも教育費の節減額と対象範囲を抑制した[5]。

森は同月、学務委員費用削減が地方教育事務に与え得る影響を調査するため、学事巡視に出発している。4月12日（在神戸）の大木への報告には「兵庫県ハ教育ニ付大イニ経済ヲ立テ、費用ヲ減ズルノ見込ミアリ。但学務委員給料ハ決シテ廃止スベカラズトセリ。右ノ旨、内務大蔵両卿ヘ御通知アリタシ」とある[6]。この報告を受けた大木は、あくまで学務委員費廃止を既定路線としつつも、地方官の意見を踏まえてその実施を明治19年4月（民費賦課率制限施行月）まで延期する案を内閣へ提示した。大木は教育令再改正案においても、学務委員費を廃止し、地方税支弁による学事取締を設置する規定（郡区単位）を設けており、人材・財源とも不足する町村に学務委員を置き続けても教育事務の実効を求めることは困難と認めていた。

一方、森も名誉職学務委員（郡区単位）を制度化すべく活動する。この森の活動は国立公文書館所蔵「件名録」より知ることができる。「件名録」は政府内の文書処理過程を記録したもので、各省・法制機関などから内閣へ法令・行政関係書類が提出されれば記録される仕組みになっている。「件名録」によれば、教育令再改正案は6月16日に内閣から参事院の審査に回されているが、その翌日、文部省は内閣へ「学務委員撰任方ノ件」を上申し、内閣はこれを6月23日に参事院へ回付している[7]。先述の通り、教育令再改正案には学務委員を廃止して学事取締を置くことが明記されており、文部省が「学務委員撰任方」を議論するのは奇妙だが、これは森が主張する名誉職学務委員制の導入を問うたものとみられる。教育令再改正案に関して、参事院は6月26日、「現今学事ノ状況ニ於テハ右学事取締ヲ置クノ必要ヲ見ザルト、費用節減トノ旨趣ニ基キ」学事取締規程を削除する。そして同案は7月28日に元老院の議了により参事院へ再び回付され、30日に参事院の承認を受けた。この経緯を踏まえると、参事院の学事取締規程削除後、教育令再改正の正式決定前の7月中に参事院議官・森が名誉職学務委員制（「学務委員撰任方ノ件」）の参事院審査のために用意した説明書類が「教育令ニ付意見」であった[8]。事実、森はこのなかで名誉職学務委員制について「一ハ以テ地方ノ民費ヲ減少シ、一ハ以テ学事ヲ整理スルノ端緒トナルベシ」と述べ、参事院が学事取締規程却下の理由とした地方費削減・学事改良の両面において効用があると強調している。先行研究では森の本職が参事院議官であったことは等閑に付されているが、森は文部省御用掛として学事巡視を行った後、参事院議官として地方学事専任職存続の道を探ったのである。なお、「学務委員撰任方ノ件」の「件名録」附記欄には「八月廿九日下戻申出」と記されており、文部省側から同件の撤回要請があったことがわかる。これは8月12日に第三次教育令が布告され、施行準備が始まったためと考えられる。

以上の森の活動との関係で注目すべきは、参事院の法案審査である。参事院では各議官・議官補が明治15～16年にかけて地方を巡察し、地方費削減や地方制度改革への関心を高めていた。大木の学事取締案も森の名誉職学務委員案も、地方費削減と学事上の効果を念頭においていたが、参事院は学事取締案についてその必要性を認めず、無給の名誉職学務委員案さえ採用しなかった。すなわち、参事院は地方費削減・学事について固有の志向を有しており、政府の立法経路において森が自在に意見を通せる状況にはなかったのである。明治18年12月、森は文部大臣に就任

I 研究論文

するが、如上の二つの要素は、諸学校令制定過程においてどのように作用したのだろうか。

(2) 諸学校令制定における森の役割

　本項では、諸学校令制定過程の検討を通じて、木場の回顧談に対する史料批判を行うとともに、諸学校令制定過程において実際に森が担った役割を明らかにする。まず、文部省では明治18年7月に師範学校条例・中学校条例・小学校条例取調委員を任命し、三条例案の取り調べを行っていた。これまでは、国立公文書館所蔵「公文類聚」中の諸学校令案が明治19年4月提出であったため、木場の回顧談とあわせて、森が省議を不服とし、自ら諸学校令案を起案し、閣議に提出したと考えられてきた。しかし、「件名録」にはこれまで知られてこなかった以下のプロセスが記されている[9]。明治19年2月12日、森文部大臣は内閣へ「師範学校条例」「中学校条例」「小学校条例」の三条例案を上申していた。このとき「大学条例」案や「諸学校通則」案は提出されていない。あくまで明治18年から取り調べてきた三条例案のみの提出である。2月13日、内閣は三条例案を法案審査機関である内閣法制局へ回付したが、以後「件名録」には三条例案が返付された形跡がない。通常、内閣法制局の審査が終了した書類は内閣へ返付され、「件名録」に記載されたのち、閣議にかけられるため、三条例案は内閣法制局の審査を通過できなかったことがわかる。なお、木場貞長は3月3日にドイツ留学から帰国し、同月12日に文部大臣秘書官となっているので、彼には如上の経過が了解されていない。

　「公文類聚」によれば、小学校令案・中学校令案・師範学校令案・諸学校通則案が閣議に提出されたのは4月2日のことなので[10]、木場の回顧談によれば、その前日の4月1日に森の指示を受けて秘書官たちが各案を整頓し、2日に森が内閣へ提出したことになるが、実際の経過をたどれば、木場が語ったように森が省議を不服として案文の作り直しを命じたのではなく、すでに省議をまとめて森が提出していた三条例案が内閣法制局の審査で修正を余儀なくされたために、秘書官を交えてその作業に入ったとみるのが妥当である。

　ここで注目したいのは、2月に森が提出したものが「条例」案であり、実際に制定されたものが「学校令」であるというギャップである。先行研究では、明治18年7月からの条例取調が諸学校令へとつながっていったと捉えるが、なぜ「条例」が「学校令」と名前を変えることとなったのか、その経緯と意味についての検討はなされていない。そこで、まず「条例」とは何か、明治18年10月の文部省御用掛西村茂樹の演説からみてみよう[11]。

　　小学校ノ科目等ニ至テハ不日小学条例ナルモノ発布セラル、筈ナレバ、然ル上ニ於テ明瞭スベシト雖ドモ（中略）以上ノ諸学科ハ普通教育ニ欠クベカラザルモノナレバ、是亦教育令改正ニ付テ変ズル所ナキヲ信ズ。（中略）小学教場ハ要スルニ授業料ノ點ヨリ之ヲ設ケシナリ。（中略）此辺ノ細則モ彼ノ条例ノ出ル上ハ瞭明スベシ。

　ここで「条例」は現行教育令の細目を埋めるもの、つまり行政規則であると説明されている。実は文部省は、明治18年12月に各府県へ小学校条例の一部である「小学科課程表」を内報しており[12]、明治19年1月頃にも同じく小学校条例の一部である「学区ニ関スル条項」を内報していた[13]。これらの内容は、西村がいうように第三次教育令の細目を埋めるものであり、根本的な変更を加えるものではなかった。したがって、明治19年2月に提出された三条例案は、条例取調の結果ではあるものの、第三次教育令施行のための細目を整えることを目的としており、教育令廃止・学校令制定を意図するものではなかったのである。

　なぜ、三条例案は成立しなかったのか。長崎県庁文書にはその事情が記されている。明治19年4月、先の「学区ニ関スル条項」に即して施行案を作成していた長崎県学務課長・小山三等属は、

上京した際に文部省へ相談したところ、次のような回答があったと報告する[14]。

> 右学区ニ関スル内報ハ姑ク措キ、改正教育令自身ガ又将ニ消滅セントスル程ニシテ、今後ハ専ラ地方長官ノ権内ニ属シ、中央政府ハ標準ヲ示メスニ止マルベキノ廟議ニ有之候。

もともと第三次教育令の細目を詰め、実際施行の準備をすすめる予定だったはずが、内閣の決定（「廟議」）によって従来の方針が転換されたという。その趣旨は、①教育令の細目を埋める「条例」ではなく、教育令を廃止して新令を定めること、②地方長官への権限委任を進めて、中央では「標準」を示すに止めることである。

当時、伊藤内閣は内閣制度移行に伴う行財政整理の一環として諸法令の整頓を進めており、方針転換の背景にはそうした内閣の事情があったと考えられる。明治18年12月の詔において「施政ノ整理」が不可欠と明示され[15]、伊藤は各大臣に対して官員数の削減、試験による官吏登用、公文書の繁文省略、冗費の削減、官吏の規律強化を行う旨を通達した[16]。これらは各省の組織や職権に大幅な見直しを伴うだけでなく、地方事務にも影響を及ぼす。繁文省略の項目で伊藤は地方官への権限委譲にも言及している。すなわち「府県長官及其他一局部ノ長タル者ハ法律命令ヲ施行スルニ付テ、其明文アル者ニ付経伺シテ指令ヲ請フコトヲ得ズ、其明文ナキ者モ実際ノ事務ヲ延滞セザラシムル為ニハ法律ノ精神ニ由リ処分施行スルヲ以テ当然ト為ス事」と。伊藤は従来主務省への伺を経て事務を執ってきた地方官たちに対して、今後は法律命令の明文あるものは、伺を経ることなく地方官が処置することとし、明文なきものも「法律ノ精神」に即した処置を「当然」と認めた。地方官裁量の拡大は、中央政府における煩瑣な事務の解消と地方事務の実効性向上のために不可欠であったのである。こうした伊藤内閣における行財政整理の実施は、既存の第三次教育令および三条例案にも影響を及ぼし、三条例案制定から諸学校令制定への方針転換につながったと考えられる。そうしたなかで、諸学校令の規定は旧太政官制時代の第三次教育令の規定に比べて簡易なものとなる[17]。小学校に関していえば、第三次教育令にあった小学校・小学教場の学期・授業日数、巡回授業、学校敷地免税などの具体的な規定をすべて削除し、小学簡易科を以て尋常小学科の代用を認めている。また、中学校令において高等中学校費を国庫と聯合府県の地方税との連帯支弁とし、尋常中学校を各府県1校に制限するなど、従来の教育事務の方針を保ちつつ費用を低減させる方策も採り入れた。いずれも、伊藤内閣の課題とする行財政整理に適応したものといえる。諸学校令が行財政整理という内閣の方針を受けたものであったことは、明治20年に内務省県治局が各府県に発した以下の照会文からも明らかである[18]。

> 先般諸学校令発布ニ付テハ、地方税区町村費ノ負担額ニ於テ已ニ減軽ノ実効相見エ候哉、或ハ現今未ダ其模様ナキモ次年度以降ニ於テ減軽スベキノ見込相立候哉、将又地方税区町村費ニハ減額アルモ人民負担ノ全体（寄附金協議費等ヲ包含ス）ニ就キ如何ナル情況ヲ呈スベキ御見込ニ候哉。

諸学校令公布より1年余りが経過し、地方税・区町村費の「減軽」がどの程度進んだのか、進む見込みなのか、その他の地方負担の状況を含めて「人民負担ノ全体」はどうか——一連の照会は、諸学校令がそもそも人民の地方費負担の軽減を意図したものであったことを示している。

なお、帝国大学令案は明治19年2月24日に閣議に供され、3月1日に裁可されているが、「件名録」には文部省が帝国大学令案を内閣へ提出したという記載はない。内閣は1月14日に、従前各省より提出されていた審議未了の法律・規則案の書類をすべて省へ返却する旨を決定しており、審議未了の場合は返却書類リストのなかにあるはずだが、同案は見当たらないため、それ以前の帝国大学令案の提出も認められない[19]。この返却リストにあったのは、明治18年8月3日に大木文部卿が提出し、翌日より参事院で審議していた「聯合府県立学校条例」案である[20]。一方、『伊

Ⅰ　研究論文

藤博文文書』（秘書類纂）には、文部省罫紙にかかれた帝国大学令案とその参照書類にあたる「東京大学職制」が残されている[21]。一連の事象から浮かびあがる帝国大学令の制定過程は以下の通りである。文部省では２月12日に三条例案を上申したが、内閣法制局審査において教育令廃止と学校令への作りかえを求められたため、急遽、帝国大学令案も提出することとなった。そこで、聯合府県立学校条例案を中学校令の高等中学校規程に反映させる一方で、東京大学職制に代わる帝国大学令案をまとめたものと考えられる。また、総長・渡辺洪基の人事案も内閣側が作成していることから[22]、そこには内閣側の意向が働いていたことがわかる。

諸学校令には三条例案から学校令への転換や行財政整理など、様々な点で内閣側の意向が影響しており、諸学校令制定における森の役割は、第三次教育令下の取り調べを内閣の意向に適合した形でまとめ直すことだったといえよう。

（３）内閣法制局の課題認識

諸学校令の制定にあたり、内閣側ではどのような法案審査を行ったのか。審査を担当した内閣法制局についてはまとまった史料が遺されていないが、内閣法制局長官を務めた山尾庸三の教育課題認識の検討を通して、審査意図を明らかにする。明治18年12月の内閣制度移行に伴い、従来の法案審査機関・参事院は廃止され、同月23日に内閣法制局が設置された。表１の内閣法制局人事表をみると、局員の大半が参事院からスライドしてきていることがわかる。長官の山尾庸三は元参事院財務部部長であり[23]、教育関係法案の審査を主管する行政部部長には、明治16年に山尾とともに地方巡察を行った岩崎小二郎（元参事院財務部官員[24]）が就任した。

この地方巡察後、山尾は次のような復命書を上申している[25]。今般の教育令改正は「教育上ノ一大改革」であるが、「其費途ニ至リテハ近来益々困難ノ状アリ」。「協議費中教育費」には「不納処分法」がないため、戸長は不納者を「民事ノ訴訟」に訴えるほかないが、「戸長ハ公撰ニ係ルヲ以テ人望ヲ失ハンコトヲ恐レ」て黙過する傾向にある。そのため「不納者歳ニ増シ、之ガ為メ往々学校ヲ閉鎖スルニ至ルモノアリ」、地方官はその困難を訴えて土木費同様に怠納者処分の適用を求めており、「今ニシテ何等救済法ヲ設ケザレバ、年々教育ノ退歩ヲ見ルニ至ルノ恐レナシトセズ」。しかし、すでに多くの小学校が建ち教育を行っていることは「僅々十数年ノ歳月ヲ以テ之ヲ観ルトキハ、非常ノ進歩ト謂ハザルベカラズ」。ゆえに「若シ細民一般生活ノ度位如何ヲ顧ミズ徒ニ費途徴収方ヲ厳刻ニセバ、未ダ教育ノ必要ヲ知ルニ及バズ、却テ怨嗟ノ聲ヲ発シ、延テ教育上全面ニ影響ヲ及スモ知ルベカラズ。当局者ニ於テ緩急先後ヲ酌量シ、時勢人情ニ適スル処分アラン事、目下教育上ノ急務ト謂フベシ」と。ここで山尾は第二次教育令施行の問題として教育費に注目している。教育費不納分の増大は教育事業の存続にかかわる重大問題だが、だからといって学資怠納者処分に踏み切れば、人民の教育理解の不足や生活苦という地方現実を前に人民の反感を買い、却って逆効果になる恐れがある。ゆえに「時勢人情ニ適スル処分」が必要であるというのである。周知の通り、第二次教育令は「干渉主義」の名の下に一層の教育普及を企図したものであったが、山尾は地方の実情に目を向け、「時勢人情」に適合した現実的方策の必要性を認めたのである。

また、山尾は中学校についても意見を述べている。まず「各県ニ於テ中学校ノ制小異同アリ、或ハ全ク地方税ヲ以テ設立スルモノアリ、或ハ協議費ヲ以テ之ヲ設立シ地方税ヲ以テ之ヲ補助スルモノアリ、而シテ費額ノ僅少ニシテ教則ノ不完全ナルハ各県同一ノ通弊ナリ」として費用支弁の方法の不統一と費額の少なさ、教則の不完全さを問題とする。その原因は「蓋シ旧各藩ノ人士各郷里ニ設立セン事ヲ企望スルト、県会議員等互ニ其被撰ノ郡中ニ設立セン事ヲ企望スルガ為

表1　内閣法制局人事表

	明治19年2月職員録（内閣）	明治17年12月職員録（勅奏任官）	明治18年1月職員録（制度取調局）	明治19年1月4日官報
山尾庸三	長官	参事院副議長		
落合濟三	書記官	参事院議官補兼同書記官		
牧朴眞	書記官	参事院議官補兼同書記官		
岩崎小二郎	行政部参事官(部長)	参事院議官補		
曾禰荒助	行政部参事官	参事院議官補		臨時官制審査委員
男谷忠友	行政部参事官	参事院議官補		
木下周一	行政部参事官	参事院議官補		
廣橋賢光	行政部参事官	参事院議官補		
小池靖一	行政部参事官	参事院議官補		
水野遵	行政部参事官	参事院議官補		
蒲生仙	行政部参事官	参事院議官補		
周布公平	法制部参事官(部長)	参事院議官補	御用掛	
平田東助	法制部参事官	太政官大書記官兼大蔵大書記官		
今村和郎	法制部参事官	参事院議官補		
山脇玄	法制部参事官	参事院議官補	御用掛	臨時官制審査委員
本尾敬三郎	法制部参事官	参事院議官補	御用掛	
荒川邦蔵	法制部参事官	太政官少書記官兼内務少書記官	御用掛	臨時官制審査委員
渡邊廉吉	法制部参事官	太政官権少書記官	御用掛	
山県伊三郎	法制部参事官	太政官権少書記官	御用掛	
牧野伸顕	法制部参事官	太政官権少書記官	御用掛	
馬屋原彰	司法部参事官(部長)	参事院議官補兼同書記官		
廣瀬進一	司法部参事官	参事院議官補		
岸本辰雄	司法部参事官	参事院議官補		

（出典）　『官報』および国立公文書館所蔵「職員録」より作成。
（備考）　明治19年2月「職員録」の記載事項は、明治18年12月28日「官報」と対照済（人事は同月同日通達）。
　　　　臨時官制審査委員は、上記の他、井上毅（図書頭）、伊東巳代治、金子堅太郎（内閣総理大臣秘書官）が就任。

メ、校数多キニ過ギ、資力周給セザルニ在」る。しかも、生徒は「僅ニ小学中等科ヲ卒業スレバ進テ中学ニ入リ」、卒業すれば「其温順ナルモノハ郡書記又ハ巡査」となるが、「才気アルモノ」は「空理ニ馳セ政談演説ニ従事スルモノ比々皆然リ」といった状況にある。その「矯正」は「教育上一大急務」であり、「県下数多ノ中学ヲ合併シテ便宜ノ地ヲ撰テ一校ヲ設立シテ、其資力ヲ集メ、教則ヲ高尚ニシ、教官ヲ精選シ、書籍器械ヲ具備」する必要がある。そして、「其生徒ハ必ズ小学高等科ヲ卒業シタルモノニ限リ、且各郡一箇乃至二三箇ヅヽ、必ズ高等小学ヲ設立セシメ、其郡中ノ学児先ヅ普通小学ヲ卒業シ、猶進テ高等科ヲ修メントスルトキハ高等小学ニ入リ、之ヲ卒業シテ猶進修ノ資力アルモノハ中学ニ入リ、卒業ノ後ハ専門学ヲ修ムルニ至ラバ、大小前後各其宜シキヲ得、現今ノ通弊ヲ一洗シ、教育ノ実稍挙ルニ至ラン」というのであった。

以上のように、山尾は小学校については「時勢人情」との調和による無理のない教育普及を求める一方、府県内の中学校を1校に統合して教育の向上を図るとともに、普通小学、高等小学、中学、大学（「専門学」）という進学ルートを整えることで、現今の通弊を除き、教育効果を挙げることができると考えた。こうした山尾の教育認識は、小学校令および中学校令の方針と軌を一にしており、諸学校令制定にあたり山尾ら内閣法制局の意思が働いていたと考えられる。イギリスに留学し、工部大学校設立に携わるなど、殖産興業政策の展開を志向してきた山尾にとって、財政問題への現実的対処を含む、学校整備は重要な課題であった。

諸学校令制定をめぐっては、伊藤内閣の行財政整理の方針と法形式の変更、内閣法制局の教育制度に対するビジョンが影響していた。こうした内閣側からの影響は、森が伊藤内閣の構成員として一定の制約を受けていたことを示しており、森が伊藤の個人的信認によって自在に教育制度

I　研究論文

を構築できたわけではなかった。そうした状況下で、森は自らの志向する教育政策とかかる内閣方針をどのように捉えて、諸学校令の実施に臨んだのだろうか。

2．森の「経済」主義の再検討

(1) 師範学校改良と行財政整理

　明治18年7月、東京師範学校と東京女子師範学校の合併が行われた。このとき森は両学校長に宛てて、合併は「管理上ト経済上」の観点からなされたとし、「抑々此師範学校ハ主トシテ全国ノ小学校教員ヲ養成スベキ貴重ナル府県立師範学校ノ教授ヲ担任スベキ者ヲ教成スル所ノ最高ノ教育学校ナルニ由リ、実ニ教育ノ本山トモ尊称シテ可ナルベキナリ」としたうえで、全国の小学校教育の質的向上の必要性と師範学校の重要性を説いた[26]。ただし、当時は地域経済の逼迫を背景として中央・地方費の削減が政府の課題となっており、森は両校合併後の職員への演説において「教員養成ノ事ヲシテ益々完全ナラシメントノ趣旨」に即して事業の改良を図ることを求める一方、「将来府県ノ師範学校ニ於テ会計ノ計画ヲナスニハ其模範ヲ此校ニ取ルモ決シテ不都合ナキ様ニ整理セン事ヲ要ス」と述べた[27]。つまり、限りある資金のなかで教員養成事業の効果を最大化し、府県立師範学校の模範となるような会計を求めたのである。こうした志向性は、明治18年当時の行財政整理の進行に適応しつつ、教育事務の目的を貫徹させるためのものであったといえる。

　とはいえ、行財政整理と文部省政策が難なく両立できたわけではない。伊藤内閣が経費節減方針を打ち出していたにもかかわらず、文部省経費は明治18年が99万円（臨時費4万円）、明治19年が101万円（臨時費2万円）、明治20年が109万円とむしろ増えている[28]。明治20年3月、土方久元（宮内大臣）は伊藤総理に対して「我政府今日ノ組織ニテハ各省皆随意ノ政治ヲ行ヒ、殊ニ会計出納ノ事ニ至テハ近頃濫費甚シ」として参事院の再興による各省事務の監督、会計検査院の改良・強化による会計出納の監督を求めた[29]。各省の「会計出納」が随意に行われている現状に対して参事院の復活や会計検査院の強化を求めていることがわかる。これについて伊藤は「予之ヲ行フ能ハズ、若シ足下ニシテ強テ此説ヲ主張セバ予ノ位地甚ダ危殆ニ至ラン」と、かかる方策は実践できないと断り、以後予算の削減に努めていく。これに対して、明治20年12月26日、森は伊藤に宛て「政府内部の改良」に関する三条の合意を要請した。第一に「政府必要の常業事項を明にする事」、第二に「政府の事業中に不急の要件と須急の要件とを判定する事」、第三に「右の二項に所要の官吏を正当に選定する事」である[30]。しかし、閣議では容れられず、明治21年1月11日、森は再び伊藤に宛て、閣員が「各省経費、予算等の事は壱割減と云ふ如き漠然たる財政整理法を可とするの傾向に帰」したことを批判した[31]。森は中央費の削減自体を批判してはいないが、「須要」の費用であれば削減すべきではないと訴えている。当該費用として森が教育事業費を想定していることは言うまでもない。つまり、森は行財政整理という内閣方針に対して教育事業費の必要性を訴えることで対抗する姿勢を示していたのである。森は同様の姿勢を地方費に対しても示している。森は地方演説において頻りに「経済」主義を唱えたが、相手は府県庁官員・郡区長・師範学校長・教員たちであった。なぜ「経済」主義を唱えなければならなかったのか。

　地方費に関しては、師範学校令および学科程度・教員俸給等に関する文部省令・訓令の施行により、師範学校拡張の費用が嵩み、増費となっていた[32]。森が地方演説において「経済」主義を強調したのは、とくに師範学校費が膨張した明治20年のことで、それも師範学校費を対象とした内容であった。森は「師範学校ノ改良」について説明した演説のなかで「経済ノ主義トハ凡ベテ

時間及ビ労力ヲ事業ニ費シタルトキ其出来上リタル所ノモノ、即チ結果ガ充分ニ予期ノ目的ニ達セシヤ否ヤヲ詮索シ其目的ニ副フトキハ之ヲ経済ニ合フモノト云フ。故ニ経済ノ主義トハ必ズシモ金額ノ多少ノミヲ云フモノニ非ラズ、究竟スレバ凡ソ物ヲ消費シタルトキハ之ニ応ジ必ズ十分ノ効用ヲ顕ハスベシト云フニアリ」と明確に述べている[33]。

　森の「経済」主義は費用の多寡ではなく費用対効果を問題にしているため、冗費削減はできても必要経費と認められるものは削減できない。この「経済」主義の特徴が端的に表れているのが、以下の森の地方長官宛内訓（明治20年3月10日）である[34]。

　　師範学校ノ設立ハ国家須要ノ目的ヲ達センガ為メナルモ、其利益ノ直接ニ帰スル所ハ専ラ其府県ニ在リ、是レ其管理ヲ知事ニ委シ其経費ヲ地方税ニ課セラル、所以ナリ。故ニ府県会ヲシテ之ヲ官衙ノ専業ナリトシテ視ルコトナク、親シク之ヲ自己ノ業務ニ認メシメザル可ラズ、又其費用ノ支弁ニ関シテハ最モ親切ナル意旨ヲ以テ之ヲ審議セシメザル可ラズ。而シテ知事ニ於テ此目的ヲ達センニハ職員ノ使方、物品ノ用方、金銭ノ支払方ニ注意シ、実蹟ニ依テ其最大ノ効験ヲ公示シ、殊ニ経費ハ予算ノ費額ヲ確守シテ其費目ヲ流用セズ、若シ不足生ズルトキハ寧其業ヲ中止シテ次年ノ会議ヲ俟チ、又剰余生ズルトキハ必費目ゴトニ其使残リタル理由ヲ記シテ、之ヲ府県会ニ明示スルヲ要ス。

　師範学校の「国家須要」のものだがその「利益」は府県が享受するものであるとして、「利益」はその事業の経費が適切に使われ「効験」を顕したことが証明されることで広く認知される。森の議論は、師範学校が府県庁の管理に、同学校費が府県会の審議に支えられるという地方制度の枠組みを前提として、双方に働きかけ、適切な出費が承認される仕組みを追究したものである。費用対効果を明確にしなければ、冗費が増え、あるいは必要経費に対する府県会の削減要求が発生しかねないため、このような議論に及んだものと考えられる。森は「今日マデ府県会ノ有様ヲ看ルニ、地方税ヲ以テ経費ヲ支弁スル教育費ニ就キ正確ニ注意スルモノ甚少ナシ。（中略）議員ハ概シテ学校ノ実際ヲ観察セズシテ漠然タル議決ヲ為スガ如シ。将来ハ漠然タル議決ノ少ナキニ至ランコトヲ企望ス」（明治20年10月26日、石川県郡区長・県会常置委員に対する演説[35]）としたように、府県会議員の費用対効果への関心を高めることで「漠然タル議決」を回避し、必要経費を確保することを意図していた。師範学校が実効を挙げるまで、その費用の必要性を支えるのは「国家」の論理である。森は『文部省第十五年報』（明治20年分、明治21年12月上程）において「斯ノ如ク府県ノ尋常師範学校ノ改良ヲ図ル事甚ダ切ナルヲ以テ、随テ経費ヲ要スル事亦頗ル多シ」と認めつつ、「然レドモ尋常師範学校ハ国家教育ノ根柢ナリ。而シテ之ヲ伸張シ之ヲ整理スルハ学事改良上第一着ノ緊務トス。其ノ多額ノ金員ヲ要スルモ亦已ムヲ得ザルナリ」。ここで「国家」概念は文部省政策の擁護および増費容認の論理として使われている。これは森没後も継承され、榎本武揚文部大臣は『文部省第十六年報』（明治21年分、明治22年12月上程）において尋常師範学校費の前年比9万4800円増を報告しつつ、生徒学力の「進歩」を誇った。

　このように、森が「経済」「国家」を強調したのは、当時の地方制度の枠組みでは、森が重視していた師範学校事業の推進のために、地方官吏および教員の理解と府県会における持続的な同意が不可欠であったことによる。実際、明治21年の尋常師範学校費はさらに9万4800円余り増えており、文部省政策上避けがたい増費を府県庁、府県会に説明し、説得するためのロジックとして「経済」「国家」が用いられたのであった。

(2)「公平」と「自理」―地方制度改革と「経済」主義―
　小学校費に関する演説では、森は「経済」主義に「公平」を織り込んでいる[36]。

一郡区教育事業ヲ挙グルニ、如何ニセバ公平ナルベキヤ。金銭物品ノ使方ハ如何ニセバ経済ノ主義ニ副フベキヤ。須ラク諸君ノ深ク討究スベキ事項ナリ。余思フニ公平ト経済トハ始終一致ス。即不経済ノモノハ公平ナラズ、公平ナラザルモノハ不経済ナリ。（中略）余ハ諸君ニ企望ス、凡テ国家必要ニ由リ挙行セザル可ラザル事業ニ就キテハ須ラク経済ノ點ニ比対シ、知事郡区長ハ勿論苟クモ局ニ当ル者ハ一厘一毛モ支消スルニモ損ヲ棄テ益ニ趨カシムル事ヲ専トセン事ヲ。因ニ言フ、凡ソ官吏ノ事務ハ、一々国家ヲ〔ノ〕必要ニ属シ寸分モ官吏ノ私情ヲ伸ルノ為タラザル事ヲ知リ行フニ非ラザレバ、到底経済即公平ノ政ハ挙ラザルモノナリ。

　森が「国家必要」の事業は「経済」主義を採らなければならないとしつつ、それは「公平」の意を含むべきもの、すなわち「経済即公平ノ政」であるという。この森の主張は「公平」が十分に果たされていない現状の裏返しである。『文部省第十四年報』（明治19年分）において、森は就学率の減退を引き起こした要因として「民力ノ困弊、法令ノ変更及ビ授業料ノ増額」の3点を挙げ、「人民ノ漸ク新定ノ法令ニ慣ル、ニ至ラバ必ズ衰勢ヲ挽回スベキヲ信ズ」とし、今後の「挽回」策として小学簡易科の普及を挙げた。周知の通り、小学簡易科は森の意図に反して十分に普及しなかったが、森はその原因として基本財源となる区町村費の不足を認めて対策を思案していた。このとき森が頻用するようになったのが「自理」の概念である。明治21年の以下の演説では、市制町村制の「自理」の精神を強調して費用問題に言及している[37]。

　小学校令ニ於テ小学校簡易科ノ費用ハ一村一市ノ力ニ堪ヘザルトキハ地方税ヲ以テ教員俸給ヲ支弁スベシトノ明文ナリ。小学簡易科ノ費用ハ村市之ヲ支弁シ力足ラザレバ府県之ヲ補助シテ以テ学齢児童ノ就学ノ需ニ応ゼザル可ラズ。此事タルヤ重大ノ問題ヲ含有ス。而シテ前ニ述ベタル教育会ノ如キハ専ラ斯ル問題ニ対シテ考究スル所アルヲ要ス。

　森は小学校令第16条（小学簡易科教員俸給の地方税補助規定）を根拠として、小学簡易科の費用を地方税で負担させる方針を打ち出し、この問題の「考究」を教育会に求めるとした。森は同年の他の演説でも「貧民教育ノ資本ヲ造ル」必要性を訴え、「之ヲ作ルニハ専ラ廃レタルモノ忘レタルモノ、中ニ之ヲ利用スベキモノアルベシ」として材用樹木（桐など）の栽培や学田などの方法を挙げ、教育会がこれを推進するよう求めた[38]。さらに、森は明治21年12月22日、各府県へ以下の内訓を発している[39]。

　現行ノ勅令ノ明文ニ依レバ、小学校ハ高等科尋常科ヲ正面ニ立テ簡易科ハ土地ノ状況ニ依リ尋常科ニ代用スルヲ得ルコトニ相成居候得共、目今ノ有様何レノ町村ニ於テモ授業料ヲ納メテ尋常科ニ入ルコト能ハザル児童甚ダ多ク、実際簡易科ヲ必要トスル状況ナルニ由リ、将来各市町村ハ専ラカ力簡易科ノ設備ニ用ヒ（後略）。

　森は小学校令の規定に触れたうえで、地域経済の逼迫ゆえに小学簡易科が「必要」な状況にあると強調する。先述の通り、森の「経済」主義では必要経費は削減の対象外である。明治22年、各府県学務課長を集めて会議を開き、小学簡易科の普及について彼らの意見を求めたが、その席で地方自治制（市制町村制・府県制郡制）の施行を想定して「之レヨリ中央政府ニ依頼セズ各地方々々ニ於テ各其土地ニ適当ナル教育ヲ行ツテ行ク様ナコトニセネバナラヌ」と明言した[40]。これはあくまで自治・分権という地方自治制の一般的性格を説明したにすぎないが、森はここから教育事務の目的に照らして以下の解釈を提示する。地方自治制下では「法律ノ範囲内ニ於テ自理ヲスルコト」が求められるため、人民は小学校令第三条（父母後見人は学齢児童に普通教育を受けさせる義務を有する）の義務を履行しなければならない。しかし、父母後見人がかかる義務を履行するだけの学資を出せない町村では、町村の負担で簡易科を置く、これが「今日ノ勅令即チ

法律デアル」。したがって、この「法律ノ範囲内ニ於テ町村ハ教育ノ自理ヲセネバナラヌ」ため、「簡易科ハ即チ一ノ税金、町村費ヲ以テ立テロト云フ以上ハ其簡易科ナルモノハ必ズ無クテ〔ハ〕ナラヌ」のであり、小学簡易科の「漠然タル」内容を見直し、「金ヲ掛ケタ以上ハ其掛ケタ金ガ充分ノ利目ヲ為〔ス〕ニアラザレバ相済マヌ」とその効果を顕すようにしなければならない、と。前半は小学校令と地方自治制の関係に言及して小学簡易科の設置義務を強調し、後半の内容は森の「経済」主義と結合して、小学簡易科の改良の必要性を説いていることがわかる。ここで森が用いている「自理」の概念そのものは山県有朋内務大臣の市制町村制・府県制郡制の趣旨説明にある通り、「自治体公共ノ事務ハ法律ノ範囲内及ビ政府ノ管督ノ下ニ立チテ之ヲ処理スルヲ得ルニ過ギズ」して「各地方自治団体ヲシテ共同事務ヲ自理スルノ権ヲ有セシムル」ものである[41]。ただし、森は政談・政党対策を強調する山県の文脈とは別に、容易に成果のあがらない小学簡易科の整備を支える制度として「自理」を解釈し、教育政策上に援用したのである。

おわりに

先行研究では、伊藤―森ラインによる自在な教育制度の制定、教育政策の展開を前提としてきたが、本稿では、諸学校令制定過程の解明と森の「経済」主義の再検討を通じて伊藤内閣における森文政の実際的位置、および森が果たした役割について明らかにした。

森は明治18年中に地方経済の逼迫に対応した教育令の見直しのため、名誉職学務委員制を提案したが、参事院を説得するには至らなかった。伊藤内閣の文部大臣に就任した森は、伊藤内閣が地方経済の現状に即して行財政整理の断行を方針としていたため、三条例案の提出後、内閣側の意向により作りかえを命じられ、第三次教育令の細目規定ではなく簡素化と学校段階の整頓を旨とする諸学校令を制定することとなった。諸学校令の制定には明治18～19年当時の内閣方針が大きな制約となっていたのである。それは内閣法制局長官の山尾が認識していたように、教育事業を支える地方費の削減と確保、国会開設に向けた政談への対応を含んだものであった。

一方で、森はこうした制約を受けながらも、師範学校の環境整備と小学簡易科の普及を以て、従前の教育令下の課題に継続的に対処しようとした。森は教員養成の環境整備と小学簡易科の普及に取り組み、地方税負担で府県会に予算議決権のある師範学校に関しては、冗費節減を促しつつ必要経費の確保を働きかけたのである。森はその意義を「経済」主義という発想を用いて説明し、「国家」の概念を以て補強した。また、就学率の減退が問題化していた小学校に関しては、「経済」主義に「公平」の概念を組み入れて小学簡易科の意義を説き、さらには市制町村制の「自理」の概念を解釈して小学簡易科普及の義務を強調した。森が盛んに地方演説を行い、その演説記録を全国へ配らなければならなかったのは、文部省職権内では解決できない地方分権下の教育事務に対応するためであったといえる。こうした森の動きから、森文政が内閣の推進する地方分権の枠内で政策課題を消化しなければならなかったこと、また、森がそのために内閣方針を教育政策上に読み替えて積極的に用いていたことが了解されよう。その後、市制町村制が施行され、諸学校令との関係を明確化する必要性が高まる。第一次小学校令が繁文省略を旨としたものだったのに対して、第二次小学校令が市制町村制との対応関係について子細な規定を与えられたことは、内閣の置かれた状況の変化を物語っている。

註

1）木場貞長「森文部大臣の改革―明治教育の新紀元―」（国民教育奨励会編『教育五十年史』

民友社、1922年、94〜95頁)。
2) 代表的研究として、井上久雄『近代日本教育法の成立』(風間書房、1969年)、金子照基『明治前期教育行政史研究』(風間書房、1967年)、国立教育研究所編刊『日本近代教育百年史』第2巻、第3編第1章(金子執筆、1973年)、倉沢剛『学校令の研究』(講談社、1978年)がある。
3) 初等教育政策を検討した佐藤秀夫は、森以前の文部省政策と森文政の類似性、および後年の井上毅による森イメージの造成を指摘して、森文政の画期性が実際よりも誇張されていると指摘した(「森有礼の教育政策再考」佐藤秀夫『教育の文化史』第1巻、阿吽社、2004年)。また、中等・高等教育政策を検討した中野実も「帝国大学令そのものの成立過程にいまだ多くの不明な点を残している現在の研究状況」において先行研究が帝国大学令の大学観の分析に収斂し、「帝国大学創設はすべてが森の意図のままであり、森の大学観の実現形態という枠組みが完成して、すべてが森思想の解釈の文脈に位置づけられてしまっている」点に疑問をなげかけた(中野実『近代日本大学制度の成立』吉川弘文館、2003年)。
4) 大久保利謙編『森有礼全集』第1巻、宣文堂書店、1972年、339〜341頁。
5) 前掲『近代日本教育法の成立』433〜450頁。
6) 国立公文書館所蔵「公文別録」文部省・明治十五年〜明治十八年・第一巻・明治十五年〜明治十八年、第14号文書。
7) 国立公文書館所蔵「件名録」甲号・中(明治18年)所収。以下これによる。
8) なお、「教育令ニ付意見」が教育令再改正案審査用でないことは、以下の理由から証明できる。①教育令再改正案の「学事取締」の名称を用いず「学務委員」としている、②参事院の教育令再改正案審査は6月26日に結了している。
9) 以下、「件名録」甲号・上および甲号・下(明治19年)による。
10) 国立公文書館所蔵「公文類聚」第十編・明治十九年・第二十八巻・学政一・学制総・校舎一、第13号文書。
11) 『教育報知』第12号、明治18年10月30日所収。
12) 明治18年12月25日付文部大書記官辻新次通牒(宮崎県文書センター所蔵「学事関係諸令達通牒」明治18年所収)。
13) 「三学校令諸学校通則質疑回答」第1号(宮崎県文書センター所蔵「学事関係諸令達通牒」明治19年所収)。本冊子は三学校令に関する質疑・回答集だが、末尾に第三次教育令下で出された当該文書が付されている。註14)の史料により、明治19年1月頃の内報とわかる。
14) 長崎歴史文化博物館所蔵「学務課常務係事務簿 学制ノ部」(明治19年4〜6月)所収。
15) 前掲「公文類聚」第九編・明治十八年・第一巻・政体・親政体例〜制度雑款、官職・官職総〜官等俸給、第6号文書。
16) 同上、第7号文書。
17) 諸学校通則も、内閣側が各省官制通則で採用した「通則」という方法に依っており、本来は各法令に共通する規定を通則に整理することで「可成煩雑を省き候趣向」だったが(伊藤博文関係文書研究会編『伊藤博文関係文書』第2巻、塙書房、1974年、36頁)、文部省はすでに学校種別の条例案を準備していたため、実際の諸学校通則は諸学校令の補足にとどまった。
18) 岩手庁所蔵「岩手県公文類纂 学務課 雑」(明治20年)所収。
19) 国立公文書館所蔵「公文雑纂」明治十九年・第一巻・内閣各局・内閣書記官、第1号文書。
20) 明治17年、文部省は「府県聯合設立高等学校」案(①)などとともに「聯合府県立学校」案(②)を作成し、同年の地方長官会議の際に地方長官一同へ内示した。②は医学校などの専門教育機関を近接府県聯合によって設置するもので、倉沢剛は『教育令の研究』(講談社、1975

年)において、両案のその後の取り扱いは不明としつつ、①と中学校令における高等中学校規程との類似性から両者の関連を推測した。その後、湯川嘉津美は政策経過と地方史料の分析を通して、中学校令における高等中学校規程は①をベースに②を折衷したもので、②は高等中学校における分科(「法科医科工科文科理科農業商業等ノ分科」中学校令第3条)の設置として実現したとの見解を示した(「1884年の学制改革案に関する考察」『上智大学教育学論集』第40号、2006年、「1884年文部省学制改革案の教育史的意義」『上智大学教育学論集』第49号、2015年)。こうして両案の取り扱いについて推測の確度は高まったが、史料的限界から未だ推測の域を出ていない。本稿では「件名録」の検討から、内閣がたしかに「聯合府県立学校条例」案を受領、審議していたこと、内閣制度移行という事情により一旦文部省へ返却する措置がとられていたことを明らかにした。

21) 伊藤博文文書研究会監修、檜山幸夫総編集『伊藤博文文書』第92巻・秘書類纂・官制二、ゆまに書房、2013年、115〜128頁。なお、帝国大学令草案と帝国大学令との異同は、寺崎昌男『増補版 日本における大学自治制度の成立』(評論社、2000年)第2章参照。

22) 本来文部大臣が請議して閣議書が作成されるはずだが、渡辺の人事に限っては請議書に「文部省」罫紙ではなく「太政官」罫紙が使われている。廃止機関罫紙(太政官、参事院、制度取調局)を使用できるのは内閣側であることから、内閣側が人事案を作成した後に森の同意(花押)を求めたことがわかる(国立公文書館所蔵「官吏進退」明治十九年官吏進退十七・文部省一所収)。

23) 杉本勝二郎編『華族列伝 国乃礎』下編、国乃礎編輯所、1893年、274頁。

24) 国立公文書館所蔵「元老院勅奏官履歴原書 転免病死ノ部」所収の岩崎履歴書による。山尾の地方巡察への随行は、明治16年4月14日の太政官通達書(「公文別録」地方巡察使・明治十五年〜明治十六年・第三巻・明治十六年)による。

25) 前掲「公文別録」地方巡察使復命書・明治十六年・第五巻・明治十六年所収。

26) 『教育報知』第11号、明治18年10月15日所収。

27) 同上。

28) 『文部省第十三年報』『文部省第十四年報』『文部省第十五年報』本省事務・経費ノ部参照。

29) 伊藤隆・尾崎春盛編『尾崎三良日記』中巻、中央公論社、1991年、101頁。

30) 前掲『伊藤博文関係文書』第7巻、1979年、391頁。

31) 同上書、391〜392頁。

32) 内務省『功程報告』(明治20年分)では、諸学校令公布により地方税中の「町村教育補助費ニ弐拾七万円余ヲ減ジ」たものの「師範学校令ニ依リ各府県尋常師範学校ノ規模ヲ拡張スルガ為メ教育費ニ於テ三拾三万円余ヲ増加シタリ」と報告されている。

33) 明治20年6月22日、福島県県官・郡区長・教員への演説(前掲『森有礼全集』第1巻、545〜546頁)。

34) 長崎歴史文化博物館所蔵「学務課決議簿 学制ノ部」(明治20年1月〜10月)所収。

35) 前掲『森有礼全集』第1巻、558頁。

36) 同上書、578〜579頁。

37) 明治21年秋、奥羽六県学事巡視中の演説(同上書、652頁)。

38) 明治21年10月13日、岩手県教育協会懇親会における演説(同上書、641〜642頁)。

39) 宮崎県文書センター所蔵「学事関係諸令達通牒」(明治20〜21年)所収。

40) 前掲『森有礼全集』第1巻、670頁。以下、同書670〜671頁による。

41) 明治21年11月20日、元老院議場における山県有朋内務大臣演説(明治法制経済史研究所編『元老院会議筆記』後期・第33巻、1988年、元老院会議筆記刊行会、197、199頁)。

Ⅰ　研究論文

A Re-examination of the Educational System and Policies under Minister of Education Mori Arinori: The 1886 School Ordinances and "Economy" Principles

YUKAWA Fumihiko (Ochanomizu University)

　　The purpose of this study is to reexamine the nature of the educational system and policies under Minister of Education Mori Arinori, from 1885 until 1889, focusing on the formation of the 1886 School Ordinances and "economy" principles of education. Due to the lack of relevant historical documents, previous studies on this issue determined that Mori had a free hand to create and enact a new education system and policies. This study analyzes Cabinet and prefectural historical materials regarding the process of establishing education laws and "economy" principles, which previous research has not considered. This study thereby reconsiders the nature of the educational system and policies during Mori Arinori's tenure as Minister of Education within the context of government, administration, and public finances. The results of this analysis are as follows:

　　1) In 1885 following local education inspections, Mori proposed a system of honorary educational affairs committees, but this proposal failed to pass the review process of the Cabinet Legislative Bureau. After he became Minister of Education, Mori submitted three drafts that contained detailed enforcement regulations for the 1885 Educational Code to the Cabinet, but these drafts did not pass examination by the Cabinet Legislation Bureau. The cabinet was going to convert the 1885 Educational Code into the 1886 School Ordinances, delineating various kinds of schools. The cabinet promoted the adjustment of administration and finance, and the Cabinet Legislation Bureau had their own system design. Therefore, the 1886 School Ordinances were established in line with the policy of the Cabinet.

　　2) While Mori, as a member of the Cabinet, supported the Cabinet's determination to administer finances and allow for local control of education, he re-interpreted the policy of the Cabinet and sought to influence local educational affairs.

　　Since prefectural agencies, assemblies, cities, towns and villages were given constant authority in the local government system, Mori visited each place and held a speech to encourage local support for the educational policies of Ministry of Education. Therefore, he advocated "economy" principles which was claimed cost-effectiveness in order to secure or increase local educational expenses.

明治30年代半ばにおける教師の教育研究の位置づけ
――大瀬甚太郎の「科学としての教育学」論と教育学術研究会の活動に注目して――

白 石 崇 人（広島文教女子大学）

はじめに

　本稿の目的は、明治30年代半ば（明治34（1901）～36（1903）年頃）における教師の教育研究の位置について、大瀬甚太郎の「科学としての教育学」論と教育学術研究会の活動とに注目して明らかにすることである。なお、ここでの教師とは、主として小学校教員を指す。

　教師はいつから教育を研究し始めたか。教師の教育研究を、「教育の事実、とりわけ教師の実践にもとづく、次の実践に向けての前進を目的とする研究であり、自らの成長を目的とする研究」と定義した時、明治40年代の沢柳政太郎・上田三平の教育研究論は、その初期の理論として評価される[1]。しかし、明治40年代まで教師の教育研究がなかったわけではない。すでに明治21（1887）年には、大日本教育会が「研究」の事業化を行い、事実によって教育問題を認識する研究活動を組織して、その活動に在京の教師たちを参入させた[2]。また、教師の教育研究が量的に拡大したのは明治30年代以降であり、その結果、師範学校や教育会の研究会・雑誌などを通してヘルバルト派教育学説に基づいた公教育教授定型を普及させた[3]。鳥取県の事例では、明治28（1895）年以降の県教育会において教育研究の重要性が強調されるようになり、明治30年代後半以降、教師の教育研究態度に様々な批判を試みながら、研究発表の体制づくりや共同研究、授業参観、批評会など、教育研究を奨励する仕組みが作られた[4]。つまり、明治30年代には、教師の教育研究は、量的拡大だけでなく、質的向上に関する関心を集めるに至っていた。

　明治30年代は、尋常小学校や高等小学校の就学率が上昇して、小学校教育が著しく普及・拡大した時期である。また、日清・日露戦争を経て、産業革命や日本の国際的地位向上が進み、その中で小学校の教育内容や方法は大きく変動していった。さらに、小学校正教員数は教員数全体の6割を安定的に超えるようになった。このような時代に量的・質的に発展した教師の教育研究は、何を目指したのか。明治30年代、教師の教育研究は、教育学以外の学問への依拠にとどまる原理的研究を批判的に捉えながら、問題解決のための実験的・協働的な実地研究を重視するようになり、場合によっては教育学の体系化の必要条件として位置づけられることがあった[5]。しかし、なぜこの時期に他学問依拠を批判して実地研究を重視する論調が現れたか、なぜ教師の教育研究が教育学研究と接点を持って論じられるようになったか、については十分に明らかでない。

　本稿では、以上の問題を明らかにするために、明治30年代半ばにおける大瀬甚太郎の動向に注目する。大瀬甚太郎（慶応元（1865）年生～昭和19（1944）年没）は、周知の通り、東京帝国大学哲学科卒のドイツ等留学経験を持つ教育学者であり、明治31（1898）年から高等師範学校教授と帝国大学文科大学の教育学講師を兼ね、昭和4（1929）年から東京文理科大学長兼東京高等師範学校長を務めた人物である[6]。明治30年代の大瀬は、当時の代表的教育学者の一人と言ってよい。大瀬は、明治34（1901）年に教育学術研究会を結成して、雑誌『教育学術界』の編集に携わった。同研究会の結成は、明治32（1899）年から始まった3つの「教育学会」の間で起こった名称争い、特に、『教育学術界』を編集する教育学会（高師・早稲田関係者中心）と帝国大学内の教育

学会との間の争いを終結させた[7]。また、同研究会は、『教育学術界』や『研究指導教育科講義』、『教育辞書』の発行、初等教育研究雑誌『小学校』の創刊などによって、多くの小学校教師に「学的根拠のある実際的研究」を提供するとともに、教育学術に関する多くの論争を引き起こして教育研究の進歩発展に大いに寄与した[8]。同研究会は、明治30年代における教師の教育研究の歴史を解明するにあたって重要な研究対象になるが、その基礎研究として大瀬の研究は欠かせない。大瀬は、教育学の体系化や西洋教育史研究の開拓、教育心理学の構築などを成した日本教育学史上の重要人物である[9]。その学説は、様々な思潮を適宜取り入れた「穏健中正」の「調和的教育学説」であり、その中でも「随一」の学者と見做されている[10]。「穏健中正」「調和的」といっても、大瀬は国内外の研究動向に敏感に対応して、自らの学説を構築した[11]。大瀬の学説は、拡大する教師の教育研究や、教育学術研究会の活動とどうつながっていたか。大瀬は、欧米の理論紹介とそれに基づく学校教育学を形成しようとした典型的な人物として、教育の実務・実際と接触して学校教育学批判を開始した沢柳政太郎と対照的に捉えられているが[12]、果たしてこの評価は妥当だろうか。これらの問題に取り組んだ研究は、管見の限り見当たらない。

　以上の問題意識に基づいて、本稿は次のように進める。大瀬の学説のうち、明治30年代の教育研究に関わって注目すべきは、教育学を科学として位置づけようとした論（以下「科学としての教育学」論）である。そこでまず、大瀬の「科学としての教育学」論の内容を検討し、そこに教師の教育研究がどのように位置づけられたか検討する。次に、大瀬は、教育学術研究会を設けて教師の教育研究にどのように接近しようとしたかについて検討する。

1．大瀬教育学における教師の教育研究

（1）大瀬甚太郎の「科学としての教育学」論の変遷

　日本における「科学としての教育学」論は、すでに明治10年代に見られた。例えば、イギリス留学者の西村貞の例である[13]。西村は、「教育ハ則一ノ理学ナルコトヲ主張スルニ在リ」と主張して東京教育学会（後の大日本教育会・帝国教育会）を結成した。西村の「科学としての教育学」論は、近世日本朱子学以来の「理」の観念に基づいていたが、もともとは心理学や論理学などの補助によって教授技術を確立しようとしたベイン（Bain, A.）の教育学説を由来とした。また、明治20年代にも、『教育時論』上にペイン（Payne, J.）の講義「教育ノ学及術」が翻訳され、「科学としての教育学」論が紹介されている[14]。明治20年代後半になると、ドイツ（ヘルバルト派）由来の「科学としての教育学」論が現れた。例えば、明治28（1895）年出版の谷本富『科学的教育学講義』である。谷本は、ヘルバルト本人は「科学的教育学」という名称を用いたことはないと記しながら、ヘルバルト派のいう「科学的」概念を用いている[15]。谷本は、ワグネルに基づいて、「科学的」を「確固たる基礎先づ存し、結論決定の全建築物その上に安全に建設せらゝ」こととして定義した。そして、ヘルバルトが心理学を教育学の基礎にしたことを科学的教育学の起点と見なして、ヘルバルト派教育学は科学的教育学であると断言した。

　明治20年代、大瀬も、西村や谷本ほど明確でないが、「科学としての教育学」論を発表した。大瀬は、明治24（1891）年の処女作『教育学』で、教育目的の研究を倫理学に依拠し、教育方法の研究を心理学に依拠することによって教育学を構成する必要があると主張した[16]。大瀬が『教育学』執筆の際に参照比較したのは、ヴァイツやツィラーなどの「独国諸博士ノ説」、つまりヘルバルト派教育学説である[17]。当時の大瀬は、ヘルバルト派教育学説に対して醒めた態度をとっていたし[18]、『教育学』の章節構成によればスペンサー流の三育論にも強く影響を受けていたようであ

る。しかし、大瀬の「科学としての教育学」論は、ここで詳細に立ち入る余裕はないが、従来のイギリス由来のものでなくドイツ・ヘルバルト派由来のものを採用していた。

それから約10年後、大瀬は明治34（1901）年7月に『実用教育学』を出版した。この書では、「科学としての教育学」の成立論拠について次のように説明した[19]。教育を一の科学にしようとする考えは、17世紀頃にコメニウスなどによって考え出され、ヘルバルトに至って心理学を基礎として発展し、19世紀にはシュライエルマッヘルなどの社会的教育学に至った。我々は、現状を分解的に研究することによって、過去の事実との連関を明らかにし、未来を推定し、一社会（国家）の教育の方針や理想を立てることができる。そのためには、科学的攻究が必要である。また、我々は、個々の場合に見る真理をもって「大なる総括的真理」に近づこうとする必然的傾向をもっている。教育の科学的攻究は、これに基づいて必然的に生じるものである。以上のように、大瀬は、個別の教育事実を分析して未来の方針・理想を立て、真理に近づくために、教育の科学的研究は必要であると論じた。

また、大瀬は、「科学としての教育学」が他の諸学から独立することについて次のように述べた[20]。教育学は、一の時代、一の社会の理想・目的を明らかにし、それらに達するための必要な手段を考えて、目的と手段との関係や法則を一の原理に基づいて連結統合し、一系統を組成する規範的科学である。その時、教育学は人生の目的に関わる論理学・審美学・倫理学を基礎とする。また、教育学は、心理的法則に基づく方法研究だけでなく、社会的論点からの攻究や歴史的研究を必要とする。したがって、教育学は心理学・社会学・歴史と関係する。このように、教育学は一つの応用科学である。しかし、教育は心理学・倫理学の進歩に伴って自ずから発達すると考えるのは大きな誤謬である。これらの諸学は、研究成果の教育に対する応用を攻究しているわけではなく、まだ十分に真理を発見しているわけではない。しかも、教育場面において倫理学・心理学の研究成果を試験すると、かえって研究材料を供給することがある。このことから、教育学は、諸学に多くを依拠するにもかかわらず、特別な研究範囲を有する独立の科学に相違ない。以上のように、大瀬は、他の科学の応用可能性を研究するという研究領域や、倫理学・心理学に対する提案可能性を根拠にして、教育学は独立した科学であると論じた。

大瀬は、明治24年には教育学を応用倫理学・応用心理学と考えていたが、明治34年には関係科学を論理学・審美学・社会学・歴史学にも広げ、かつ教育学を単なる応用倫理学・応用心理学ではない独立の科学だと主張した。大瀬はいつ学説を転換したか。明治31（1898）年12月刊行の『教育学教科書』では、教育学は心理学の補助を受けるが応用心理学ではない、教育学研究は倫理学・歴史・社会学・論理学・生理学・衛生学等に依拠すると述べた[21]。明治32年8月の帝国教育会夏期講習会における講義「教育学」では、教育学は心理学と密接な関係を有するが、「応用倫理学と云ふべきも、応用心理学とは言ふべからず」と述べたという[22]。『実用教育学』における「独立の科学としての教育学」論は、シュライエルマッヘルやヴィルマン、ナトルプの社会的教育学説の影響を強く受けている[23]。とくに大瀬は、明治33年4月に『シュライエルマッヘル氏教育学』を出版し、歴史的・社会的観点による研究論を教育の科学的研究の基礎とすることや、倫理的法則の実践的応用、教育における倫理研究の可能性に関する着想を得ていた[24]。教育の歴史研究・社会学的研究や教育学＝応用倫理学批判という発想は、シュライエルマッヘルの影響を見て取れる。しかし、『シュライエルマッヘル氏教育学』には、教育学＝応用心理学論に対する批判を明確に見出すことができない。

Ⅰ　研究論文

（2）モイマン実験教育学説の紹介

　大瀬は、何に基づいて教育学＝応用心理学論を批判しようとしたか。この問題を明らかにするにあたって、重要な史料がある。『実用教育学』出版の直前、明治34年6月5日発行の『教育学術界』第3巻第2号から連載が始まった、大瀬の論説「実験教育」である。この論説は、明治35（1902）年5月5日発行の第5巻第1号まで10回に分けて連載された。これは、「『実験教育の発達と其の目的』と云ふノイマン教授の論文」を翻訳紹介したものであり[25]、エルンスト・モイマンが1901年に実験教育学の主要対象を解説した論文である。実験教育学の紹介は、明治39（1906）年4月発行『教育学術界』に掲載された吉田熊次の論説「実験的教育学とは何ぞ」であると言われてきたが[26]、大瀬はその5年前に、モイマンの実験教育学説を翻訳紹介していた。

　なぜ大瀬はモイマンを紹介したか。大瀬は、論説「実験教育」の前文において次のように述べた[27]。教育の理は観察経験に基づくものであって、単に他の科学から演繹されるものではない。近頃、教育学に「特別の確な基礎」を与え、これを「独立の学問」となそうとする傾向が現れてきた。倫理学や神学が教育の基礎であるという考えは追々消え失せ、教育は応用心理に過ぎないとう考えも、もはや正当と見做されないようになった。教育学は児童の発育とその発育方法を対象とする「客観的観察法と実験法を用ふる経験的科学」であると信じる者が現れるようになった。これらの者は、教育目的については深く研究しないが、教育方法を明らかにしようと大いに努めている。彼らはその研究の基礎を児童観察に置き、教育を「応用児童観察」と見做して、児童の心的生活や、教育の諸要素が相互に依拠・関係すること、教育上直接なすべきことについて観察結果を集めることに意を用いている。以上のように大瀬は述べた。この紹介文を読む限り、大瀬は実験教育学を批判的に捉えており、手放しで歓迎してはいない。あくまで「科学としての教育学」論の新思潮の一つとして、モイマン論文を翻訳紹介していた。

　大瀬は、論説「実験教育」において、観察・実験・統計による子どもの心理研究を教育現場で進めるという実験教育学の構想を翻訳紹介した。そして、「一独立の科学としての実験教育の基礎を立つる為めの案を定める」ことを目指したモイマンの論文執筆の意図を紹介した[28]。また、例えば、実験心理学は、心的動作の発生によってどのように目的が達成されるかについては何も言わないので、この点について「新なる特別の教育的研究」を要するというモイマンの主張に言及している[29]。大瀬が『実用教育学』の執筆とモイマン論文の翻訳とをどのように進めたかは不明である。しかし、大瀬は、『実用教育学』の発行（明治34年7月5日）までに、心理学に対する教育学独自の研究範囲について述べたモイマンの学説に接触していた。

　モイマンは、実験心理学者ヴントの弟子であり、心理実験による教育学研究（実験教育学）を推進した代表的人物の一人であった。「実験教育」のもとになった1901年発表のモイマン論文は、子どもの心理を実験研究して教育理論を構築しようとする立場から、教師と教授から思弁的に教育理論を構築しようとするヘルバルト派に対して行われた「宣戦布告」であったという[30]。大瀬が記した論説「実験教育」前文には、教育学が心理学に依拠することは明らかだが、今日の教育学が依拠するのは、ヘルバルトの哲学と、観察・実験・統計を用いていないヘルバルト後の「内部的知覚の心理学」や「古い心理学」であり、フェヒネルやヴント以来、実験・統計によって「心的科学」は長足の進歩をなしたが教育学はその外にあった、と述べられている[31]。大瀬は、モイマン論文がヘルバルト派批判に基づいていることを理解していた。

　大瀬は、社会的教育学に学んで単なる応用倫理学としての教育学観から脱し、実験教育学に学んで単なる応用心理学としての教育学観から脱したと考えられる。ここには、社会的教育学と実験教育学とを検討しながら「独立の科学としての教育学」の具体的姿を模索していた大瀬の姿が

− 22 −

確認できる。社会的教育学も実験教育学もヘルバルト派批判に基づいていたが、大瀬は『実用教育学』の教授論などにおいて、ヘルバルト派教育学説の折衷的・選択的受容を積極的に行っている。その意味では、明治34年6〜7月時点における大瀬の「独立の科学としての教育学」論は、学説全体に一貫したものではなかったようである。

(3) 教師の教育研究に対する注目

　大瀬は、明治34年8月以降、論説「実験教育」の連載を通して、実験教育学の概要を紹介していった。その中で、実験に基づいて数量的に明らかになった研究結果が「古風な心理学者や教育学者が唯漠然推定した所よりも遥に大なる実地的効果を及ぼす」であろうということや[32]、現状では大人を対象にした研究はあっても「児童に就きての研究は未だ甚だ不十分」であること[33]、児童の心的・知的発達に関する研究成果が児童に対する小学校教育の不適合を示す可能性があること[34]、などを指摘した。そして、児童それぞれの異なる性質を斟酌せずに一様の形式・方法によって機械的教授をなすことは甚だ不当であるため、教育には個人的性質に関する研究成果を応用する必要があるが、そのような研究はまだないと述べた[35]。さらに、教育学は「教ふる者の学よりも寧ろ学ぶものゝ学」として見なされ、論理・倫理・審美学に関しないすべての教育問題について「児童より出発」しなければならず、児童に関する実験結果を根拠にして教師の技術・方法を立てるようにしていかなければならないと強調した[36]。

　では、このような研究は誰が担い、どのように組織されるべきか。モイマンの学説は、教師の教育研究に関する重要な構想も含んでいた。論説「実験教育」では、実験教育を組み立てるには、実際教育に従事するものが経験し研究するところを参照しなければならないと述べられた[37]。そして、心理学者を学校に関与させ、「純粋に教育的地位から総ての研究を行ひ、心理学者と教育者が共同に之を指導する」ことが必要であり[38]、教師と心理学者が協力して実験教育を組成し、心理実験室が教育の働きの根源とならなければならないと述べた[39]。さらに、そのような共同研究を実現するには、個々の研究を実験教育的発想から集めることや、児童の心理・動作を対象にする「教育的実験法」の成立、「公認の実験教育的研究会」の設立、教員有志の「精神物理的研究法」の修得などが必要である[40]。また、科学を構成するものは事実の範囲でなく事実考察の独立的論拠であり、教育学が独立の科学であるには、系統的に事実を探究する必要があると述べられた[41]。以上のように、大瀬は、モイマン論文から、「独立の科学としての教育学」の確立には、教師・心理学者の協力による系統的な実験が必要であるという発想に接触していた。

　明治36（1903）年10月、大瀬は『教育学及研究法』を出版した[42]。そこでは、ヘルバルト派を批判しながら教育学を講じた後、教育学の性質について次のように述べた[43]。教育学は「目的の学」であり「方法の学」である。教育学は、事実を分解・説明することで研究を始める。経験の根拠なく応用を離れた教育の学理があるという説は不当であり、教育の学理を単に他の学より推究・抽出することは不可である。教育理論は実地教育の事実を観察・経験したところから帰納しなければ、研究上価値はない。教育学は、「推究の学」ではなく「経験の学」である。教育の理は、経験から倫理学・心理学の研究結果をいかに応用すべきかを考えるとともに、かえって倫理学・心理学の研究結果を試験しなければ得られない。教育学者は、実地観察に基づき、事実固有の根拠に基づいて理論を帰納すべきである。

　次に、教育目的をいかに経験的に研究すべきかについて、次のように述べた[44]。人は必ずある時代・ある国の人民として存在する。その時代・その国に適した目的や理想的人物は、一定の国民性と一定の時代の自然的・歴史的事情とを離れることはできないため、倫理学によって一般的

I 研究論文

な教育目的を定めようとしても空漠に失する。時勢の変遷、国民の発達、国家の歴史等を考え、過去を明らかにして現在を知り、なお進んで未来に実現すべき所を推定することは、精密な科学的攻究の事項である。教育目的の研究は、歴史を科学として研究する必要がある。

さらに、教育方法の研究については次のように述べた[45]。教育方法の研究にも歴史研究が必要であるが、教育方法は経験的に研究できるところが多い。近頃の心理学が実験法を用いるように、教育学もこれを用いる必要がある。従来、教育者は心理学者の実験結果を待つ傾向があったが、心理学者の実験は教育上不自然なため、実地の参考になるものは少ない。それよりも、教授者が長い間児童に接して実際の授業において種々実験することの方が、心理学者の実験よりも有益な結果を生ずる。教育者は児童の観察実験を行う上で「最も適当な地位」にあり、最も多くの機会を有するものである。心理・生理・衛生の知識を利用して直接教育上に適切な理を発見するのは、教育者の任務である。方法に関する理論は、教育者の直接の経験・観察を必要とする。かくして教育学は「精密科学」として扱われなければならない。

以上のように、大瀬は、『教育学及研究法』において、教育目的研究における教育史研究と教育方法研究における教師の実地観察・実験とが、教育学を「経験科学」「精密科学」にすると主張した。『教育学及研究法』では、教師による実地観察・実験の重要性を強調したに止まったが、これはかつての『実用教育学』では述べられなかった論点であった。この論に影響を与えたのはモイマン論文と推測される。しかし、その内実はモイマンの主張とは異なっていた。モイマンは教師と心理学者との共同観察・実験を主張したが、大瀬は教師の実地観察・実験を主張した。大瀬は、モイマンの学説から教師の実地観察・実験という研究形態論を抽出し、自らの教育学説に取り込んだのである。大瀬は、教育方法を研究するには、児童に長期間接しながら実際の授業を通して実験する必要があると考えていた。そのため、教育方法研究者は教師でなければならなかったのである。その結果、大瀬は、教師こそ教育方法研究者としてふさわしいとして、教師を研究対象や啓蒙対象としてではなく、研究者として教育学研究構想の中に位置づけた。

2．教育学術研究会の活動

(1) 高師・帝大・私立学校関係の教育学者の組織化

『実用教育学』および「実験教育」発表直前、明治34年4月5日に、教育学術研究会の創立趣旨書が次のように発表された[46]。教育は、個人の性格を左右し、社会国家の運命を把握し、心身ともに「幽玄微妙の機能」を有する被教育者を対象として将来多方面の社会的境遇を得させる。それゆえに、「精密なる科学の指導に従ひ確実なる実験を重ね」慎重・周到にあたる必要がある。しかし、「教育に関する科学及技術」は欧米諸国ですら発達途中であり、我が国では初等中等教育制度の改正によって実施上研究を要するものが「頗る饒多」のみならず、将来開拓すべき予知さえ「茫漠」な状態である。このような中で、本会は「教育上諸般の学と術」を研究し、日進月歩の趨勢に随伴することを期するものである。以上のように教育学術研究会は創立趣旨を説明した。同研究会は、大瀬甚太郎を「研究の指導者」として推し、「内外朝野の碩学紳士百三十有余名」に特別賛助員になる許諾を得たと述べて[47]、さらに会員を募集した。賛助員の名簿は不明だが、創立の経緯から、樋口勘治郎（高師教諭兼訓導）、熊谷五郎（高師・哲学館講師）、中島半次郎（東京専門学校講師）が加わった可能性が高い。また、明治35年8月時点で主幹は大瀬、そのほかに中谷延治（高師助手）、佐々木吉三郎（高師附小訓導）、春山作樹（東京帝大院生）などの大学・高師関係者が実働の中心にあったようである[48]。

教育学術研究会規約は、次のように組織を定めた[49]。まず、目的を「教育ニ関スル学術ヲ研究シ、斯道ノ改良上進ヲ計ル」ことに定め、目的に賛同するものであれば誰でも入会可能にした。ただし、会員としての義務を怠り、会員としての面目を汚損したものは除名することにした。事業は、機関雑誌『教育学術界』を編集し、会員に配布することであった。会員に対しては、学術上の質疑に答え、学術研究の指導を与え、学術講習会の講師を紹介し、会員の著作物を審査して紹介し、研究会編集や同文館発行の図書を割引販売するなどの便宜を与えることにした。研究会の機関誌となった『教育学術界』は、さっそく講演欄を新設している。講演欄は、教育関係の科学について最近の学説を紹介し、学術研究の順序方法についての考案や参考資料を登載して、価値ある教材資料などを掲載して実際教授の参考に供する欄とした[50]。この2ヶ月後、この講演欄で大瀬甚太郎の「実験教育」の連載が開始された。

　研究会が初めて編集した『教育学術界』第3巻第1号（明治34年5月5日発行）には、井上哲次郎（東京帝国大学文科大学長）・沢柳政太郎（文部省普通学務局長）の祝辞、大瀬の序言が掲載された。ここで大瀬は、次のように研究会の事業構想を説明した[51]。研究会は、直接に教育の理法を攻究して諸種の疑問を解決し、研究の材料を供給してその方法を指示することを主な務めとする。デュルタイによれば、教育学はいまだ「近代の意味に於ける科学」ではない。マチヤスによれば、「真の教師」は「意識的に方法に対する者」であり、「常に学習の自然的原則に合せんとし精密なる科学的精神と整然たる方法とを結合する」ことに努める。また、「真の研究家」は、他人の成果を受けるだけでなく自ら温故知新に努めるが、参考資料の欠乏に悩まされる。そのため、「先進の士」は、自ら直接研究するほか、貴重な書籍を解釈し、研究方法を指導して、諸人の研究心を励ますことに努めなければならない。この必要に応じて、教育学術研究会は起こった。このように、大瀬は研究会の構想を述べた。

　以上の通り、教育学術研究会は、高師・帝大・私立学校関係の教育学者を組織化し、「科学としての教育学」を意識した教育学術研究に従事させ、実際教授に当たる者すなわち教師に対して研究資料を提供するために創立された。そこには、教育学術研究によって研究資料を提供し、それによって教師の教育研究を奨励するという構想が見出せる。

(2) 教育学術研究会の教育学術研究―高師存続とヘルバルト派への挑戦

　大瀬は高師の教育学者であり、研究会には高師教員・関係者が集まった。高師教員は、なぜ教育学術研究会を必要としたか。明治30年代始め、高師では校長の変遷激しく、帝大派対茗渓派の派閥争いも見られ、不安定な状況にあった[52]。また、「はじめに」でも述べたように、明治32年には「教育学会」名称論争が起こり、帝大・高師・私立学校関係の教育学者の間で争いが起こった。さらに、中等教員養成の需要が高まる中で、明治30年代後半には、帝大との関係を巡って再び高師廃止論が浮上することになる。つまり、明治30年代半ばの高師は、学歴・教育学・教員養成などに関して学内外に学閥争いの火種を抱えていた。大瀬が中心になって教育学術研究会を創立し、教育学界における学閥争いを一旦収めたことは時宜にかなうことであった。

　研究会は、高師関係者を動かして組織的な教育学術研究を開始した。しかし、教育学術研究の提唱は、研究会・大瀬が最初ではない。教育学術研究は、明治20年代の高師存廃論争において、教育の理法・技術を科学として研究する高師の目的の一つとして主張された、高師存続のための鍵概念の一つであった[53]。また、明治26（1893）年12月には、嘉納治五郎高師校長が中心になって、現職教員を担い手として想定した教育学術研究活動を大日本教育会で開始し、外国研究に邁進していた高師教員の目を国内の研究蓄積に向けさせようとしたこともあった[54]。教育学術研

Ⅰ　研究論文

は、明治20年代以来、高師の存在意義の確立や高師教員の改良を促す重要な概念・領域であった。かつての動きに大瀬自身は直接関わっていないし、研究会・大瀬の主張する教育学術研究の指すところは明治20年代のそれとは異なるが、高師の存在意義が問われ始めた時代において、再び高師教員によって教育学術研究が取り上げられたことは興味深い出来事である。

　大瀬は、ヘルバルト派批判に基づく社会的教育学・実験教育学などの欧米教育学の潮流を参考にして「独立の科学としての教育学」論を構想し、教育の科学的研究を奨励するために教育学術研究会を創立した。研究会の創立前後の『教育学術界』には、ヘルバルト・ヘルバルト派批判の論説が複数掲載されていた[55]。大瀬も、教育学術研究会の創立にあたってヘルバルト派教育学説の問い直しを一つの研究課題に挙げた[56]。研究会は、ヘルバルト派の単なる否定・無視ではなく、批判的な問い直しを目指したと思われる。ヘルバルト派教育学説は、周知の通り、明治30年代の教育界に深く入り込んでいた。ヘルバルト派を乗り越えない限り、大瀬の「独立の科学としての教育学」も教育学術研究も実現しなかったのである。

　以上のように、大瀬がしかけた教育学術研究会の教育学術研究は、教育学界の学閥争いを収めることだけでなく、高師の存続をかけた一手であり、かつヘルバルト派教育学説が深く定着していた当時の教育社会に対する挑戦であったと言えよう。

(3) 教師に対する教育研究の奨励

　さて、教育学術研究会は、実際どのような教育学術研究活動に取り組んだか。研究会は、結成直後、「小学校に於ける児童訓練の理論並に方法」と題して懸賞論文を募集した[57]。この懸賞論文は、教授法・管理法研究に比べて訓練法研究が少ないことを教育者に対して猛省を促し、大いにその研究を奨励するために募集したものであったが、多数応募者があったのも関わらず、理論・方法の完備したものを得られなかった[58]。続いて研究会は手を変え、明治34年11月、共同研究を興そうと研究問題を発題した[59]。これは、思弁的研究・実験的研究の記事を増加するという『教育学術界』の誌面拡張に連動した企画で、実験・見聞に関する読者からの寄稿を求めて、研究上有益な資料を供給して共同研究の実を挙げようという企画であった。第1の問題は「特殊の教育手段に関する報告（一名教育上の成功及失敗談）」であった。この取組の特徴は、人情・風俗等の社会的現象や被教育者の心身・生活状態に応じて教育手段・方法が異なることに注目して、その経験・見聞した成功・失敗について事実のまま報告することを望んでいる点である。共同研究の報告欄は、明治35年8月まで続けられた。それ以降、教師の経験に基づく研究報告は「研究実験」欄に統合され、懸賞論文はその後も続けられたが、共同研究問題の発題はなくなった。

　明治35年3月、研究会はさらなる企画に取り組んだ。「研究指導教育科講義」の発刊である。発刊趣旨は次の通りであった[60]。今や時勢の進歩は、教育家をして、旧法を守り粗雑の実験に甘んじることはできず、教育上諸般の学と術とについて着実・慎重に根本的に研究する必要を感じさせるに至った。教育関係図書は日一日に増殖して研究するには不便である。各学科を通じて同じ目的・程度にしてなるべく連絡・統合を図り、最近思潮を整理して紹介し、諸学科の研究方法を親切丁寧に指導するものがあれば、研究者の大きな便益になる。とくに小学校正・准教員や教育従事者もしくは従事志望者にこの便宜を図るため、この講義録を発行する。研究会は以上のように述べ、教育学・心理学・倫理学・論理学などの理論・研究法に関する書籍の刊行を企画した。「研究指導教育科講義」は、明治35年4月から36年9月まで毎月1回220頁以上のものを発行して、会員に頒布した。その後、学問分野ごとに再編されてそれぞれ一冊の書にまとめられた。先述の大瀬らの『教育学及研究法』はこの時の産物であった。

明治35年5月、研究会は明石・大洗で避暑講習会を開設することを広告した[61]。この講習会は、全国の教育者が講学研鑽し、学術上の最近思潮をうかがい、教育実務を研究し、社会的意識を修養することをねらいとした。大瀬は明石で教育学講義を担当し、緒論で「科学としての教育学」問題を取り扱って、教育は応用の学であり経験の学であると述べた[62]。明石の講習会には、西日本を中心に2府23県から340名の受講生が集まり、教育科には191名が受講した[63]。講習会証書授与式において大瀬は、控えめな表現ながら、聴講者中の特に「色々特別な御研究をなさって居る方」に向けて、得られた研究結果を十分公にして教育学術研究会に知らせてほしい、この講習において聴いたことが今後の研究の助けや刺激となれば非常に喜ばしいと述べた[64]。

　明治36年8月、研究会は『教育辞書』第1冊を編集・出版し、明治38（1905）年5月に同第5冊を出版した。これらは最終的に一つに合冊され、明治38年7月に『教育辞書』として再版された。『教育辞書』では、『教育学及研究法』に不足していた研究過程論や資料論などを展開した[65]。また、研究会は、明治39年4月、初等教育研究雑誌『小学校』を同文館から創刊した。『小学校』は、『教育学術界』とともに、多くの小学校教員や師範学校生を読者とし、奈良女高師附小教員などの後の大正新教育運動を担う教員たちの論争・研究発表の場になった[66]。

　このように、教育学術研究会は、結成直後から教師の教育研究を奨励しようと様々な事業を企画・運営した。全国の教師たちに対して、懸賞論文・共同研究問題によって研究関心を喚起し、「研究指導教育科講義」によって研究方法を解説し、避暑講習会によって理論の指導を直接行った。ただし、明治30年代半ばの時点では、例えば『教育学及研究法』に見られたように、研究の方向性を示したに止まっていた。明治30年代後半以降、『教育辞書』における研究過程論・資料論や、『教育学術界』における論争、初等教育研究雑誌『小学校』の創刊につながったとはいえ、創立直後の研究会では、どのように教師の教育研究を奨励するか模索が続いていた。

おわりに

　本稿では、明治30年代半ばにおける大瀬甚太郎の学説と教育学術研究会の活動に注目して、教育学研究の中に教師の教育研究がどのように位置づけられたかを明らかにしてきた。本稿で新たに明らかになったことは、次の3つに整理できる。

　第1に、大瀬甚太郎は「独立の科学としての教育学」を構築するために、教育学研究を教育目的研究と教育方法研究とに分け、そのうちの教育方法研究において教師の教育研究を位置づけたことが明らかになった。大瀬にとって教育方法研究は、児童に長期間接して実践現場で実験する必要があったため、教育方法研究者は教師でなければならなかった。これは、教育学の研究者人口を著しく拡大するとともに、教師たちを教育学の研究対象や普及啓蒙対象から学術研究の主体へと転換させることを意味した。ただし、教師が研究主体になれるのは教育方法研究に限られた点に注意する必要がある。戦前の教育研究は方法研究に偏りがちであったと言われるが、その傾向はすでに大瀬の教育学研究構想の中に胚胎されていた。

　第2に、大瀬が教師を研究者化しようとした背景には、モイマンの実験教育学説の影響が大きいが、その際に実験心理学的研究法を捨象したことが明らかになった。教育学術研究会も教師の教育研究を奨励したが、研究法の具体化には出遅れた。明治30年代後半には、教育思潮の流行に振り回される研究や主観的研究などが蔓延し、教師の研究態度に対する多様な批判を誘発した[67]。研究法の具体化不足のままで教師の教育研究が奨励されたことは、研究者人口を拡大して多様な教育研究を生み出した一方で、批判されるべき教師の研究態度を助長したことは否めない。

I 研究論文

　第3に、大瀬は教育学術研究会を創立して、高師・帝大・私立学校関係の教育学者を教育学術研究のために組織化したことが明らかになった。これは、教育社会に深く定着していたヘルバルト派教育学説に対する挑戦であったと同時に、とくに高師教員にとって、明治20年代以来の課題であった高師存続や「科学としての教育学」の確立、国内の研究蓄積に対する接近という課題に関わる一手であった。しかし、教師の教育研究は、主に日々の実践問題の解決や力量向上のために行われ、すでに全国に独自の量的拡がりをもっていた。大瀬・研究会は、まったく異なる出自の研究を統合しようとしたのである。その試みが容易ではなかったことは、想像に難くない。

　以上のように、明治30年代半ばにおける大瀬の教育学説とその実践としての教育学術研究会の活動とは、教師の教育研究を教育学研究に明確に位置づけ、その量的拡大・質的転換を図った試みとして特記できる。大瀬は、教育の実務・実際に対して、接触しなかったのではなくむしろ積極的に接触を試みようとした。模索から始まり、課題含みだった大瀬・研究会の試みが、教師たちにどのように受け止められ、明治末期の教育研究や大正新教育運動にどのように結実するか。世界的な科学史の文脈や、教育目的・方法研究における教師・教育学者・心理学者の役割関係、教育学術研究会とヘルバルト派との関係、教育学と教員養成とをめぐる高師・帝大・私学の力関係などの大状況をもっと詳細に見た時、大瀬の「科学としての教育学」論は、科学史・教育学史の中にどのように位置づくか。これら新たに明らかになった諸課題については、今後の研究課題としたい。

註

1）稲垣忠彦「解説」稲垣編『教師の教育研究』日本の教師20、ぎょうせい、1993年、1～10頁。
2）白石崇人「明治21年の大日本教育会における「研究」の事業化過程」『広島大学大学院教育学研究科紀要』第三部第55号、2006年、83～92頁。
3）稲垣忠彦『増補版　明治教授理論史研究』評論社、1995年。
4）白石崇人『鳥取県教育会と教師―学び続ける明治期の教師たち』鳥取県、2015年。
5）白石崇人「明治30～40年代における『教師が研究すること』の意義」中国四国教育学会編『教育学研究紀要』（CD-ROM版）第61巻、2015年、174～179頁。
6）大瀬については、次を参照。唐沢富太郎編『図説教育人物事典』上巻、ぎょうせい、1984年、704～706頁。谷城朗「大瀬甚太郎のドイツ教育学受容（Ⅰ）」『学苑』第566号、昭和女子大学近代文化研究所、1987年、124～132頁。谷城朗「大瀬甚太郎のドイツ教育学受容（Ⅱ）」『学苑』第591号、1989年、106～115頁。
7）木戸若雄『明治の教育ジャーナリズム』近代日本社、1962年、189～195頁。3つの「教育学会」とは、樋口勘治郎・中島半次郎・藤井健次郎が中心になって『教育学術界』を編集した教育学会と、帝国大学内で活動していた教育学会（熊谷五郎などが中心人物）、帝大・高師・早稲田・哲学館出身者の組織した教育学研究会のこと。
8）小熊伸一「雑誌『教育学術界』解説」寺﨑昌男監修『教育学術界』解説、大空社、1991年、1～24頁。
9）本谷一輝「大瀬甚太郎の教育史学の形成」筑波大学大学院人間総合科学研究科教育学専攻『教育学論集』第4集、2008年、125～130頁。
10）大日本学術協会編『日本現代教育学大系』モナス、1928年、78頁。
11）片桐芳雄「日本における個性教育論の展開―大瀬甚太郎を手がかりに」『日本女子大学紀要（人間社会学部）』第17号、2006年、145～159頁。

12) 稲垣忠彦編『教育学説の系譜』近代日本教育論集第8巻、国土社、1972年、23頁。
13) 白石崇人「1880年代における西村貞の理学観の社会的役割」日本科学史学会『科学史研究』第47巻 No.246、岩波書店、2008年、65～73頁。
14) 伊原真次郎訳「教育ノ学及術」『教育時論』第244～250号、開発社、1892年1～3月。これは、1874年1月にペインが行った「教育の科学と技芸」に関する講義録と思われる（本多みどり「教育の科学と技芸―イギリス初の『教育学教授』就任講義の検討」『帝京科学大学教職指導研究』Vol.1 No.1、2016年、123～130頁を参照）。
15) 谷本富『科学的教育学講義』六盟館、1895年、21～27頁。
16) 大瀬甚太郎『教育学』金港堂、1891年、20～21頁。
17) 大瀬、同前、序言3～4頁。
18) 片桐、前掲註11)。
19) 大瀬甚太郎『実用教育学』成美堂、1901年、1～13頁。
20) 大瀬、同上、13～20頁。
21) 大瀬甚太郎『教育学教科書』金港堂、1898年、26～28頁。論理学・生理学・衛生学等との関係については、イギリス由来の教育学説にも見られる。
22) 大瀬甚太郎「教育学」『教育公報』第243号、帝国教育会、1901年1月、3頁。この記事は明治32年8月の夏季講習会の速記録。大瀬の校閲は経ていない。
23) 『実用教育学』では、社会的教育学を「科学としての教育学」の最近形態とした（8～9頁）。
24) 大瀬甚太郎『シュライエルマッヘル氏教育学』教育学書解説、育成会、1900年、21～27頁。
25) 大瀬甚太郎「実験教育」教育学術研究会編『教育学術界』第3巻第2号、同文館、1901年6月、46～48頁。
26) 例えば、三石初雄「第二章「科学的」教育学研究の成立と実験教育学」『教育科学研究』第2号、東京都立大学教育学研究室、1983年、97～108頁参照。
27) 大瀬、前掲註25)、46～47頁。
28) 大瀬、前掲註25)、48頁。
29) 大瀬甚太郎「実験教育（二）」『教育学術界』第3巻第3号、1901年7月、50～52頁。
30) 木内陽一「実験教育学の終焉」『教育哲学研究』No.61、教育哲学会、1990年、54～55頁。
31) 大瀬、前掲註25)、47頁。
32) 大瀬甚太郎「実験教育（三）」『教育学術界』第3巻第4号、1901年8月、32～35頁。
33) 大瀬甚太郎「実験教育（五）」『教育学術界』第4巻第1号、1901年11月、52～55頁。
34) 大瀬甚太郎「実験教育（六）」『教育学術界』第4巻第2号、1901年12月、53～56頁。
35) 大瀬甚太郎「実験教育（七）」『教育学術界』第4巻第3号、1902年1月、58～60頁。
36) 大瀬甚太郎「実験教育（八）」『教育学術界』第4巻第4号、1902年2月、56～60頁。
37) 大瀬甚太郎「実験教育（九）」『教育学術界』第4巻第6号、1902年4月、53～57頁。
38) 大瀬甚太郎「実験教育（十）」『教育学術界』第5巻第1号、1902年5月、54頁。
39) 大瀬、前掲註36)、61頁。
40) 大瀬、前掲註38)、54～56頁。
41) 大瀬、前掲註38)、56～58頁。
42) 『教育学及研究法』は中谷延治との連名による。分担は不明。しかし、大瀬の名前を冠する限り、そこに見られる学説は大瀬の同意するものであったと見做すことができよう。
43) 大瀬甚太郎・中谷延治『教育学及研究法』教育研究叢書、同文館、1903年、237～241頁。

Ⅰ 研究論文

44）大瀬・中谷、前掲註43)、241～245頁。
45）大瀬・中谷、前掲註43)、245～247頁。
46）教育学術研究会「教育学術研究会創立趣旨書並ニ会員募集書」『教育学術界』第2巻第6号、格致学会、1901年4月、附録。
47）特別賛助員130有余名の詳細は不明である。
48）「第一回明石避暑講習会状況」『教育学術界』第5巻第6号、1902年9月、74頁。
49）教育学術研究会、前掲註46)、附録。
50）「教育学術界改良広告」『教育学術界』第2巻第6号、附録。
51）大瀬甚太郎「教育学術研究会の事業に就きて」『教育学術界』第3巻第1号、1901年5月、1～3頁。
52）嘉納校長以降の校長人事は、嘉納校長→明治31年6月～矢田部良吉校長→明治32年8月～伊沢修二校長→明治34年1月～沢柳政太郎校長→明治34年5月～嘉納治五郎校長。ちょうど明治34年4月には、朝夷六郎幹事の更迭を通して、高師内部の「不統一不整理」が問題になっていた（「高等師範学校幹事の交迭」国民教育学会編『日本之小学教師』第3巻第28号、1901年4月、55～56頁）。派閥争いについては例えば「某老教育家縦横談」（『日本之小学教師』第3巻第32号、1901年8月、58頁）参照。
53）「高等師範学校ニ関スル意見」『東京茗渓会雑誌』第107号、1891年12月、附録。
54）白石崇人「明治20年代後半における大日本教育会研究組合の成立」日本教育学会編『教育学研究』第75巻第3号、2008年、1～12頁。
55）例えば、中谷延治は、ナトルプのヘルバルト学説批判を紹介しながら、「心理学に基きたる形式的段階説が、如何に活用せらるべきか」について論じた（中谷延治「形式的段階の活用に就きて」『教育学術界』第3巻第1号、22～24頁）。
56）大瀬、前掲註51)、2頁。
57）「懸賞論文募集方法」『教育学術界』第3巻第1号、102頁。
58）「懸賞論文の発表」『教育学術界』第3巻第5号、1901年9月、1頁。
59）「共同研究の問題」『教育学術界』第4巻第1号、1901年11月、100～102頁。
60）「研究指導教育科講義」『教育学術界』第4巻第5号、1902年3月、広告。
61）「避暑講習会開設につきて」『教育学術界』第5巻第1号、1902年5月、広告。
62）「教育学術研究会主催避暑講習会講義要録（其一）」『教育学術界』第5巻第5号、1902年8月、107～110頁。
63）「第一回明石避暑講習会状況」『教育学術界』第5巻第6号、1902年9月、80頁。
64）同上、80～81頁。
65）白石、前掲註5)。および白石崇人「教育学術研究会編『教育辞書』における「研究」概念」中国四国教育学会編『教育学研究紀要』（CD-ROM版）第62巻、2017年、370～375頁。
66）小熊、前掲註8)。小熊伸一「解説」『小学校』別巻、大空社、1995年、1～19頁。
67）白石、前掲註4）参照。

〔付記〕
　本研究はJSPS科研費（課題番号：16K17405）の助成を受けたものである。

The Significance of Teachers' Education Research in Japan (1901-1903): Ōse Jintarō's Theory of Pedagogy as a Science and Activities of the Society for Pedagogy and Educational Methods

SHIRAISHI Takato (Hiroshima Bunkyo Women's University)

The purpose of this paper is to shed light on the significance of education research by elementary school teachers in Japan from 1901 to 1903, through an analysis of Ōse Jintarō's theory of pedagogy as a science and through activities of the Society for Pedagogy and Educational Methods.

In Japan after 1897, why did action-training-research come to be emphasized in education research? Why was school teacher's education research considered to be linked to pedagogy study? This paper focuses on Ōse's theory and activities to answer these questions. The Society for Pedagogy and Educational Methods, formed in 1901, is an important resource that provides an understanding of the history and origins of school teacher's education research. It is necessary to research Ōse's theory as the basis for this research. How was Ōse's theory related to the activities of school teachers' education research and the Society of Pedagogy and Educational Methods?

This paper reveals three facts. First, in order to establish pedagogy study as an independent science, Ōse separated research on educational methods from research on the purpose of education, defining teacher education research as educational methods research. Second, influenced by Ernst Meumann's experimental pedogogy study, Ōse attempted to transform teachers into educational methods researchers. Ōse abandoned experimental psychological research methods. Third, Ōse established the Society for Pedagogy and Educational Methods in order to organize education scholars involved in Higher Normal School, Imperial University, and private schools for education research of pedagogy and educational methods.

甲賀ふじのアメリカ留学と幼稚園教育実践

永 井 優 美（東京成徳短期大学）

はじめに

　甲賀ふじ（1856-1937）は戦前日本において保育界の先覚者として知られた保姆である[1]。幼児教育史上、甲賀は「私たちが日本の幼児保育の歴史について考える場合、とくに外国の幼児保育との関係について考えようとする場合、どうしても避けて通れない貴重な人物である」[2]と見なされてきた。彼女は1887（明治20）年から1890（明治23）年にかけてケンブリッジおよびボストンへ、1904（明治37）年から1906（明治39）年にかけてボストンおよびシカゴへ保育法研究のために留学し、その経験によって広島女学校附属幼稚園や日本女子大学校附属豊明幼稚園などで実践に携わっている。

　幼児教育史研究において、官立の女子（高等）師範学校における理論的指導者たちに関する研究の蓄積に比して、私立学校を中心に活躍した実践的指導者に関する研究は少ない。そのような中、先行研究には、甲賀の活動や主張について紹介したもの[3]や、渡米の経緯を明らかにしたもの[4]があるが、とりわけ甲賀による幼稚園教育実践の特徴について考察した研究は重要である。前典子や田中まさ子によって、豊明幼稚園における教育が甲賀の日誌や執筆物を中心に検討され、進歩主義的な新しい保育法が同園に早期に導入されていたことが指摘されている[5]。ただし、これらの研究では、その実践がシカゴ大学留学の成果であると推察されるものの、主に国内の動向や史料からそのことを説明しているため限界があり、実証的な検証は未着手の状況である。特に、甲賀のシカゴ大学への留学実態の解明なしにその点は考察できないと言える。また、これまで、豊明幼稚園の実践がどのような過程を経て形成されたのかについては十分に検討されていない。

　そこで本研究では、甲賀の教育・研究活動のプロセスを考証し、アメリカ幼稚園教育との関係の中で、甲賀がいかなる幼稚園教育実践を展開したのかについて明らかにすることを目的とする。とりわけ甲賀の進歩的な実践の契機となったのがシカゴ大学における留学経験であるため、同校での学びを中心に、甲賀の幼稚園教育とそれをとりまく研究活動の実態を解明する。その上で甲賀によるアメリカ留学の意義に言及したい。

　なお、本研究では、国内の関連大学の資料館が所蔵している当時の保育記録、甲賀やその関係者が執筆した国内外の雑誌記事などの他にも、ハワイでの実践を紹介している出版物や、甲賀の留学先である大学の事務局や資料館で収集した史料を用いた。

1　シカゴ大学留学以前の教育・研究活動

（1）保姆としての出発と第一回目の留学経験

　甲賀ふじは1856（安政3）年、三田藩に生まれた[6]。彼女は生来の子ども好きであり[7]、藩主の九鬼家や宣教師デイビス（J. M. Davis）の家で子守りに従事した。1873（明治6）年から神戸ホーム、1879（明治12）年から1882（明治15）年まで神戸英和女学校に学び、卒業後1886（明治19）

年まで舎監を務めた。同校在学中に保育を経験したことでそれに関心を持つようになり、「是非米国へ行つて幼稚園の教授法を研究して見たい」[8]と考え、1887年から1890年にかけてケンブリッジおよびボストンへ保育法を研究するため渡米している。

甲賀はまず、ケンブリッジにあるボーヒーズ（C. C. Voorhees）校長の養成クラスにおいて1889年12月までの2年間学び、保姆の免許状を取得して卒業している。在学時には、第一恩物の実演と小論文「日本と日本の幼稚園に関する一考察」（"Some Thoughts of Japan and its Kindergartens"）の発表[9]を行っていることから、フレーベル主義に基づく幼稚園教育の基礎的知識や技術、知見を身につけたと言える。その後、「今少しく勉強したい」と考え、幼稚園運動を推進していた慈善事業家であるショー（P. A. Shaw）が設立した保姆養成校で1890年6月までの6ヶ月間学んだ。そこでは毎日午前は幼稚園の実地見学をし、午後は授業を受けていたが、この頃、甲賀はフィッシャー（L. Fisher）に師事していたらしい[10]。このように、幼稚園教育先進地で2年半学び、保姆の資格を得たことが、その後の彼女の幼稚園教育・研究活動の端緒を開くこととなったのであった。

（2）広島女学校附属幼稚園における実践の特質

甲賀は1891（明治24）年1月に神戸英和女学校と関連の深い頌栄幼稚園に着任した。その後、同年9月にアメリカ人宣教師ゲーンス（N. B. Gaines）によって設置された広島女学校附属幼稚園に赴任している。広島女学校では、1895（明治28）年に保姆養成科の設立にも参与し、保育実習を担当するなど保姆養成に関わっている[11]。同園における初期の実践は史料の制約があり未解明の状況であるが、ここでは甲賀がハワイに移った直後の1897（明治30）年8月30日から1898（明治31）年4月までの保育計画と記録のノートを用いて、この頃の実践の特質について把握したい[12]。

この年の保育テーマは、9〜12月は家族関係、1〜6月は協同であった。9〜12月の「中心的真理」は、法則への従順にかかる全ての生活の円熟とある。目的としては、①子どもの共感性を高める、②子どもが精神的な平安や調和を悟るようしむける、③論理的思考へと導く、④体の筋肉を組織的に使えるようにする、⑤言葉の表現力を養うという5点が挙げられている。このようなテーマや目的にそったプログラムの中で、例えば10月には、神と私たちの関係は父母と子どもの関係に象徴されると示され、第1週目は植物の家族、第2週目は花と野菜の家族、第3・4週目は穀物の家族について取り上げられている。第4週目火曜日には以下のような保育が行われていた。

　オープニングエクササイズ
　賛美
　テーブルワーク――トウモロコシとその収穫
　マーチ――"Rippling painting little noses"
　テーブルワーク――どのように牛が育ったのか
　　　第二恩物――牛を製粉所へ運ぶワゴン
　　　第五恩物――製粉所
　　　（牛を運ぶために使う折られた鞄）
　ゲーム――製粉所の流れの歌
　レクチャー　紙の円柱[13]

この日は穀物を主題にした活動が展開されており、牛がどのように育つのかについて、穀物との関係性が表されている。このように、主題にそって「オープニングエクササイズ」「賛美」「談話・物語」「エクササイズマーチ・エクササイズとゲーム」「テーブルワーク（恩物作業活動）」な

I 研究論文

どの項目を組み合わせた保育が行われていた。確かにゲーンスは進歩派の指導者として著名になるヒル（P. S. Hill）と個人的な関係を有していたし、甲賀は後に回想の中で、広島にいた頃からヒルの研究に関心を持っていたと述べているが[14]、以上より、この当時の広島女学校附属幼稚園では後述するような進歩的な幼稚園教育の方法はまだ採られていなかったことが確認された。

（3）新しい保育法への着目

ハワイ諸島無償幼稚園と子どもの援助協会（The Free Kindergarten and Children's Aid Association of the Hawaiian Islands）からの要請により、甲賀は1897年7月にハワイに赴き、無償幼稚園の活動を始めた。勝村とも子によれば、ハワイの幼稚園にデューイの理念を適用していくことが同協会の指導者であるローレンス（F. Lawrence）に求められ、1896年から幼稚園教育改革が行われたことから、ハワイでは先駆的に進歩主義幼稚園教育が実施されていたと言う。甲賀はこのローレンスのもとで学びつつ、実践に携わった[15]。

ローレンスは子どもは社会的存在であり、第一に家庭生活を経験し、それを通して社会的生活に親しむようになると述べている。当時、ハワイの各無償幼稚園では人形の家や家具作りの遊びが採り入れられ、子どもたちは掃除などの家庭生活のリアルなニーズをつかんで、人形をとりまく遊びに反映させていた。甲賀がアソシエイトディレクターを務めたパラマ（Palama）の幼稚園でも人形遊びが活発に展開されており、人形によって子どもの自由な表現が呼び起こされて、自発的に多様な家庭や家族に関する遊びが行われていたことがローレンスによって紹介されている[16]。このような保育法に触れた甲賀は、それが進歩主義教育の影響を受けたものであることを知り、留学を志すのであるが、その動機については次のように語っている。

> 元々米国へ行く考で彼地（ハワイ…筆者注）に居た訳でもなかつたのですが、初め私が日本から布哇へ参つて見ると日本で新らしいと思ふて居た事が布哇では非常に陳腐となつて居たのに驚きましたホノル、などでは余程新らしい方法を採つて居りましたので、以前私の習得つた教授法などは古くて迚も用ゐることが出来なかつたのです。監督者に就て一生懸命勉強して居りますと、聴て幼稚園の教授法に就て、新旧二派の議論が喧しくなつて参りました、然れ共書物や雑誌の上では十分に解りませんから、今一度米国へ行つて之を研究して見たいと思ひ立ちまして、弟の賛成と友達の助力に依つて布哇から直ぐに又渡米することになつたのです[17]。

このように、ハワイの幼稚園に勤める以前に修得したものとは異なる新しい保育に出会った甲賀は、それについてローレンスのもとで学ぶだけでは満足せず、進歩主義教育の中心地において、直接最新の保育法を研究するため、1904年にアメリカ本土へ渡ることとなったのであった[18]。

2　第二回留学時の学びの様相

（1）アメリカ保育界の動向と甲賀の認識

アメリカでは幼稚園が1855年に初めて設立されて以降、1870年代から徐々に各地に普及し、定着していった。幼稚園運動が小学校教育に影響を与え、それにより幼稚園教育の再検討が促されるという相互関係の中、1890年から1900年にかけては、新心理学、児童研究、ヘルバルト主義教育およびデューイの哲学により幼稚園教育が修正されていった。また、自然研究や美術教育などによって多面的に幼稚園教育が問い直されることとなり、その過程でフレーベル理論が再解釈され、恩物作業活動のあり方も変化を見せるのであるが、その新しい傾向は進歩主義保育につらな

るものであった。この動きの中、ヴァンデウォーカー（N. C. Vandewalker）は保姆が一時的に保守的な者と進歩的な者とに分かれたと述べている[19]。

甲賀はまず、ボストン師範学校に入学している[20]。同校では『母の歌と愛撫の歌』や『象徴的教育』[21]を教科書とした、保守的傾向の強いフレーベル主義教育の理論と実践中心のカリキュラムが編成されていた[22]。その後、甲賀は当初の留学の目的を果たすため、進歩的な養成校として「最も整備して居て模範的」[23]であると見なしていたシカゴ大学に入学した。両校における幼稚園教育の理論や実践に接した甲賀は、その相違点を整理して次のように説明している。

甲賀によれば、「旧式」はフレーベルのシステムを文字のままに採用しており、「新式」はフレーベルの精神を重視し、保育法に様々な工夫を凝らしていたとある。また、保育案においては、「旧式」では「大体の教案を予じめ定めて置いて児童を之に当て箝め」、計画を変更することはほとんどないのに対し、「新式」は「教案を後にして児童を主位に置」き、子どもの様子に応じて自由に計画を変更していた。例えば、天気のよい日には室内での恩物遊びよりも戸外での活動を行うなど柔軟に対応していたという。恩物遊びにおいては小さな積木を机上で使わせるのではなく、「新式」では、子どもたちは大きな積木で作った家や門の中を通りぬけたりもぐったりして遊び、庭の花や石などの自然物を用いた「頗る自由」なものであった[24]。甲賀は「旧式」の代表校であるボストン師範学校と「新式」の代表校であるシカゴ大学において学んだことで、新旧の方式を採る保育を対比的に捉えていたのであった。次に、シカゴ大学での留学の実態について見ていこう。

（2）シカゴ大学教育学部における幼稚園教育・保姆養成の状況

甲賀はシカゴ大学教育学部（the University of Chicago the School of Education）の教員養成カレッジ（College of Education）に1905年の夏期（6～8月）と秋期（9～11月）の2期間在学している[25]。彼女が留学した当時、シカゴ大学教育学部は次々に中心的指導者を失ったところであり、組織も再構成されつつあった。ここで簡単にシカゴ大学教育学部の状況を説明しておきたい。

シカゴ大学は1902年にシカゴ学院（Chicago Institute）を合併すると、同院を教育学部として初等教員養成課程を設置した。そのことによりシカゴ学院附属幼稚園と、1898年秋に設置されていたデューイ・スクールの幼稚園の二園が、大学の附属幼稚園として並存することとなった。その後、教育学部長兼附属初等学校長であったパーカー（F. W. Parker）の急死により、1903年に二園は併合され、1904年にデューイ夫妻がシカゴ大学を辞職するまでその指導的役割を担った[26]。

1901年から1909年にかけて幼稚園部門の長として保姆養成と幼稚園教育実践に携わっていたのはペイン（B. Payne）である。ペインはクック郡師範学校幼稚園や公立学校の保姆を経てシカゴ・フレーベル協会養成部門の長となった後、1900年からシカゴ学院、後にシカゴ大学教育学部において保姆養成に従事した人物である[27]。彼女は1897年の全米教育協会幼稚園部会において児童研究の意義を示していることなどから、進歩的立場にたつ指導者の一人であったと言える[28]。デューイ夫妻がシカゴ大学を去った後の1904年6月にペインによって保姆養成コースが提案されている[29]。このコースは、地理（1-1/2）、歴史（1-1/2）、自然研究（1-1/2）、算数（1-1/2）、スピーチと朗読（1-1/2）、家政学（1）、心理学（4）、児童衛生学（1）、教育（2）、選択科目（2-1/2）で構成されていた。括弧内の数字は時間を示したものと思われる。特に心理学に多くの時間が割かれていることから、心理学を中心に自然研究や児童衛生学などの新しい科目を含んだ保姆養成カリキュラムであることが見て取れる。それは後に採用され、幼稚園コース（Kindergarten Course）が正式に発足している[30]。

(3) シカゴ大学留学の内実

　甲賀はシカゴ大学でどのようなことを学んだのであろうか。甲賀の成績証明書によれば、甲賀が受講した科目は、1905年の夏学期は「幼稚園の発展」「オーラル・リーディング」「子どもの物語の解釈」「粘土細工」「織物（編み物）」「教育哲学」、1905年の秋学期は「初等学校におけるオーラル・リーディング」「子どもの物語の解釈」「幼稚園と低学年の音楽」である[31]。これを見ると、実技科目を中心に、原理的な科目も受講していることがわかる。ここで特にペインの担当科目である「幼稚園の発展」に着目したい。その内容は、フレーベルの教育哲学と心理学を他の教育者のそれと比較するもので、受講対象者は保姆としての専門的養成を受け、実践経験のある者であった[32]。同講義の具体的な内容は不明であるため、この頃のペインの見解を彼女の執筆物から確認しておこう。

　ペインは幼稚園が学校改革に貢献したことで、学校教育はフレーベルの理念と調和的に実践されるようになったと言い、真の心理学が暗黙的に含まれていたことや、理論の基礎が最近の思想家のそれと根本的に同じであることなど、フレーベルの教育論に内在している普遍性について指摘している。しかし、これからの保姆には、フレーベルに学びつつも、より広い文化、より完全な科学的基礎、近代的な心理学の訓練、全ての年齢の子どもの問題に取り組むという学校教育の視点が要求されるとある。そのため、保姆に幼稚園固有の哲学を放棄するよう勧め、幼稚園とその他の教育の間に障壁を設けることのないようにと忠告している。また、これまで幼稚園特有の概念であった自己活動や自由、自発性が、進歩派の合言葉となって様々に表現されているとし、「子どもは自主的活動をゆるされることで自由を獲得する」と述べている。ペインは、子どもが自由を発揮して自ら遊びを発展させていくことを目指していたのであった。さらに、子どもの個性を考慮した教育を行う必要性についても言及している。ペインの講義などを通して、甲賀はフレーベル主義教育を批判的に検討しつつ、より子どもの自由や個性を尊重した子ども中心主義教育の理念を学んだと考えられよう[33]。

　このような理念に基づき、シカゴ大学附属幼稚園ではペインの指導のもとで実践が展開されていた[34]。同園の保育項目には「科学・自然研究」「文学」「恩物ワーク」「手工（ハンドワーク）」「数」「モデリング」「絵画」「料理」「リズム・ゲーム」「音楽」が設置されていた。次節では、シカゴ大学留学後に甲賀が携わった豊明幼稚園における教育実践の特質を、シカゴ大学附属幼稚園のそれと対照しつつ検討していく。

3　豊明幼稚園における児童研究に基づいた幼稚園教育実践

(1) 豊明幼稚園への着任と教育方針

　甲賀は1906年5月に帰国すると、同年4月に開園していた日本女子大学校附属豊明幼稚園に7月から主任保姆として着任した[35]。豊明幼稚園規則の第一条には「附属豊明幼稚園は幼児心身の発達を計るを以て目的とし併せて保育法の研究に資するものとす」[36]と定められている。これまで保育法研究を行ってきた甲賀にとって、同園は最適の教育・研究環境であったであろう。甲賀は「今度彼地から帰つて女子大学へ来て見ますと、成瀬校長はいろいろ研究して欧米の最新式を採用するに熱心な方であり、それに卒業生が孰れも亦非常に熱心なので、其の精神が能くシカゴ大学に似て居ると存じまして、此校で私もどうか充分骨を折つて見たいと思ふて居ります」[37]と述べ、女子の一貫教育の最初の段階として幼稚園を位置づけていた成瀬仁蔵のもと、実践に取り組むこととなった[38]。

1911（明治44）年に甲賀による豊明幼稚園の紹介記事が、アメリカにおいて広く購読されていた保育雑誌である Kindergarten Review に掲載されている。甲賀は豊明幼稚園について次のように記している。

> 本園では、フレーベルのメソッドに基づき、日本の子ども固有の必要性や状況、さらに一人ひとりの園児に応じた教育を行っている。それによって子どもたちが内にある力を発揮し、思慮深い指導によってそれを自由に表現できるようにすることを目指している[39]。

同園ではフレーベル主義教育を基本に据え、子どもたち一人ひとりが自己の力を自由に働かせることができるよう努められていた。同園の保育は国内外の幼児教育関係者の一部から「模範幼稚園」と評価され、「関心のある校長や園長がメソッドを参考にするために本園を訪ねてくる」[40]と甲賀が述べているように、他園のモデルとされるものであった[41]。それでは、そのような方針のもとでいかなる実践が行われたのであろうか。

(2) 教育実践の特徴

甲賀の直筆による1907年1月8日（火）から3月28日（木）にかけての「日誌」[42]によれば、豊明幼稚園の保育項目としては「会集」「遊戯」「手工」「恩物」「自然科」を中心に「畳紙」「環並」「砂遊び」「粘土」「料理」が置かれている。「日誌」からは広島女学校時代と比べ、保育法上様々な変化が確認される。先行研究が指摘するように、恩物を用いた自由遊びや自由画、手工からごっこ遊びへの活動の展開は、当時の日本においては新しい保育法であった[43]。ここで、同園における実践の特質を、シカゴ大学附属幼稚園の状況と比較して再検討していきたい。

「日誌」を見ると、人形遊びが盛んに行われていたことがわかる。甲賀は「人形を作るは子供の最もよろこぶところなり」と子どもの興味を捉えている。2月7日から継続的に紙で人形づくりがなされていたが、2月25日には「作り上げし人形を一同に分け与へて人形の店を出さしめ生徒の一部をしてこれを買はしむ」とあるように、それは人形屋さんごっこに発展している。さらに、「人形の事に付て或る印象を与へお雛様の唱歌を歌はしむ」として、お雛さまに関連する活動へ展開させている。2月28日には、初めて導入した大きな積み木（第五恩物）でお雛様の山車を作り、そこに人形を飾っている。その後、3月6日には、「第五恩物を用ひて自由に家を作らしめ石を与へて庭を作らしむお人形を与へ家の内に住はしむ」とあるように人形の家づくりも行われている。この「第五恩物」とは大きな積み木であろう。大きな積み木は1905年にはシカゴ大学附属幼稚園において家や家具を作る際に使用されていた保育材料である[44]。それは児童研究に基づいてフレーベルの恩物をより子どもの遊びに適するものへ改良していく流れの中で考案されたものであり、前述したように、甲賀も「新式」の特徴を持つ教材として認識している。豊明幼稚園ではそれを1907年に保育に採り入れていた。以上のような主題にそって組織化された活動や人形の家遊びなどの実践は、シカゴ大学留学以前の経験がいかされつつも、大きな積み木を用いた遊びに顕著に見られるように、さらに新しい要素が含まれたものであった。

しかし、新しい材料が導入されたこと以上に注目すべき点がある。1919年にデューイが豊明幼稚園および豊明小学校を訪問した際、その実践に興味を示し、「子どもたちはかなり自由で、私が見たものは、模倣ばかりで何の個性も見せない（中略）子どもたちではなく、お絵描きやその他ハンドワークはかなり多様性があり、類似性はほとんどなかった」と言い、その質はアメリカでの保育の平均をはるかに越えるものと述べている。特に子どもたちが全く規律に縛られず、訪問者に目もくれないほど楽しそうに遊んでいる様子には感動するほどであったようである[45]。デューイは子どもたちが個性を発揮して、自由な雰囲気の中で遊びに没頭している様子に着目し

ている。このことから、先に述べた甲賀の教育方針が具現化していたこととともに、子ども中心主義保育が同園において実現していたと言えよう。

　その他にも、豊明幼稚園では当時の幼稚園教育現場にはあまり普及していなかった保育項目が設置されていた。ここで広島時代には見られない「自然科」と「料理」について見ていこう。甲賀は「人が人生について感じる喜びの大半は、自然の美と関わっている」ため、自然環境は教育上非常に重要であると考えていた。園庭には様々な樹木が植えられ、果物や野菜を育てて収穫したり、木の実を採取したりする活動が行われている。また、牛、鶏、鳩、小川の生き物などとのふれあいも持たれていた[46]。例えば、「日誌」によれば、3月11日から14日にかけて、集中的に畑作りが行われている。ちなみに、その中で、3月13日は「会集」の時間を「自然科」に変更している。甲賀は他の日も状況に応じて予定を柔軟に変更しているのであるが、これもまた2(1)で確認した「新式」の一つの特徴である。さらに、植物の成長を観察する機会が多々設けられている。1月10日の大根収穫（「自然科」）の際には、以下のような子どもとのやりとりがあった。

　　何故に根を有するやと尋ねしに直に生徒はそれは水を飲むためなりと答へたり何故室内にある植木鉢には度々水を注がざれば枯るるに外にある植木ハ水を注がずとも成長するは何故かと尋ねしにそれは雨が降る故なりと一人の生徒答へたり[47]。

　子どもの科学的な洞察力を「自然科」の中で養っていた甲賀であるが、このような保育内容はシカゴ大学附属幼稚園においても重視されていたものである[48]。自然研究はアメリカにおいて幼稚園修正運動の過程でその重要性が認識されてきた。シカゴ大学附属幼稚園では保育項目として「自然研究・科学」が筆頭に挙げられ、整備された畑や庭など周辺環境のもと、自然環境が及ぼす影響や動植物に関して、季節の変化に即した科学的な観察がなされていた[49]。

　また、当時の日本の保育項目としてはほとんど見られない「料理」が保育に組み込まれていた[50]。豊明幼稚園では、母親参観日に子どもたちが作ったケーキとお茶で母親たちをもてなすことや[51]、3月8日の「日誌」に「始めに米を生徒に洗わしめてそれを火にかけ傍らごまをいってすり砂糖をまぜおきキナコに砂糖を混ぜしめおき別に米の煮上りたるとき生徒にこれを握らさしめてゴマキナコ等をまろばさしむ」とあるように、団子づくりがなされていたことがわかる。実行されなかったが、えんどう豆を洗って煮て、お雛様に供えるという「料理」の計画もあった。シカゴ大学附属幼稚園では感謝祭にジュースやゼリー、クッキーづくりなどが行われていた。同園では「料理」は社会的産業の活動として導入されており、科学的思考に基づいて活動することで多様なスキルや社会性が培われると見なされていた[52]。豊明幼稚園での「料理」の活動もこのような意図のもと採り入れられていたと考えられよう。

(3) 児童研究を基盤とした実践の創出

　以上のような進歩的な幼稚園教育実践を行う基盤となっていたのは甲賀による児童研究であった。例えば、自由画について甲賀は「園児たちが生まれつきバランスをとったり線や色を使ったりして絵を描くことが大好きであることを考慮し、はるかに自由な表現を認めている」[53]と述べているように、子どもの内面をよく観察した上で新しい保育法を実践していったと言える。ここで、従来の研究では看過されてきた甲賀の児童研究への取り組みについて検討していこう。甲賀は次のように子どもの個性に着目した研究を奨励している。

　　各個人を出来るだけよく発達させやうとつとめますには、是非とも、各個人をよく知るといふ事が大切なので御座います。此頃、吾が国でも、個性研究といふ声が高くなつてまゐりましたのは結構なこと、存じて居ります。子供一人々々をよく研究して、その各個人の必要に

応じて、或は、その不足を補ひ、或は、まだ覚醒して居ない善を呼び起すとか、また如何はしいと思ふ様な点は、自然に枯れてしまふやうにつとめなければならないので御座います。さらば、どうして、其子供一人一人をよく知る事が出来ませうか、私共は、毎日子供と一緒に室内、或は室外で遊んで居ります間に、子供等の一人々々の特性を見ることが出来ます。殊に保姆の指導なしに、(唯保姆は監督だけして) 遊んで居る時、即ち、子供が全く自由に余念なく遊んで居る時には、子供が己れ自身を、有の儘に発表して居りますから、最もよくその個性を知ることが出来ます[54]。

このように甲賀は、自由に遊ぶ子どもたち一人ひとりを観察し、その個性の研究をするよう保姆に勧めている。ペインは教師の役割を、一人ひとりの子どもを観察し、問題点や様子を把握してそれに対応することと見ていた。また、「保姆やその他の教師は、子どもたちが自分から何らかの独立した作業をしているときに、その子どもたちを最もよく知ることができる」と指摘している[55]。甲賀の個性研究の視点や手法はペインのそれと重なる点が散見される。その他、観察法以外にも、性質が体格の影響を強く受けているとして身体検査が行われたり、五感の試験が実施されたりしていた[56]。さらに甲賀は海辺の子どもや山村の子どもなど、育った場所や境遇を尊重し、子どもの生活を中心に遊びを構成することについても示している[57]。甲賀は「同一の遊びや、仕事を致して居りましても、決して、同じ型に入れる事は出来ませぬ」[58]と記しているように、一人ひとりの子どもの個性や状況を把握し、それに即した保育を行おうとしていたのであった。

以上のような児童研究を通して、甲賀は子ども理解を深め、それにより実践を修正しようと考えていた。次のようなエピソードがある。アメリカ艦隊が来航した際、子どもが何に興味を持ったかについて分析し、以下のように述べている。

なぜ直に士官とか、兵隊さんとか答へなかつたのだらうと能く考へましたが、扨てこれこそ子供の本能で、即ち子供は自分に尤も近き自然物とか、また尤も本能的に活動するものに多く興味をもち、また注意を引かるゝものといふ事を学びました。それですから子供にお話しなどを致します時は、人事界の事を材料として致しますよりは、尤も自然に近きものを材料として致します方が、子供の興味を引き起しますのに有効であります[59]。

このことを通して甲賀は、子どもは人事界よりも自然界に強い興味を示すため、幼稚園教育においては自然界への興味を刺激することがより有効であると発見している。「日誌」の中にも子どもが興味をもった点やその様子が明確に記録されているように、甲賀は日々、注意深く子どもの言動を観察し、児童研究をもとに実践を充実させようと試みていたのであった。

甲賀は1920（大正9）年から1921（大正10）年にかけて渡米し、アメリカ各地の幼稚園や施設を視察している。その際、「有名な新式教授法の研究者」と認識していたヒルと会見している。ヒルの教育方針を「常に自由な教育をする」ということに見出していた甲賀は、ヒルに直接「何処まで自由を与へられるか」と尋ね、「骨のある自由」という答えを受けたと記している[60]。この件に関してこれ以上言及されていないが、ペインの幼稚園教育論に触れた甲賀が、自由を児童研究のキーワードと捉え、継続的な実践的研究を行っていったことが見て取れる。

おわりに

本研究では、甲賀ふじの教育・研究活動の実態とその展開を、シカゴ大学への留学経験を中心に検討してきた。ケンブリッジおよびボストンで2年半学び、保姆の資格を取得した甲賀は、帰国後、頌栄幼稚園や広島女学校附属幼稚園で保育に携わった。広島女学校附属幼稚園における当時

の教育は、まだ保姆主導の傾向が強く、新しい保育材料は導入されていなかった。甲賀は次の赴任先であるハワイの幼稚園で先駆的に実践されていた新しい保育法に衝撃を受けていることから、この地で進歩的な幼稚園教育実践に出会ったことになる。その後、進歩主義教育について直接的に研究するため、第二回目の留学を実行したのであった。

　甲賀は「旧式」の代表校であるボストン師範学校で学んだ後、「新式」の代表校であるシカゴ大学に入学している。シカゴ大学教育学部では、正規の学生として在籍し、様々な講義を受講した。特に、パーカーやデューイの影響のもと進歩的な幼稚園教育を主導してきたペインの「幼稚園の発展」という講義を受けたことなどにより、保育法だけではなく、子どもの自由や個性を尊重した子ども中心主義教育の理念についても理解を深めたと考えられる。

　帰国後、甲賀はシカゴ大学での経験によって日本女子大学校附属豊明幼稚園において子どもの自由や個性に着目した児童研究に基づく子ども中心の保育を行った。甲賀は新しい理念と方法を用いて行われた実践を「新式」と称し、「旧式」との相違点を端的に捉えていたが、豊明幼稚園における実践は「新式」を強く意識したものであった。同園では自由遊びがなされ、自由画や大きな積み木が導入されるなど自由度の高い活動が行われていた。また、シカゴ大学附属幼稚園でも採り入れられていた「自然科」や「料理」という保育項目が設置されていたことも、同園の教育の特質である。幼稚園教育修正の過渡期にあって多様な方針の養成校が混在していたアメリカ保育界で、ほかでもなく進歩主義教育を主導したシカゴ大学で学んだことにより、甲賀はそれをいち早く受容し得たのであった。しかし、それは単にアメリカ幼稚園教育実践の表面的模倣にとどまるものではなかった。むしろシカゴ大学での学びの成果は、甲賀が子ども中心の実践を継続的に創出することを支えた研究の視点や手法の獲得にこそあったと言える。したがって、甲賀のアメリカ留学の意義は、単に先駆的に新しい保育法を導入したことによるだけではなく、学びつづける実践的研究者として存在したことそのものにあると考える。このような甲賀の教育・研究活動は、その後の豊明幼稚園および小学校における新教育研究に影響を与えたと考えられるが、その実態の解明は今後の課題としたい[61]。

註

1) 甲賀藤子「米国の幼稚園」『女学世界』第6巻第11号、1906年、55頁。甲賀藤子「米国の幼稚園を見てつくづく感じたことども」『婦人世界』第16巻第5号、1921年、69頁。

2) 村山貞雄「国際化と保育（総説）」『保育学研究』1991年、12頁。

3) 聖和保育史刊行委員会『聖和保育史』聖和大学、1985年、392-394頁。小林恵子『日本の幼児保育につくした宣教師』キリスト新聞社、下巻、2009年、20-23頁。清水陽子「保育の国際化に関する一考察―日本女子大学校附属豊明幼稚園初代主任甲賀ふじを中心として―」『保育学研究』1991年、18-27頁。清水は家庭教育と母親教育に関する甲賀の見解を紹介している。

4) 田中まさ子「甲賀ふじ研究（第1報）―ある幼稚園保姆のライフヒストリー研究試論―」『聖徳学園女子短期大学紀要』第18巻、1992年、43-50頁。勝村とも子「"幼児教育のパイオニア"甲賀ふじと福音伝道（1）―1897年の渡米までを中心に―」『聖母被昇天学院女子短期大学紀要』第31号、2005年、1-12頁。

5) 前典子「日本女子大学附属豊明幼稚園初代主任甲賀ふじ」『成瀬記念館　1986』第2号、1986年、26-40頁。田中まさ子「明治後期の幼稚園教育に関する一考察―甲賀ふじの保育日誌にみる進歩主義の受容とフレーベル主義の展開―」『人間教育の探究』第5号、1992年、75-89

頁。田中まさ子『幼児教育方法史研究』風間書房、1998年、127-143頁。
6) 甲賀の生い立ちについては「甲賀ふじ研究（第1報）」（前掲、43-50頁）、*American Women Missionaries at Kobe College 1873-1909: New Dimensions in Gender*（Noriko kawamura Ishii, Routledge, New York & London, 2004, pp.153-155）に詳しい。
7) 甲賀藤子「自己の使命天職等に関して覚悟したる場合の経験談」『家庭』第1巻第1号、1909年、13-14頁。
8) 前掲「米国の幼稚園」55頁。
9) "Normal Kindergarten Graduation," *Cambridge Tribune*, vol. XI, no. 16, 23 June 1888. *Annual Report of the School Committee*, Cambridge, Harvard Printing Company, 1890, p.16. なお、ボーヒーズの養成クラスはショーの指導下にあった。
10) 神戸女学校同窓会誌「めぐみ」第62号、1916年。前掲「米国の幼稚園」56-58、60頁。Ishii, op. cit., p.155.
11) 拙著『近代日本保育者養成史の研究―キリスト教系保姆養成機関を中心に―』風間書房、2016年、126、211-212頁。
12) "Outline of Kindergarten Work 1897-98"（関西学院大学聖和短期大学キリスト教教育・保育研究センター蔵）。ノートの執筆者は不明であるが、この頃保育に関わっていたゲーンスもしくは松本春枝のものである可能性が高いと考える（前掲『近代日本保育者養成史の研究』212頁）。
13) "Outline of Kindergarten Work 1897-98".
14) 前掲『幼児教育方法史研究』128頁。なお、田中はゲーンス以外にもヒルと関係のある教師たちの影響によって甲賀がヒルに関心を持ったとしているが、その教師たちは1901年以降に来日しているため、甲賀との接点はない（前掲『近代日本保育者養成史の研究』207頁）。
15) 前掲「"幼児教育のパイオニア"甲賀ふじと福音伝道（1）」7頁。勝村とも子「19世紀末のハワイ無償幼稚園運動に於けるキャッスル一族の貢献とジョン・デューイの進歩主義教育の関わり」『大阪私立短期大学協会研究報告集』第38号、2001年、88-91頁。勝村とも子「幼児教育史研究―無償幼稚園運動（1）ホノルルの日本人幼稚園と甲賀ふじの果たした役割〔1897年～1902年〕―」『樟蔭東女子短期大学研究論集』第9号、2006年、47頁。
16) *Calendar of the Free Kindergarten and Children's Aid Association of the Hawaiian Islands, 1900*, Honolulu, Hawaiian Gazette Company, 1900, p.7, pp. 26-27.
17) 前掲「米国の幼稚園」59-60頁。
18) 勝村は、甲賀の辞任の要因は福音宣教への挫折やコハラの教会の婦人会との関係にもあると推察している（勝村とも子「幼児教育史研究―無償幼稚園運動（2）甲賀ふじとハワイ島コハラの幼稚園〔1902年-1904年〕―」『樟蔭東女子短期大学研究論集』第11号、2010年、52頁）。
19) 中谷彪他訳『アメリカ幼稚園発達史』教育開発研究所、1897年、187-224頁（Nina C. Vandewalker, *The Kindergarten in American Education*, New York, the Macmillan Company, 1908）。
20) 甲賀のシカゴ大学の成績証明書の学歴欄にボストン師範学校と記されている（Koka Fuji (Student Number 21916), "School of Education – Record of Work," Office of the University Registrar（以下、"Record of Work"とする））。前掲「米国の幼稚園」60頁。
21) Susan Blow, *Symbolic Education: a Commentary on Froebel's "Mother play,"* New York, D. Appleton and Company, 1895.
22) 1904年度の幼稚園コースの教育内容は1. 教育原理、教育史、学校管理、2. 図画、形態と色彩、音楽、3.『母の歌と愛撫の歌』と『象徴的教育』、4. 恩物－理論と実践、5. オキュペーション、

I 研究論文

6. 歌とゲーム、7. 公立初等学校における観察と実践（4週間）、8. 幼稚園における観察と実践（6ヶ月間）である（*Cataloge of the Boston Normal School for the Year 1904*, Boston, 1904, p.12）。

23) 甲賀藤子「米国東方の幼稚園」『婦人と子ども』第7巻第4号、1907年、14頁。

24) 前掲「米国の幼稚園」60頁。前掲「米国東方の幼稚園」14頁。

25) *Annual Register,* the University of Chicago, 1905-1906, p. 458. "Record of Work" によると、甲賀が大学の入学許可を受けたのは1905年6月17日である。

26) シカゴ大学教育学部の動向については『デューイ実験学校』（メイヨー、エドワーズ著（梅根悟、石原静子訳）明治図書出版、1978年）や『シカゴの新学校―デューイ・スクールとパーカー・スクール―』（松村將、法律文化社、1994年）などを参考にした。

27) *Prospectus of the University Elementary School*, the University of Chicago, the School of Education, 1901-1902, p. 5.

28) 阿部真美子他『アメリカの幼稚園運動』明治図書、1988年、38頁。

29) "College of Education Conference of General Committee of College of Education," June 2 1904（シカゴ大学レゲンステイン図書館スペシャルコレクション蔵）.

30) なお、1905年度の教員養成カレッジには2年コースの全科コースA（初等教員養成課程）と幼稚園コース（幼稚園教員養成課程）、家政学コースの他、4年コースの全科コースB（中等学校教員や指導者対象）、専科コース（中等教育・師範学校教員養成）、芸術・技術コースが設置されていた（*Annual Register,* 1905-1906, pp. 105-106）。

31) "Record of Work". *Bulletin of Information*, The University of Chicago, the School of Education, Summer Quarter, vol. V, no. 3, 1905. *Circular of Information*, The University of Chicago, the School of Education, vol. V, no. 3, 1905-1906.

32) *Bulletin of Information*, Summer Quarter, 1905, p. 6.

33) Bertha Payne, "The Individual Child," *Kindergarten Review*, vol. XV, no. 1, 1904, p. 1. Bertha Payne, "The Training of the Kindergartner," *Elementary School Teacher*, vol. 3, no. 9, 1903, pp. 603-608.

34) *Announcement of the University Elementary School 1905-1906*, the University of Chicago, 1905, p. 4, pp. 33-35. 教員養成カレッジの担当者は、エレメンタリースクールの各自の部門の指導主事を務め、実践の監督をし、実際に教育に携っていた。

35) 甲賀は第二回留学時に日本女子大学校学監であった麻生正蔵と知り合い、招かれることとなった（「穂積先生と甲賀先生の御退職を送る一夕の集り」『家庭週報』第941号、1928年、5頁）。

36) 「幼稚園設立認可願」1905年10月2日（東京都公文書館所蔵）。

37) 前掲「米国の幼稚園」63頁。

38) 「日本女子大学校設立趣意書」『日本女子大学校四十年史』日本女子大学校、1942年、38-44頁。なお、甲賀は、1910年から南高輪幼稚園の主任保姆を兼務している。

39) Fuji Koka, "The Homei Kindergarten of the Japan Woman's University," *Kindergarten Review*, vol. 22, no. 4, 1911, p. 234.

40) Ibid.

41) 「日誌」（豊明幼稚園、1907年、成瀬記念館蔵）が現存するが、そこには豊明幼稚園に東京高等女子師範学校他から多くの参観者が訪れていたことが記されている。なお、「日誌」の内容については翻刻（豊明幼稚園『保育の記録』第1号、1992年、1-16頁）を参照した。

42) 同上。

43) 前掲『幼児教育方法史研究』135-137、139-140頁。
44) *Announcement of the University Elementary School 1905-1906*, p. 34.
45) John Dewey and Alice C. Dewey, *Letters from China and Japan*, New York, E. P. Dutton & Company, 1920, pp. 28-29（アメリカの妹へ1920年2月22日に宛てた手紙を参照した）.
46) Koka, op. cit., pp. 231-232.
47) 前掲「日誌」。
48) 田中によれば自然科はシカゴ大学教育学部の「実物教示」の影響によるというが、それは前掲「米国の幼稚園」(61-62頁)の記述によると思われる。しかし、ここでは幼稚園での作業において籠作りをする際の導入として実物を提示して話をすることが記されているだけである（前掲『幼児教育方法史研究』137頁）。また、成瀬は自然教育と手工教育を教育内容として重視していたため、このことは成瀬の教育方針にも関係していると考えられるが、詳細な検討は今後の課題としたい（成瀬仁蔵「日本女子大学校の教育方針に就て」1905年（『成瀬先生講演集』第3、桜楓会出版部、1940年、188-200頁））。
49) *Announcement of the University Elementary School 1905-1906*, p. 14, 33.
50) 田中は「珍しいところでは「料理」が時折入っている」と言及しているが、それについては特に検討していない（前掲『幼児教育方法史研究』129頁）。
51) Koka, op. cit., p. 234.
52) *Announcement of the University Elementary School 1905-1906*, pp. 28-29, p. 35.
53) Koka, op. cit., p. 233.
54) 甲賀藤子「幼稚園保姆の家庭訪問の必要」『婦人と子ども』第11巻第2号、1911年、13頁。
55) Payne, "The Individual Child," p. 4.
56) 甲賀藤子「児童の五感をどうして試験するか」『家庭週報』第167号、1908年、3頁。
57) 甲賀ふじ子「新式の幼稚園」『女学世界』第7巻第4号、1907年、28頁。
58) 前掲「幼稚園保姆の家庭訪問の必要」13頁。
59) 甲賀ふぢ子「愛らしき良師の教へ」『家庭週報』第163号、1908年、2頁。
60) 前掲「米国の幼稚園を見てつくづく感じたことども」70-71頁。
61) 豊明幼稚園および小学校では互いに連携に取り組んでいた（「米国の幼稚園を見てつくづく感じたことども」（前掲、69頁）、「小学校から幼稚園への希望二」（河野清丸『婦人と子ども』第16巻第2号、1916年、55頁））。真橋美智子の研究（「成瀬仁蔵の児童観と児童教育」『日本女子大学紀要』人間社会学部、第17号、2006年、161-173頁）からは、成瀬の全学的な教育方針および幼稚園と小学校の関係性が窺える。

〔付記〕
　本研究はJSPS科研費（課題番号：16K17407）の助成を受けたものである。

Ⅰ 研究論文

Koga Fuji's Study in America and Educational Practices in Kindergartens

NAGAI Yumi (Tokyo Seitoku College)

The purpose of this study is to clarify the features of Koga Fuji's (1856-1937) educational practices in kindergartens and research activities from her relationship with kindergarten education in America. Koga went to America to research kindergarten methods, and became involved in kindergarten education in Japan. Previous research has indicated that the practices of the Homei Kindergarten by Koga represented a new form of kindergarten education influenced by progressive education, but their research does not sufficiently examine how she came to develop her education practices. In fact, this cannot be verified without elucidating the facts of Koga's studies at the University of Chicago. As a result of conducting an investigation into the question, this study enumerates three conclusions regarding Koga's educational and research activities and their development.

First, after obtaining qualifications as a kindergarten teacher during her first study abroad, she practiced along the theme at the kindergarten affiliated with Hiroshima Women's School, although at this stage she did not introduce new resources or methods.

Second, while she studied a second time in America, she learned progressive education of kindergarten that respected free and independent activity based on a critical study of Froebel's philosophy at the University of Chicago.

Third, at Homei Kindergarten after Koga returned to Japan, she practiced child-centered education based upon the interests and individuality of children, ascertained through child research.

Finally, Koga's pioneering practices were a result of independently and continuously grappling with child research based on scientific principles, and not just receiving the latest theories and methods in kindergarten education.

戦後初期における旧軍関係教育機関出身者への施策
―「非軍事化」と「民主化」の動向とその射程に着目して―

白　岩　伸　也（筑波大学・大学院生）

はじめに

　ポツダム宣言受諾後、日本政府は、「帝国日本」・「軍国日本」から「民主日本」・「平和日本」への自画像の転換を図るなかで、旧軍関係教育機関出身者（以下、出身者）の処遇を決定していかなければならなかった。敗戦にいたるまで旧軍関係教育機関の入学者は増加しつづけ、さらにその多くが敗戦後に卒業したため[1]、彼らの処遇のあり方を決定することはこの時期の不可避的な課題であった。そこで文部省は「陸海軍諸学校出身者及在学者等措置要綱」（閣議決定、1945年8月28日、以下「要綱」）にしたがって、各学校に出身者を転入学させていく。『日本近代教育百年史』によれば、文部省はこの施策の「円滑な実施につとめ」たとされる[2]。

　しかし、その動向を追ってみると、出身者への施策は何度も変更を迫られており、その評価についても「民主々義的でない」[3]、「憲法ノ精神ヲ逸脱」[4]といった批判が随所に見られる。そもそも出身者への施策は、いつ、だれによって、どのようにして形成され、どのような意味が付与されたのだろうか。この施策は主に「非軍事化」政策の一環に位置づけられたが、なぜそれが「民主々義的でない」あるいは「憲法ノ精神ヲ逸脱」と批判されたのだろうか。

　そこで本稿では、陸海軍省、文部省、CIEを中心とした政策アクターの動向をたどりながら、戦後初期における出身者への施策の形成過程を解明する。その際、「非軍事化」の射程がそれぞれの局面においてどこまで及んでいたのかに注目し、それを踏まえつつ「非軍事化」が「民主化」とどのような関係を結んでいったのかについて考察を行う。

　従来の教育史研究が文部省所管学校を主な対象としてきたため、旧軍関係教育機関に関する研究は遅滞しているといわざるをえない状況にある。近年では高野邦夫がさまざまな旧軍関係教育機関に関する基礎的史料を掘り起こした。だが未解明な部分は多く、特にその戦後史は等閑に付されてきた[5]。また、戦後教育改革に関する研究に目を向けると、出身者への施策を取り上げたものはほとんど見当たらない。そのようななかで山本礼子は、教職適格審査や出身者への施策に関する投書の分析を通じて、「熱狂的な軍国主義排斥要請」の実態を明らかにした。だが、山本は教職追放やそれに関する投書の分析を中心的な作業に位置づけたため、当然のことながら出身者への施策の形成過程については、つまびらかでない[6]。

　出身者について検討するにあたって、旧軍人の戦後史に関する研究についても言及する必要があろう。注目されるのは関口哲矢と吉田裕の研究である。関口は終戦処理と就労問題の関係に着目し、復員軍人の〝温存〟と〝選別〟の特徴を抉り出した。しかし、敗戦直後は復員軍人の処遇をめぐって就労支援と転入学措置が議論されていたが、出身者については言及していない。吉田は「非軍事化・民主化」の動向に目配りしつつ、「戦記もの」や旧軍人団体に焦点を当て、「兵士たちの戦後史」を浮き彫りにした。だが、出身者の転入学ついては取り上げておらず、さらに「非軍事化」と「民主化」を一体的・並列的に捉えている[7]。高畠通敏によれば、「平和主義は、民主化や民主主義と本質的な関係をもたない。しかし、戦後民主主義がいわれるとき、それはこの第

― 45 ―

I 研究論文

九条(日本国憲法:引用者注)の問題と分かちがたく結びついていた」とされる[8]。この見方を本稿の課題に引きつけて考えると、「非軍事化」と「民主化」を分けてそれぞれの内実を問い、そのうえで両者の関係性を探る必要があるだろう。

こうした研究状況を踏まえ、本稿は出身者への施策についてつぎの手順で検討していく。まずポツダム宣言受諾直後における陸海軍省を中心とした立案過程をたどり、つぎに優先的転入学から制限的入学へ移行していく経緯と背景を探る。そしてこの施策が日本国憲法や教育基本法との関係においてどのように議論されたのかを見ていく。最後に改めて、「非軍事化」と「民主化」の動向とその射程について、施策の形成過程に即しながら考察する。

1. 陸海軍省の立案とその意図

先行研究は「要綱」を起点にして論じているが、そもそも「要綱」に関する議論は、いつから、どこからはじまったのだろうか。保阪正康はその議論の一端を逸話的に紹介しているが[9]、以下では、それを踏まえつつ審議過程を詳細に追っていく。

1945(昭和20)年8月17日、陸軍省は善後措置委員会(以下、委員会)を設置し、そのなかで出身者への施策について議論した[10]。委員会発足の経緯などは定かではないが、陸軍省が17日付で作成した「善後措置委員会設置ニ関スル件」によれば、「軍ノ善後措置中政府ノ施策ト関連アル事項(外交ヲ除ク)ヲ統制審議スル為」に軍務局長のもとに置かれた。「軍ノ善後措置ニシテ政府ノ施策ト関連アル事項ハ必ズ同委員会ニ上程又ハ協議ス」とされた。委員長には内閣総合計画局長官を務めていた池田純久が着任し、委員は20名で構成された。

委員会の議題は多岐にわたるが、出身者への施策については当初から議論され、18日付の議事録には「陸軍生徒ノ受入態勢」、「文部省ニ話シスミ」とある[11]。教育総監が同日付で作成した「教総隷下諸学校生徒等ノ今後ノ取扱ニ関スル件(案)」の冒頭には「陸軍諸学校ノ生徒等ヲシテ整斉円滑ニ他ノ諸学校ニ転入校シ或ハ実社会ニ転移セシメ以テ頓挫ナク次代ヲ背負フ人材トシテノ十分ナル発達ヲ遂ゲシム」とある。そして出身者が「学歴(資格)」を認定されるよう「関係省ノ了解」を求めた。さらに「転入校」を「無試験」にしたり、「学資金等ニ困窮シアル者」への「何等カノ方法」を講じたりした。上から取消線が引かれているが「優先入校セシムル他ノ学校ノ創立」も検討していた。陸軍省は19日付で「陸軍諸学校生徒等措置要綱(閣議提出案)」を作成すると、そのころから東久邇宮内閣次官会議でも出身者への施策について議論されはじめる[12]。また「陸軍諸学校生徒等措置要綱参考資料」のなかで、陸軍幼年学校出身者などの「素質優秀ナル」部分について重点的に説明し、その根拠のひとつとして「普通学」の程度を示した。この点から陸軍省は将校養成機関出身者の処遇を重視し、さらに「普通学」を転入学の要件にしたと推測される。

8月18日の次官会議では海軍省が各省に「海軍学生生徒ノ受入体制ノ確立」を要望している。陸軍省との関係などは不明だが、海軍省も出身者のために動き出していたことがうかがえる。20日には池田委員長が「軍秩維持協力ニ関スル件」を提出し、「時局ノ一大転機」によって「越軌ノ行動ニ走ラントスル者」などを危惧して「軍ニ対スル最後ノ御協力」を求めた。その一環として「軍ノ学校諸生徒ハ国家ノ青少年中優秀ナル者ヲ集中シアル情況ナルニ付之カ転学補導ニ関シテハ特別ノ考慮ヲ払ヒ国家ノ将来ニ貢献スル如ク措置願度」と述べている。同日の委員会ではこれについて各省を「十分納得セシメタリ」と報告された。このような議論を受けて、文部省も省内で審議しはじめるようになる。『有光次郎日記』によれば、次官会議に参加した河原春作文部次官が同日の省議で「陸海軍生徒ノ転学希望ノ申出アリタリ。右ヨリ左ヘ転移スルハ如何カ(中略)

- 46 -

全部ノ者ヲ必ズ収容スル事ハ不可能」と述べている[13]。

このような河原の意見が影響したこともあってか、27日の次官会議で若松只一陸軍次官が提出した「要綱」には、先述の「陸軍諸学校生徒等措置要綱（閣議提出案）」にはなかった、「文部省管下学校ノ収容力ノ増強ニ関シ至急考慮ス」という条文が書き加えられた。それでもなお河原は「学校設備ニテ引受ケラレルヤ否ヤ疑問ナリ」と発言したが、結果的に「要綱」は28日付で閣議決定された。再び次官会議の審議内容を確認しても、出身者の転入学について批判的な意見を述べる者はおらず、河原もそれを全面的に否定する立場をとっていたわけではなかった。以上の議論を経て、先述の「陸軍諸学校生徒等措置要綱（閣議提出案）」にはなかった、「出身者ノ文部省管下各学校ヘノ入学ニ方リテハ其ノ銓衡ハ一般学生ト成績人物等同等ト認ムル場合之ヲ優先的ニ取扱フ」という文言が「要綱」に加えられ、いわば「優先的転入学」が決定されたのである[14]。

出身者への施策については文部省が疑問を呈する場面もあったが、陸軍省が重視した「軍秩維持」が東久邇宮内閣の方針に合致したこともあって[15]、陸海軍省の思惑通りに審議そして決定されたといえる。これ以降、文部省とCIEを中心に出身者への施策のあり方をめぐって議論されていく。

2．優先的転入学から制限的入学へ

(1) 優先的転入学の実施とその準備

文部省は「要綱」をもとに出身者を転入学させていくが、その基準は表1のように定められた。その際、学科試験を行わず口頭試問と身体検査によって選抜し、学級を増やしたり二部教授を行ったりするよう各機関へ伝えた。転入学の期日は、中等学校は1945年11月1日、高等学校等は11月15日、大学は1946年4月であり、中等学校、高等学校等へは「編入学」、「転入学」、大学へは「入学」するとされた[16]。「要綱」にもあるように「入学」の場合は一般学生の「入学」との関係が問われる。文部省が1945年9月15日付で発表した「新日本建設ノ教育方針」のなかで「学徒ニ対スル措置」として、出身者へ「前項ノ再教育ヲ施シタル上文部省所管ノ各学校ニ夫々ノ程度ト本人ノ志望トニヨリ入学セシメ之ヲ教育スルコトニ決定シタ」と述べられた。「前項ノ再教育」は

表1　旧軍関係教育機関から文部省所管学校への転入学基準

転入学先	旧軍関係教育機関	関連通牒
大学 （1年）	【陸軍】士官学校・航空士官学校（59期まで）、経理学校（8期まで）。【海軍】兵学校・経理学校（3年まで）、機関学校。	「陸海軍諸学校出身者及在学者等ノ編入学ニ関スル件」（発専120号、文部次官発大学長宛、1945年9月5日）
高等学校等 （2年）	【陸軍】士官学校・航空士官学校（60期）、経理学校（本科9期）。【海軍】兵学校・経理学校（2年）。	「陸海軍諸学校出身者及在学者等ノ編入学ニ関スル件」（発専120号、文部次官発学校長宛、1945年9月5日）
高等学校等 （1年）	【陸軍】幼年学校（3年）、予科士官学校（61期）、経理学校（予科9期）。【海軍】兵学校・経理学校（1年）、甲種飛行予科練習生（中等学校3年修了以上）、特別幹部練習生（中等学校卒業）。	
中等学校 （1～4年）	【陸軍】幼年学校、特別幹部候補生、少年兵諸生徒。【海軍】甲種飛行予科練習生、乙種飛行予科練習生（転入学の学年は入学前の学歴と修了年次に応じて決定）。	「陸海軍諸学校在学者ノ編入学ニ関スル件」（発専120号、文部次官発地方長官宛、1945年9月5日）

注1）近代日本教育制度史料編纂会編『近代日本教育制度史料』（第26巻、大日本雄弁会講談社、1958年、179～185頁）から筆者作成。
注2）高等学校等は、高等学校、専門学校、大学予科、教員養成諸学校を指す。

Ⅰ　研究論文

「軍部等ヨリノ転入者」などに対するものを指すが[17]、前田多門文部大臣は9月6日の省議で「軍関係ノ学生生徒ヲ受入レル為ニ再教育ヲ要スベク、研究ヲ望ム」と発言していた[18]。

(2) 優先的転入学の廃止過程

しかし、「陸海軍諸学校出身者及在学者等措置要綱中改正ノ件」(閣議決定、1945年11月16日、以下「要綱改正」)によって、「要綱」の「出身者ノ文部省管下各学校ヘノ入学ニ方リテハ其ノ銓衡ハ一般学生ト成績人物等同等ト認ムル場合之ヲ優先的ニ取扱フ」という条文が削除された。以下では、その経緯や背景を探るために、CIE、陸海軍省、文部省の動向を見ていく。

① CIE の介入

転入学の方針が決定されてから、それへの反対意見が現れはじめるが、第二早稲田高等学院では、10月24日に学生らが優先的転入学に対する反対の決議文を学校側に提出し[19]、27日に学生大会を開いた[20]。31日には他大学の学生も加わって、大村清一文部次官と剱木亨弘大学教育課長に決議文を提出し、出身者を「優先的に扱はない」という回答を得た[21]。

これに若干遅れてCIEは出身者について議論しはじめる。"Daily Report"からその動向を追ってみると、10月29日にCIEのワンダーリック(Herbert J. Wunderlich)とホール(Robert K. Hall)は出身者の復学について調査し、その後も出身者に関する調査を継続した。30日にヘンダーソン(Harold G. Henderson)と前田文相が出身者について議論し、11月1日のダイク(Kenneth R. Dyke)局長と大村次官の会議では、大村が全学生を差別なく扱うという方針にもとづいて出身者を遇すると述べた。4日にはヘンダーソンが出身者の転入学に関する報告書を文部省から受けとり、13日の大村との会議で出身者の転入学について質問した。14日には転入学措置が「われわれ(CIE:引用者注)の提案に合うように改正され」、全学生を同等に扱うことになったとされる[22]。

出身者について調査していたホールはその結果を11月17日付でまとめた。冒頭で「日本教育制度ニ対スル管理政策」(連合国軍最高司令部ヨリ終戦連絡中央事務局経由日本帝国政府ニ対スル覚書、1945年10月22日)のなかの「人権、国籍、信教、政見又ハ社会的地位ヲ理由トスル学生、教師、教育関係官公吏ニ対スル差別待遇ヲ禁止スル、而シテ叙上ノ差別待遇ヨリ生ジタル不公平ハ直チニ是正セラルベキコト」と、「軍国主義的及ビ極端ナル国家主義的イデオロギーノ普及ヲ禁止スルコト、軍事教育ノ学科及ビ教練ハ凡テ廃止スルコト」を抜粋している。優先的転入学は「差別待遇」や「不公平」の問題に抵触し、それが「非軍事化」と密接に関係したことが確認される。さきの早稲田の学生らはこの指令を主張の根拠にしていたが、ホールも彼らについて言及している。また、教育の機会を失った引揚学徒なども出身者と同じ方法で扱うことを「勧告」した[23]。そして「外地外国所在学校在学者等ノ転学等ニ関スル件」(発学37号、文部省学校教育局発地方長官・学校長宛、1945年11月19日)によって「陸海軍諸学校在学者出身者等ノ転入学ノ取扱ト同様ニ之ヲ措置」するとされた。出身者の転入学は引揚学徒のそれとも関係していたのである。

「ポツダム宣言履行の為めの緊急勅令事後承諾に関する貴族院委員会」では「現下の緊要問題」として「陸海軍諸学校の転入学の問題」が挙げられ、占領軍から「口頭で意向を通じて来たものとして」、「軍諸学校の普通学校への転入学に関する件、特権になるべからず」とされている。この「特権」は優先的転入学を指すと推定される[24]。そして「雇傭方針ニ関スル件」(連合国軍最高司令官総司令部参謀副官発第230号ノ14、1945年11月28日)により「復員軍人」に「優先的」に「教育ヲ受クル機会ヲ与フルコト」を定める法令などが「無効」または「廃止」となった[25]。

②陸海軍省の反応

つぎに、この廃止に対する陸海軍省の反応を見ると、例えば下村定陸軍大臣は11月17日付の日

記に「定例閣議」、「軍籍之在リシ学生生徒転校取扱ノ件遂ニ目的ヲ達セス優先権撤廃セラル」と記している[26]。やはり優先的転入学の廃止は当初の「目的」から離れるものだったといえる。ただし海軍省は、「海軍兵学校生徒は堂々と入学試験をうけて進学すればよいではないか」と述べており[27]、学科試験を行うことに強く反対していたわけではなかった。海軍省教育局の宮本鷹雄は、文部省、陸軍省、海軍省の担当官が出身者の転入学について審議した会議に参加したが、「昭和二十年九月頃」から開始したその会議をつぎのように振り返る。「吾々が作つた草案も出来ては壊れ、積んでは倒れ、なかなかものになりかねておつた」が、「政府首脳の理解もあり遂に十一月初旬に閣議決定となり、一安心した」[28]。

この会議の性格や陸軍省と海軍省の見解の違いなどについては不分明な点があるが、陸海軍省が優先的転入学廃止に対して否定的な姿勢を貫いたとはいえないのではないだろうか。「要綱改正」は出身者を一般学生と対等な立場に置いただけで、彼らが一方的に不利益を被る事態にまではいたっていない。だからこそ、出身者の処遇のあり方が未確定な時期においては、むしろ「一安心」させる部分があったのではないだろうか。

③文部省の立場

最後に、優先的転入学廃止に対する文部省の対応を見ていく。「第八十九回帝国議会予想質疑事項並答弁資料」のなかには、「問 陸海軍学校在学者出身者等ノ転入学ニ関スル措置及結果ニ付承リ度」という予想質疑とそれへの答弁がある。出身者の「優先的ノ取扱ハ止メタ」とあるため、これは優先的転入学廃止を踏まえたものと考えられる。まず転入学措置を講じた目的を「復員ヲ出来得ル限リ迅速且平穏裡ニ遂行スルタメ」と述べ、つぎに「当時ノ情勢下ニ於テハ適当ナル措置ト考ヘラレル」という。明言はしていないが、さきの「軍秩維持」への意識がここからもうかがえる。そして「学科試験ヲ実施シナカツタ事情」については、「本年四月ノ入学試験ニ際シテモ一般学徒ガ勤労動員ノタメニ学習ノ時間ガ不十分ナリシニ鑑ミ学科試験ヲ行ハナカツタノト同様ノ措置ヲトツタモノデアリマシテ特ニ特殊ナ取扱ヲ致シタノデハナイノデアリマス」という[29]。

同時期に作成された「陸海軍諸学校在学者等転入学ニ関スル件」も、「第八十九回帝国議会予想質疑事項並答弁資料」と重なる部分が多い。この文書の性格は不詳だが、転入学措置を「連合国軍ノ進駐ニ協力スルタメノ最モ重要ナル施策」と位置づけ、その「許容」を「切望」している。さらに、出身者の「放置」は「平和国家建設上甚ダ憂慮スベキ」で、むしろ「一般学生ノ影響ニヨリ急速ニ平和的教養ヲ得セシムル」と述べる[30]。

このように文部省は「優先的ノ取扱ハ止メタ」と述べながらも、「学科試験ヲ実施シナカツタ」ことの妥当性を示そうとしたのはなぜか。これ以上立証することはできないが、その理由のひとつとして、戦後初期における文部省の立場が影響していたのではないだろうか。上記の「第八十九回帝国議会予想質疑事項並答弁資料」を作成した学校教育局の局長を務めていた田中耕太郎は、彼の事務官を務めた相良惟一によれば、「文部省は過去の罪業によって解体されるおそれ」を意識していた可能性が高く、「もちろん、先生（田中：引用者注）は文部省廃止論にくみされず」とされる[31]。だとすれば、優先的転入学を明白な誤りとすぐに認めることはできなかったと思われるし、いわば自己弁護のために妥当性を示そうとしていたと推測される。

(3) 制限的入学の決定とその真相

1946（昭和21）年2月1日～7日の記録をまとめた、CIE の "Weekly Report" によると、2月7日の文部省との会議で出身者に関する議論が浮上した。中根秀雄総務室長は、出身者が生徒総数に対して約3分の1の割合を占めていることを報告し、このような状況に「潜在している多く

の危険な点」に対する「たしかな安全策」を講じることを伝えた。別の会議でも山崎匡輔文部次官が、出身者が「少しでも集中する危険性」を指摘し、それに対する「予防措置」を提案した[32]。

文相などの通訳を務めた神谷美恵子の「文部省日記」にも、2月7日の山崎次官とニュージェント（Donald R. Nugent）CIE局長およびファー（Edward H. Farr）の会議記録がある。ニュージェントは山崎に対して、「陸海軍諸学校出身者の入学数は、各大学の全学生数一〇％以下に限ることにして欲しい」と勧告した。彼は「陸海軍諸学校出身者が、かたまって他を蔑視して手に負えない、という報告を屡々うけて」おり、「甚だ困った事態になるのではないか」と「心配」し、「何も差別待遇をしようとしているわけではないが、腐った林檎が一個混ざっていれば、樽全体の林檎が腐ってしまう、という諺もあるように、少数の陸海軍学校出身者がいるために、他の学生が悪い影響を受けはしないかと恐れるのである」と述べていた。先述の"Weekly Report"では出身者の「集中」が懸念されていたが、ニュージェントはそれだけにとどまらず、「腐った林檎が一個」つまり出身者が一人でも学校にいることを危惧していた。山崎はニュージェントの提案に沿うような施策の実施を約束している。ただし、出身者が過度な制限によって「進学の希望」を失い「自暴自棄」に陥る可能性も指摘し、「希望」を与えるべきと主張した場面もあった[33]。

最終的には、「大学入学ニ関スル件」（発学89号、文部省学校教育局長発官公私立大学長宛、1946年2月22日）のなかで、「軍関係学校卒業者等ハ入学試験ノ成績次第ニヨリ当該大学学生、生徒定員ノ一割ヲ限度トシテ入学セシメ得ルコト」となり、いわば「制限的入学」が通牒された。「入学後ノ措置」として、「不穏ノ行動アル者ニツイテハ其ノ情状ニ依リ処置シ誤ナカラシメントス」、「学ノ内外ヲ問ハズ軍関係学校卒業者ノミノ団体ヲ組織スルコトハ絶対ニ禁止スルコト」と定められ、ニュージェントの「心配」が同通牒に反映されたといえる。「高等学校大学予科専門学校等転入学ニ関スル件」（発学94号、文部省学校教育局長発学校長・教員養成所長宛、1946年2月24日）を見ても、同じ内容が高等学校等への「入学」に適用されていることがわかる。

ただし、出身者が「集中」するのを避けるために制限するのは分かるが、その制限が定員の「一割」でなければならなかったのはなぜか。その点に関するCIEの説明は見当たらないが、先述の早稲田の学生らに対応した剱木がつぎのように述べた。剱木は1944年7月から大学教育課長を務め、先述の陸軍省、海軍省、文部省の三者による会議にも参加した[34]。「最初の計算では高校へ進む軍関係校出身生徒数は総数の五・六パーセントとなり、一〇パーセントの余裕あればとして「一割」の数字が出た」[35]。つまり「一割」とは全出身者を入学させることを前提とした割合だった。憲兵司令部の藤原利昭は、陸軍省と文部省の「緊密な協力関係」を頼りにして、「昭和20年8月20日頃」に「旧知の課長さん」、すなわち剱木へ転入学を打診した。そして、「軍側の要望以上の結果となった」ため、「将校生徒諸君の大恩人」として、剱木に「深謝」している[36]。

剱木は後年に何度も戦後教育改革について回顧したが、出身者については深く言及していない[37]。そのため、藤原との折衝の内容が文部省のなかでどう議論されたかは不明であり、施策のあり方をめぐって文部省内で軋轢があった可能性も否めない。とはいえ、剱木のような「戦前」からの文部官僚が出身者への施策に継続して関わっており、後年にそれを語らなかったことは、陸軍省と文部省の「緊密な協力関係」がしばらく残存していたことを示唆するのではないだろうか。

3．出身者への施策をめぐる「非軍事化」と「民主化」

（1）占領軍による「非軍事化」の複数性

「陸海軍諸学校在学者及卒業者等の大学高等専門学校への入学に関する件」（発学314号、文部省

学校教育局長発学校長宛、1946年7月4日）によって、「陸海軍諸学校等に入校していた者で在学期間が一ヶ年に満たない者」が「一割制限から除外」されると、第8軍政局民間情報教育課は出身者が「東京帝国大学に集中」し「望ましくない状況」が生じると警戒を強めた[38]。

だがホールは後年につぎのような見解を示した。「（出身者を：引用者注）改心不可能な軍国主義集団あるいは他の生徒に対する強固なイデオロギー脅威としてみなすことは明らかに不合理だった。（中略）過去の軍隊式の教え込みを理由とした教育の否定は、少数派集団に対する差別に相当するため、表明された占領政策と矛盾していただろう。それは更生教育（rehabilitation education）を最も必要としている集団に対する更生教育を否定し、幻滅感を抱き絶望的で怠惰な若い人々から成る大集団を社会に解放しただろう」。ホールは教職追放にも批判的な立場をとっており、その問題性として「厳格に画一的に管理された民主主義の注入は、厳格に画一的に管理された全体主義の注入よりも民主的であるとはいえず、人格の破壊とほとんど同じである」と述べた[39]。

さらに、第94軍政部教育主任のパーカー（Charles K. Parker）は、新聞記者からの「陸海軍関係の学校の生徒を専門、高等学校へ転入せしめることについては？」という質問に対して、つぎのように答えている。「彼らこそまづ新教育の対象であつて、そのまゝ放置するごときはもつてのほかである、学校の収容力が足りなければ広く地方にもばら撒いて、何らかの再教育の方途が彼らのためにこそ作り出されねばならない」[40]。ここには直接的な批判は見られないが、制限的入学とそれによって排除された出身者に関する問題意識がうかがえる。その背景には出身者への「新教育」や「再教育」を重視するパーカーの「非軍事化」があったと考えられる。

「腐った林檎」としての出身者を一人でも学校へ入れることを警戒したニュージェント、それを「差別に相当する」と批判したホール、「新教育」あるいは「再教育」の観点からできるだけ多くの出身者を学校へ入れようとしたパーカーといったように、「非軍事化」の射程は各アクターによって異なっていた。出身者に対する「非軍事化」の必要性は誰もが同意していたものの、そのあり方をめぐって占領軍内部でもたがいに衝突するほどの複数性が存在していたのである。

（2）日本国憲法・教育基本法との相克
①第90回帝国議会帝国憲法改正案委員会

占領軍のみならず日本政府のなかでも、制限的入学をめぐって対立が生じている。具体的には、1946年7月16日に行われた第90回帝国議会衆議院帝国憲法改正案委員会において議論が起きた。自由党の上林山栄吉は、制限的入学を「余リニモ憲法ノ精神ヲ逸脱シタ制度」と批判し、「平和的新日本ヲ建設スル上カラ言ツテ洵ニ遺憾デアル」と述べる。「憲法ノ精神」は法の下の平等を規定した帝国憲法改正案第13条を指す。

これに対して田中耕太郎文部大臣は「軍ノ学校ニ或ル期間就学シテ訓練ヲ受ケタ者ニ付キマシテハ、是ハヤハリ再教育ノ必要ガアル」と述べるが、「非常ニ沢山ノ学生ガ或ル学校ニ入ツテ参リマスルト其ノ再教育ノ目的ガ十分達セラレナイ」と主張する。パーカーも主張した「再教育」の必要性を制限的入学の妥当性へ結びつけている。そして「出来ルダケ沢山収容シタイ」、「甚ダ辛イコトデアリマスケレドモ」といいながら、制限的入学について「已ムヲ得ナイ方法ヂヤナイカト云フ風ニ考ヘマシタノデアリマス」と答える。ニュージェント筆頭のCIEを意識せざるをえない立場にいた田中は、制限的入学の妥当性を示そうとしたといえる。だが、前述のように占領軍内部では制限的入学の緩和によって、出身者が一部の学校に集中することが警戒されたものの、田中はその緩和を「甚ダ嬉シイコト」と述べた。再び田中の発言を見ても、上林山に十分に答えておらず、制限的入学については「已ムヲ得ナイ」ということで事なきを得ようとしている印象

が強い。このように田中は終始歯切れの悪い回答をしたが、上林山はこれ以上反論していない[41]。

だが自由党の木村義雄が翌17日に「新憲法ノ精神ニ則ツテ、所謂此ノ制限撤廃ニ関スル御意見ヲ明確ニ発表シテ戴キタイ」と再び田中に答弁を求めた。木村は「軍国主義的ナ教育ヲ受ケテ来タ者ナラバ、ソレニ民主的ナ理念ヲ注入スルコトコソ刻下ノ急務デアル」といい、パーカーの発言も紹介した。これに対して田中は「已ムヲ得ズ一割位ニ限ツタ所ガアリマシタ」と再び曖昧な発言を行う。これまでと異なる発言として、田中は出身者について「素質ニ付キマシテモ一般ニ色々聴イテ見マシタ所デハ、非常ニ優秀ナ者ガ沢山アル」、「前途ニ付テノ光明ヲ失フト云フヤウナコトニナリマスト、是ハ平和日本、文化日本ノ再建ノ為ノ有力ナル人的要素ヲ失フト云フヤウナコトニナツテハ、非常ニ遺憾ナコトデアリマス」という。だが田中は「此ノ一割制限ノ問題ハ、根本ニ遡ツテ論議スレバ色々又問題モゴザイマセウ、併シ兎ニ角平和日本、文化日本ヲ建設スル上ニ於テ是ハ甚ダ已ムヲ得ナイ次第デアルト云フ風ニ考ヘマスナラバ、大局カラ見マシテ、憲法ノ精神ニハ反シナイモノト云フ風ニ考ヘマス次第デアリマス」と結論づける[42]。

制限的入学によって「平和日本、文化日本ノ再建ノ為ノ有力ナル人的要素ヲ失フ」可能性を認めながら、なぜ「平和日本、文化日本ヲ建設スル上ニ於テ是ハ甚ダ已ムヲ得ナイ」といえるのか。憲法からの「逸脱」が指摘されるなかで、なぜ「憲法ノ精神ニハ反シナイ」と考えられるのか。こうしたジレンマは教育基本法との間にも惹起しており、それを検討したうえで考察を行いたい。

②第92回帝国議会教育基本法案特別委員会

その後の制限的入学に関する議論を見てみると、(ⅰ)「一割制限を緩和して二割とすること」、(ⅱ) 敗戦後に中等学校、高等学校、専門学校へ入り、それらを卒業または修了した者は「一割制限の外におく」ことが提案されている。その理由として「(出身者の：引用者注) 学習態度は頗る熱心で民主主義的教育への深い意欲が認められ、一般学生との間に問題を惹起したやうな報告には接してゐない」、「一層進学の希望を与へることは民主主義的国民たらしむるに一段と効果ある」といわれた。この文書には英語版も付されているため、占領軍に提出された可能性が高い[43]。この案は「目下文部省から連合軍へ申請中」とされたが[44]、「軍関係学校在学者及び卒業者の取扱について」(発学109号、文部省学校教育局長発官公私立大学高等専門学校長・教員養成諸学校長宛、1947年3月10日) が「連合国司令部の了解の下」で出され、(ⅱ) のみが認められた[45]。これによって制限は緩和されたといえるが、報道では「軍学徒入学従来通り」といわれている[46]。

第92回帝国議会教育基本法案特別委員会に向けて、文部省は制限的入学と教育基本法の関係を考える必要に迫られた。文部省調査局は「第九十二帝国議会に於ける予想質問答弁書「教育基本法案」関係の部」(1947年3月12日) をつぎのように作成した。「問 軍関係学徒の入学一割制限は第三条の教育の機会均等と矛盾すると思うが如何」、「答 軍の学校に或る期間就学し、訓練を受けた者には、再教育の必要がある。然し非常に沢山の学生が或る学校に入ってくるとその再教育の目的が十分達せられない。そこで一割位の数が再教育を徹底せしめる為に適当ではないか。是は甚だ辛いことであるがやむをえない方法と考へる（中略）何れにしてもこの一割制限は甚だ辛いことであるが、前文にある平和日本、文化日本、民主日本を建設するという大目的に照らし、教育基本法の精神には反しないと考へる」[47]。以上は内容や表現において前述した田中の発言と重なる部分が多く、答弁を考える段階から「甚だ辛い」という文言が繰り返し使われ、「平和日本、文化日本、民主日本」の「建設」から見れば「教育基本法の精神には反しない」とされる。

さらに「第九十二帝国議会に於ける予想質問答弁書（教育基本法案）関係の部、追加の分」(1947年3月15日) では同じ質問につぎのように答えている。「答 新憲法は民主主義とともに平和主義の原理に基づいている。極端なる国家主義、軍国主義を排除して、平和主義を徹底させるた

め、民主主義に若干の制限を加えることはやむをえないことであって、新憲法第六十六条第二項にも「内閣総理大臣その他の国務大臣は、文民でなければならない」としている」[48]。これが田中の発言と関連があるとすれば、「平和日本、文化日本ヲ建設スル上ニ於テ是ハ甚ダ已ムヲ得ナイ」と述べた背景には「軍国主義」の「排除」と「平和主義」の「徹底」があり、「大局カラ見マシテ、憲法ノ精神ニハ反シナイ」といったのは憲法第66条第2項をその理由としたからだと推察される。

くわえて「軍国主義」の「排除」と「平和主義」の「徹底」によって「民主主義に若干の制限を加えることはやむをえない」状況が生じた。ここから「非軍事化」と「民主化」のせめぎ合い・もたれ合いを見出すことができるが、これまでの議論を踏まえると、重要なのはここでも「非軍事化」と「民主化」の双方に複数性があることだ。出身者を「民主主義的国民」にする目的で制限を一割から二割に変更する試みが挫折したことも、このことを表しているだろう。

おわりに

ジョン・ダワーのことばを借りれば[49]、出身者への施策は日本とアメリカの「談合」と「交配」によって形成されたともいえるが、これまで見てきたように、日本政府や占領軍の内部に多様なアクターが存在し、「非軍事化」や「民主化」のあり方をめぐって軋轢が生じた。この施策はそのような「非軍事化」政策の一環として行われたとされるが[50]、「非軍事化」の射程は各アクターによって異なっており、それ自体もやはり複数性のある「民主化」と重層的で不均衡な関係を結んだ。そもそも「非軍事化」と「民主化」は本来的には関係をもたないにもかかわらず、日本政府や占領軍は両者を同時かつ迅速に遂行しようとしたために、随所にひずみが生じたといえる。

「非軍事化」について政策理念のレベルで改めて確認すると、ポツダム宣言では「軍国主義」の「駆逐」が、「日本教育制度ニ対スル管理政策」では「軍国主義的」な「イデオロギーノ普及」の「禁止」が明記されている。だが、こうした政策方針は各アクターの立場性に規定されながら取り上げられ、施策形成をめぐる葛藤を引き起こしたのだ。ただし、優先的転入学は主に陸海軍省が「軍秩維持」を主眼にして立案したため、出身者への施策は当初から「非軍事化」政策に位置づくものではなかった。そのため、政策方針が施策形成の前提にあったわけではなく、政策方針の成立と同時進行的に施策が形成されたといえる。そして、占領政策が本格化してから転入学について複数の意見が出され、制限的入学へ移行していったが、「再教育」については、文言は見られたものの、そのあり方を問うほどの議論が十分に行われたとはいえなかった。さらに、出身者への施策のあり方をめぐって、日本国憲法や教育基本法の条文との齟齬が指摘されたことを踏まえると、施策形成によって政策理念の内実が問われ、その一部を空洞化しかねない状況も生じたと考えられる。こうしたジレンマのなかで、出身者をめぐる「非軍事化」と「民主化」は隘路に陥り、試論的に展望すれば、そのことが再軍備の人材的な条件をつくったのではないだろうか。

このことは施策の形成過程を解明したことによって示唆されるわけだが、施策の展開過程、例えば各校が出身者をどう扱ったかなどについては、本稿の成果を踏まえ別稿で論じる予定である。また、再軍備を射程に入れたとき、1950年代以降における出身者の動向にも目を向ける必要があろう。一例を挙げると、元海軍乙種飛行予科練習生が1963(昭和38)年に、「戦時中同様の境遇又はそれ以下の状態において講習若しくは教育を受けた陸海軍関係諸学校等は(中略)学歴が認められているのに独り飛行予科練習生のみ除外されて居りますのは(中略)不合理な細則という外はありません」と訴え、「学歴認定」を求めている[51]。このことは、戦前における海軍飛行予

Ⅰ　研究論文

科練習生制度と文部省所管学校の関係を踏まえながら、戦後学歴社会との関係を問うなかで明らかにすべきであり、もはや今後の課題としなければならない。

註

1）例えば、陸軍士官学校では、1945年6月の卒業者が1146人（58期）、敗戦後のそれは8077人（59〜61期）だった（『陸軍士官学校名簿』第2巻、陸軍士官学校名簿編纂会、1982年）。
2）国立教育研究所編刊『日本近代教育百年史』第6巻（学校教育4）、1974年、206頁（仲新執筆）。
3）『朝日新聞』東京本社、1945年10月25日、第2面。
4）「第九十回帝国議会衆議院帝国憲法改正案委員会議録（速記）第十四回」1946年7月16日、251頁。帝国議会会議録については、「帝国議会会議録検索システム」（http://teikokugikai-i.ndl.go.jp、2016年11月28日現在）。
5）高野邦夫『軍隊教育と国民教育―帝国陸海軍軍学校の研究』つなん出版、2010年。高野編『近代日本軍隊教育史料集成』全12巻、柏書房、2004年。
6）山本礼子『占領下における教職追放―GHQ・SCAP文書による研究』明星大学出版部、1994年、7章（初出1992年）。
7）関口哲矢「復員軍人の〝温存〟とその目的―占領下の就労問題を事例として」歴史科学協議会編『歴史評論』第788号、2015年。吉田裕『兵士たちの戦後史』岩波書店、2011年。
8）高畠通敏「戦後民主主義とは何だったか」中村政則・天川晃・尹健次・五十嵐武士編『戦後日本 占領と戦後改革』第4巻（戦後民主主義）、岩波書店、1995年、4頁。
9）保阪正康「昭和史ウラばなし・12　軍人たちの〝戦後〟」『諸君！』第17巻第1号、文芸春秋、1985年。同稿は当時陸軍省軍事課にいた新妻清一への聴き取りをもとに記述したと推定される。
10）委員会については、「善後措置委員会関係書類綴」「大本営陸軍部軍事課員（水原治雄氏）旧蔵資料」「憲政資料室収集文書」1320-3（国立国会図書館憲政資料室蔵）。資料の概要については、大谷伸治の資料紹介（『北大史学』第51号、北大史学会、2011年）、委員会の性格については、兒嶋俊郎「敗戦直後における『善後措置』の意図とその展開過程―1945年8月後半期における陸軍の諸構想とその内政への影響」（『三田学会雑誌』第78巻第2号、1985年）参照。兒嶋は「善後措置ニ関スル綴（其一）」（「大東亜戦争衛生史編纂資料」慶應義塾図書館蔵）から敗戦直後における陸軍の動向を中心に検討している。この資料は慶應義塾図書館のご協力により閲覧させていただいた。その結果、前掲「善後措置委員会関係書類綴」と同じ資料が一部所収されていることを確認した。ちなみに大谷も兒嶋も出身者については言及していない。
11）陸軍省が文部省と折衝を開始した時期については検討の余地がある。保阪は委員会についてはふれていないが、新妻が8月18日に文部省へ「将校二十万人の就職先を打診し」、文部省所管学校への「横すべり」を認めさせたという（前掲「軍人たちの〝戦後〟」219〜220頁）。
12）東久邇宮内閣次官会議については、「昭和二十年八月　東久邇宮内閣次官会議記録　内閣官房総務課長」本館4E-006-00・平16内閣00002100（国立公文書館蔵）。
13）有光次郎著、楠山三香男編『有光次郎日記　昭和二年〜二十三年』第一法規出版、1989年、784頁。
14）「要綱」では「復帰」、「転校」、「入学」に分けられており、そのような区分が通牒などにも見

られる。本稿で「転校」と「入学」を一括して表現するときは「転入学」という文言を用いる。

15) 例えば東久邇稔彦首相は「軍ノ統制秩序ノ維持」を天皇から指示されたことを帝国議会で述べている（「第八十八回帝国議会　貴族院議事速記録第二号」1945年9月6日、3頁、松尾尊兊「旧支配体制の解体」『岩波講座　日本歴史22 現代1』岩波書店、1977年、参照）。

16)「陸海軍諸学校出身者及在学者等ノ編入学ニ関スル件」（発専120号、文部次官発大学長宛、1945年9月5日）、「陸海軍諸学校出身者及在学者等ノ編入学ニ関スル件」（発専120号、文部次官発学校長宛、1945年9月5日）、「陸海軍諸学校在学者ノ編入学ニ関スル件」（発専120号、文部次官発地方長官宛、1945年9月5日）参照。上記の通牒も含め、文部省通牒や閣議決定については、近代日本教育制度史料編纂会編『近代日本教育制度史料』（第26巻、大日本雄弁会講談社、1958年、178～217頁）参照。本稿は転入学の対象とされた出身者を取り上げるが、委員会の議論に見られたように、立案過程の段階からその対象が限定された点は強調しておきたい。

17) 前掲『近代日本教育制度史料』第18巻、1957年、489頁。

18) 前掲『有光次郎日記』791頁。

19) 前掲、註3。

20)『読売報知』1945年10月28日、第2面。

21)『読売報知』1945年11月1日、第2面。

22) "Daily Report to Chief of Staff", GHQ/SCAP Records, Box 5148, CIE (A) 00835-00836.

23) "Staff Study: To permit the entry of students formerly enrolled in the military academies of Japan", The Papers of Robert K. Hall, SS273. 2-12-2-266（国立教育政策研究所蔵）。

24)「ポツダム宣言履行の為めの緊急勅令事後承諾に関する貴族院委員会」「田中耕太郎旧蔵教育関係文書」096.2-4（国立教育政策研究所蔵）。この資料に関する佐藤秀夫の解説（日本教育法学会編『地域住民と教育法の創造』日本教育法学会年報第4号、有斐閣、1975年、228頁）などから、作成時期は1945年11月後半と推定される。

25) 文部大臣官房文書課編刊『終戦教育事務処理提要』第2輯、1946年、209～210頁。

26)「日記（昭和20年3月13日より）」「下村定関係文書（その1）」17（国立国会図書館憲政資料室蔵）。

27) 前掲、註21。

28) 宮本鷹雄「海軍生徒等の終戦処理」昭三会編集委員会編『海軍回顧録』昭三会出版委員会、1970年、541頁。

29)「第八十九回帝国議会予想質疑事項並答弁資料」「大田周夫旧蔵資料」SS180-5-16（国立教育政策研究所蔵）。貝塚茂樹編『国立教育政策研究所教育図書館所蔵　大田周夫旧蔵資料目録』（戦後教育改革資料15）国立教育政策研究所、2002年）では作成時期が1945年11月とされている。

30)「陸海軍諸学校在学者等転入学ニ関スル件」「通知文書写綴1（昭和20年8月～11月）」（国立教育政策研究所蔵）。転入学措置を「現ニ実施シツ、アル」とあるため、作成時期は1945年10月～11月と推定される。

31) 相良惟一「田中先生の文部省、参議院時代」鈴木竹雄編『田中耕太郎—人と業績』有斐閣、1977年、105、108頁。戦後初期の文部省廃止論は鈴木英一の研究に詳しい（鈴木『教育行政』戦後日本の教育改革第3巻、東京大学出版会、1970年、第3章、など）。ただし「文部省存続

Ⅰ　研究論文

は謎」とされるように（新藤宗幸『教育委員会―何が問題か』岩波新書、2013年、100頁）、これについては不分明な点が残されている。

32) "Weekly Report-CI&E Divisions", GHQ/SCAP Records, Box 5116, CIE (C) 00270. この"Weekly Report"については、前掲『占領下における教職追放』も言及している。

33) 神谷美恵子「文部省日記2　一九四六年」『みすず』第10巻第1号、みすず書房、1968年、60～61頁。

34) 前掲「海軍生徒等の終戦処理」541頁。

35) 『朝日新聞』東京本社、1946年5月7日、第2面。

36) 藤原利昭「復員編入学の扉を拓く　将校生徒の大恩人」『偕行』第525号、偕行社、1994年、32～33頁。

37) 「ハリー・レイ　オーラル・ヒストリー・シリーズ5　劒木亨弘」明星大学戦後教育史研究センター編『戦後教育史研究』第14号、2000年、など。

38) "108-12: 8th Army-Military Government Section- Monthly Historical Report (May-Aug 1946)", GHQ/SCAP Records, Box 2865, WOR 19103. 大矢一人「占領初期の第八軍軍政局民間情報教育課の活動と課題」（『藤女子大学紀要 第Ⅰ部』第49号、2012年）参照。

39) Robert K. Hall, *Education for a New Japan*, Yale University Press, 1949, pp.427-428, 451.

40) 『朝日新聞』大阪本社、1946年5月14日、第2面。

41) 前掲「第九十回帝国議会衆議院帝国憲法改正案委員会議録（速記）第十四回」251～252頁。

42) 「第九十回帝国議会衆議院帝国憲法改正案委員会議録（速記）第十五回」1946年7月17日、269～271頁。

43) 「昭和二十二年度陸海軍諸学校在学者及卒業者の大学高等専門学校への入学について」「春山順之輔資料」BW（戦後関係資料）No. 34（国立教育政策研究所蔵）。資料中の「本年」が1947年を指すと考えられるため、作成時期は1947年1月～3月と推定される。作成者は不詳である。

44) 「陸海軍諸学校在学者及卒業者の入学について」『クラス』第1巻第2号、革新社、1947年3月、11頁。

45) この通牒中の「軍関係学校在学者及び卒業者の取扱い要領」は1948年以降に出された通牒にも付されたため、出身者の入学措置はこれ以降変更されなかったと考えられる。

46) 『読売新聞』1947年3月13日、第2面。

47) 「第九十二帝国議会に於ける予想質問答弁書「教育基本法案」関係の部」「辻田力旧蔵資料」SS180-9-1（国立教育政策研究所蔵）。

48) 「第九十二帝国議会に於ける予想質問答弁書（教育基本法案）関係の部、追加の分」「辻田力旧蔵資料」SS180-9-1（国立教育政策研究所蔵）。

49) ジョン・ダワー著、三浦陽一・高杉忠明・田代泰子訳『敗北を抱きしめて―第二次大戦後の日本人』下、岩波書店、2001年（原著1999年）。

50) 出身者の転入学措置は、たとえば、CIE編、児玉三夫訳『日本の教育』（明星大学出版部、1983年、原著1946年）でも、連合国最高司令官総司令部編、土持法一訳『教育』（GHQ日本占領史第20巻、日本図書センター、1996年、原著1951年）でも、「軍国主義」やその「排除」に関するもの、すなわち「非軍事化」政策のなかに位置づけられている。

51) 「元海軍飛行予科練習生卒業者に対し文部省学歴認定に関する請願書」元海軍飛行予科練習生卒業者文部省認定資格取得期成同盟会、1963年、1頁（予科練平和記念館蔵）。

Measures for Former Military Educational Institution Graduates in Early Postwar Japan:
The Trend of "Demilitarization" and "Democratization" and Its Scope

SHIRAIWA Shinya (Tsukuba University, Graduate Student)

After the Potsdam Declaration, the Japanese government had to decide on the treatment of former military educational institution graduates (hereinafter referred to graduates), while attempting to transform the country's self-image from "Imperial Japan" to "Democratic Japan". The Ministry of Education tried to transfer many graduates to other schools. However, various discussions over the measure developed. This paper clarifies the formation of the measures for graduates in early postwar Japan by focusing on the trend of "demilitarization" and "democratization" and its scope.

In August 1945, the Ministry of Army and Navy began to negotiate with the Ministry of Education to transfer graduates to other schools. As a result, the Cabinet decided upon "preferential transfers" for graduates. However, when students started to criticize and CIE (Civil Information and Education Section) started to intervene, preferential transfers were abolished in November. "Restrictive transfers" that limited the number of graduates to ten percent of a school's capacity was determined in February 1946. Nevertheless, opinions criticizing restrictive transfers or insisting upon the necessity of re-education appeared. In addition, the discrepancy between the text of the Constitution of Japan and the Fundamental Law of Education and the measures was pointed out.

As described above, the measures were formed through "consultation" and "crossbreeding" with the Ministry of Army and Navy, the Ministry of Education, and CIE. The scope of "demilitarization" was interpreted differently by each organization, so that "demilitarization" and "democratization" developed a relationship of mutual conflict and reliance. It may be considered that the achievement of "demilitarization" and "democratization" was hindered, thus affecting later historical developments.

清末国内知識人による「学堂楽歌」運動の展開
―常州の音楽講習会を中心に―

班　　　婷（広島大学）

はじめに

　本稿の目的は、「学堂楽歌」運動の地方での展開過程を解明し、同運動を清末国内知識人という視点から再検討することにある。その際に、蒋維喬という知識人[1]が常州で開催した音楽講習会に着目する。

　清末の学堂への音楽教育導入は、留日知識人による「学堂楽歌」運動の成果とされている。「学堂楽歌」について、高姉（2010）は「清末民初に現れた「新式学堂（あるいは学校）」のなかで教えられ歌われていた歌のことを指す。それらの歌のほとんどは、留日知識人の手によるものであり、欧米や日本の既存の旋律に中国語の歌詞をつけて作られた替え歌である」[2]と定義している[3]。清末から民国初期にかけて、留日知識人が帰国後に小学堂で唱歌科を設け、「学堂楽歌」を教え、さらに音楽講習会を開き音楽教育を普及させた。1903年、日本に留学した沈心工[4]が帰国し、上海の南洋公学付属小学校で唱歌科を担当し、翌年3月[5]に務本女塾[6]で音楽講習会[7]を開いたのが、「学堂楽歌」運動の発端となった。その後、曽志忞や李叔同らも日本留学を終え、中国で音楽教育の普及に力を入れた。この運動により、それまで一部の職業人を対象にしていた音楽教育が、一般民衆にも普及するようになり[8]、中国における近代音楽教育が始まったのである。

　「学堂楽歌」運動については、従来、中国近代の音楽史及び音楽教育史の視点から研究がなされてきた。中国近代音楽史の分野では、主に劉靖之（2009）[9]、汪毓和（2002）[10]、銭仁康（2001）[11]などの研究があげられる。劉は「学堂楽歌」について、日本や欧米の要素を採った「混合物」（「雑種貨」）と批判しながらも、それが音楽教育において大きな役割を果たしたと評価している[12]。汪は、「学堂楽歌」の内容、形式、及び代表的な作者を整理したうえで、「学堂楽歌」運動を中国の近代音楽文化発展の出発点と位置づけた[13]。銭は「学堂楽歌」の作曲者、作詞者を再整理した。

　中国近代音楽教育史の分野では、主に高の研究[14]があげられる。高は留日知識人の音楽教育思想及びその思想と日本の音楽教育との関係について考察を行った。留日知識人の音楽教育論について、歌詞を通して愛国心、尚武と進取の精神など国民に必須の徳目を涵養するという目的論や、そのような目的論のもとで、音楽教育は歌曲の旋律より歌詞の「徳性」的側面が重要視されていたことなどを指摘している[15]。また、「学堂楽歌」運動に関わる代表的人物に焦点を当てた研究[16]も、近年増えてきている。

　このように、「学堂楽歌」運動について、従来は楽歌そのものやそれらを作成した留日知識人に焦点を当て、運動の発展において彼らが果たした役割が強調されてきた。しかし、留日知識人は、当該期の音楽教育を推進した知識人のごく一部にすぎない。夏暁虹（2008）などによって指摘されているように、留日知識人が都市で開いた音楽講習会に参加した国内知識人が、各地域で音楽教育活動を展開していた[17]。つまり、わずか数年間で音楽教育が全国の新式学堂に導入された背景には、国内知識人の重要な役割があったと考えられる。したがって、「学堂楽歌」運動を見る際、国内知識人による各地域の学堂への普及過程を考察することは不可欠である。それは、先述

したような劉や高による留日知識人のみに注目した一面的な評価を克服して、「学堂楽歌」運動を
より客観的、総合的に評価することにつながると思われる。
　「学堂楽歌」運動の地方での展開については、史料的制約もあり、先行研究では詳細に扱われて
こなかった。本稿では、蔣維喬が常州で開いた音楽講習会に焦点を当てる。なお、蔣はこの講習
会を開く前に、沈の音楽講習会を受講していた。音楽教育史研究ではほとんど取り上げられてこ
なかった蔣の日記『蔣維喬日記』[18]及び彼が自ら執筆した年譜『竹翁自訂年譜』[19]を主史料とし、先
行研究を批判しながら、蔣という国内知識人[20]の音楽教育活動を詳細に検討する。

1．音楽教育の中国への導入及び地方への普及ルート

1)「学堂楽歌」運動の時代背景

　汪朴（1997）は、清末において「学堂楽歌」が盛んになった要因として、①西洋の学制の導入、
②ミッションスクールの影響、③維新派による宣揚、④留日学生による鼓吹、の4つをあげてい
る[21]。
　1830年代以来、中国ではミッションスクールが現れ、その教授科目には音楽科が設けられてい
た。1860年代からヨーロッパを訪問した中国人たちが、西洋の学制を紹介する際に、音楽教育に
関しても言及している。ただ、ミッションスクールはごく少数の存在であり、西洋の学制に関す
る紹介も断片的なものであったため、中国では音楽教育があまり注目されていなかった。
　日清戦争後、中国は日本をモデルにして教育の近代化を図ろうとした。そのなかで、康有為、
梁啓超などの留日知識人は、日本の唱歌教育の成果に感銘を受けて、近代的な国民性を涵養する
ために音楽教育を学校教育に取り入れるように主張した。姚錫光、羅振玉、呉汝綸など日本で教
育視察を行った人物も日本の学制における音楽教育を中国に紹介した。
　このような背景のもとで、留日知識人たちは日本において音楽に関する活動を始めた。1902
年、日本に留学中の沈心工は東京で留学生を集めて音楽講習会を主催し、有名な音楽教育者であ
る鈴木米次郎を招いて講習をしてもらっていた。梁啓超が同年に日本で創刊した『新民叢報』に
も、音楽教育関係記事が掲載されるようになった。
　以上の動きがあったにもかかわらず、中国国内では音楽教育がそれほど進んでおらず、1904年
まで、中国には音楽理論書籍や音楽教育理論書籍が存在していなかった[22]。このような状況のな
か、1903年に沈が帰国し、「学堂楽歌」運動の幕を開いた。
　興味深いことに、汪が指摘しているように、清政府が学校教育の中に音楽教育を正式に規定し
たのは、1907年であった。つまり、「学堂楽歌」運動は、民間知識人が国民性の改造における音楽
教育の役割を認識したうえで、政府に先立って自発的に始めたものである[23]。

2)「学堂楽歌」運動の地方への普及ルート

　音楽教育が地方に普及するルートは主に3つにまとめられる。第一は、留日知識人が帰国した
後に地元の小学堂で唱歌科を設け、音楽教育を行うルートである。たとえば、華倩朔は日本留学
から帰国した後、1905年に無錫で小学校を作り、音楽教育を始めた[24]。第二は、留日知識人が上
海などの都市で開いた音楽講習会で、国内知識人が音楽教育について教わり[25]、彼らが地方の小
学堂で唱歌科を設けるルートである（初等教育）。第三は、留日知識人が開いた音楽講習会で、国
内知識人が音楽教育について教わった後に、地元で音楽講習会を開き、唱歌科の教員を養成する
ルートである（師範教育）。第二と第三のルートは、重なる場合も多かった。言い換えれば、国内

Ⅰ　研究論文

知識人が音楽講習会を開いて唱歌科教員を養成すると同時に、自らも学堂で唱歌科を教えていたことがあった。蔣維喬はこうしたルートを経過した代表的な人物である。ここでは、国内知識人を通じたルートを、蔣の日記や、雑誌『女子世界』[26]の記事をもとにして考察していく。『女子世界』は1904年1月に丁祖蔭[27]により創刊された女子教育関係の雑誌であり、その初巻から音楽教育のコラムが設けられていた[28]。

夏が指摘しているように、清末における近代音楽教育は女学堂から始まっており、当初は女子教育に携わる教育者のほうが音楽教育に関心を持っていたのである[29]。1904年2月の『女子世界』に、「明華女学章程」が掲載されている。これは金松岑[30]が江蘇省の同里で創設した明華女学校の章程である。そのなかで、女学校の教科については、「国文、修身、初級歴史、初級地理、初級物理、初級算学、小説、唱歌、体操科」[31]と規定されている。つまり、金は女学校を創設した時点から音楽教育を取り入れようとした。しかし、それを担当する適切な教員がいなかったことが、『蔣維喬日記』から読み取れる。

蔣と金とは、同じ中華教育会のメンバーであり、普段も書簡のやり取りをしたり、面談をしたりしていた。沈の講習会は1904年3月2日から5月27日までであったが、閉会直前の5月24日の日記に、以下のような記述があった。

　　金松岑君から手紙をもらい、同里で楽歌を教えるように誘われた。が、私はとても行けないのだ。手紙を書いて返した[32]。

確かに、当時の蔣は、商務印書館で編集員を務めながら、愛国女学校でも教員をしていたため、同里に行くのは無理であろう。断ったとはいえ、蔣は自分の代わりに同里に行ける人を探そうとした。3日後の27日の日記にはその記述があった。

　　私は同里で楽歌を教える人を招かないといけないので、王引才君[33]に1人探すように頼んだ。王君は周志建を推薦し、明日私に返事をすることになっている[34]。

さらに翌日の日記にはこの件の結果が記されている。

　　王引才君が同里のために音楽教員を招いているが、既に葉典臣君を招聘することが決まったと、便りがきた。（私は）即日葉と契約を結んで、そして手紙を送り、先に松岑に（このことを）告げた[35]。

蔣の依頼を受けた王引才が、同里で音楽を教える教員として、葉典臣という人を紹介した。葉の経歴については史料的制約により不明であるが、当時音楽教育に携わる国内知識人がほとんどいなかったことを考えれば、おそらく沈の音楽講習会を受けた1人であろう。

このように、「学堂楽歌」運動を進めるにあたり、留日知識人が国内知識人に教えるという縦の関係だけでなく、蔣維喬・王引才・葉典臣・金松岑のように、国内知識人の間においてもすでに縦・横のネットワークが形成され、地方における音楽教育の普及に役割を果たしていた。

2．常州における音楽講習会の展開

本節では、蔣が常州で開催した音楽講習会について考察する。常州は中国における近代教育の先進地である江蘇省にあり、多くの知識人、特に教育に携わる知識人を輩出していた。先述したように、蔣は1904年3月から沈が上海で開いた音楽講習会に参加し、同年6月には夏休みを利用して地元である常州で音楽講習会を開催した。常州音楽講習会の最中に、彼は講習会の特別講演会で講演した「音楽の関係を論ずる」（「論音楽之関係」[36]）と、音楽講習会を開く経緯を略記した「甲辰年暑假記事を付す」（「附甲辰年暑假記事」[37]、以下「暑假記事」と略す）を前出の『女子世

界』で発表した。清末における音楽教育史に関する研究で蒋を取り上げる場合はほとんど、この2つの記事を史料としている。これらの研究には、蒋の音楽教育思想を考察するものなどがあるが、常州音楽講習会の詳細については検討がなされていない[38]。ここでは、2つの記事を蒋の日記や年譜と合わせて使用し、講習会の詳細を探る。

1）音楽講習会を開く経緯

蒋はなぜ沈の講習会に参加し、さらに常州で音楽講習会を開いたのか。蒋が沈の講習会に参加する理由について、日記には記述がなかったが、年譜において彼は以下のように振り返った（史料中の下線は引用者による、以下同じ）。

<u>中国では学校を作る最初の段階にあり、楽歌科目が欠けている。</u>沈叔逵君が南洋公学師範生として日本に赴き音楽について学習し、帰国後、新声（西洋音階—引用者注）を用いて小学校唱歌を多く作り、それらを既に南洋公学附属小学校、務本女塾にて教えている。さらに沈はこの楽歌教育を広げようとし、今年の3月から、務本女塾で音楽講習会を開き、毎週日曜日の午前中に2時間ほど講習をすることになった。私は鍾憲鬯先生、厳練如・謝仁氷の両君とともに講習会に行って入会した[39]。

「楽歌科目が欠けている」という表現から、蒋が音楽講習会を受ける以前に学校教育における音楽教育の必要性を認識していたことが読み取れる。実際、蒋にとって音楽教育は未知のものというわけではなかった。彼は1903年1月から、蔡元培の委託により愛国学社で国文教員を務め、同年3月に愛国女学校の教員に転じたが、この両校とも唱歌科が設けられていた。音楽教育の必要性がわかっているからこそ、蒋は沈の講習会に参加したのであろう。

さらに、蒋は常州音楽講習会の開催理由について、年譜のなかで以下のように記述している。

<u>楽歌講習会は夏休みの前に閉会する。私は厳、謝の両君と相談した。楽歌を習って初歩的な知識をつかんだので、常州の各小学校にはまだこの科目がないことを考え、夏休みに地元に帰り、講習会を開いて講習をしたらどうかと。両君は賛成してくれたから、私はただちに育志学堂</u>[40]<u>の校長である許志毅君に手紙を出し、オルガンを一台購入するように言った。</u>講習会の借用に供することもできるし、今後学堂にもこの科目を設けることもでき、一石二鳥だからである。<u>許君は強く賛同し、すぐに私が代わりに対処することになった。私は厳、謝両君とその日から教授用資料を用意し始めた。</u>

（中略）私は、学術上で何かを得れば、一人でこっそりと持とうとせず、機会があれば、必ず人々に公開するように思っている[41]。

この記述から、蒋は地元に唱歌科がないことに鑑みて、一教育者としての使命感によりそれを常州に導入しようとしたことがわかる。

2）速成教育としての常州音楽講習会

蒋は1904年6月3日に常州に帰省し、3日後の6日に音楽講習会を開会した。講習会は6月29日に閉会し、いわゆる速成教育であった。

では、このわずか1ヶ月足らずの講習会はどの程度のものであったのか。この疑問を解明するために、ここではまず蒋が常州音楽講習会を開く際にどの程度の音楽知識及び音楽教育知識をつかんでいたのかを検討する。音楽教育がなかった常州で初めての唱歌科教員を養成した蒋らの知識のレベルは、常州の音楽教育のレベルと密接に関わるからである。

蒋の日記や年譜によると、沈の音楽講習会は約3ヶ月間[42]にわたり、週に1回行われていた。

Ⅰ　研究論文

このため開催回数は全13回[43]に過ぎなかった。
　講習会の教授内容については、史料的制約で全容が見えないが、以下関係記述を通じて探ってみる。まずは1904年2月27日の『中外日報』[44]に、「速成楽歌講習会」というタイトルで沈の講習会の広告が掲載されている。その内容の一部をあげておく。

　　目的：小学校唱歌科教員を養成すること
　　（中略）教材：新編学校用歌及びオルガンの弾き方[45]。

　1回目の講習会が終わった2日後の3月4日に、新聞『警鐘日報』[46]でも講習会に関する記事が掲載された。

　　（前略）朝9時に開会し、講師の沈叔逵がオルガンの音韻について講演し、中国と西洋と両種の音韻をそれぞれあげた。10時に5分間休憩を取り、そして講師が歌の歌い方を教授した。人々は講師について歌い、30分間ほど続いた。（沈は）また歌の段落や停頓などについて講じ、11時に終わったのである[47]。

　2つの新聞記事から、講習会は主に歌の歌い方とオルガンの弾き方を教えるものであったと推測できる。ちなみに、広告の「教材」であげられている「新編学校用歌及びオルガンの弾き方」は、出版された教科書ではなく、沈が自ら編集した講義資料であった。
　蒋の日記にも、沈の講習会の教授内容に関する記述が1箇所あった。

　　（3月―引用者注）9日、日曜日。8時に市内の務本女塾に行って音楽を練習する。講師の沈先生は音調を分析するのがとても細かい。今日までですでに春雨歌一曲を習得した[48]。

　また、日記からみると、蒋は沈の講習会に参加してから、しばしば愛国女学校に行ってオルガンを練習していた。講習会期間中、「愛国女学校に行ってオルガンを練習する」（「至女校練琴」）のような記述は14回もあった。
　この小学校唱歌科教員養成を目的にしている講習会の教授内容に、唱歌科の教授法やカリキュラムなど音楽教育に関するものが含まれていたことを示す史料は確認できない。蒋は「論音楽之関係」のなかで、音楽教育の道徳心を涵養する機能を強調したうえで、海外の音楽教育について、蒙小学（小学堂以前の教育段階）では単音唱歌、小学堂以上では複音唱歌が教えられていると述べている[49]。ここから、音楽教育に関して、蒋はその徳育的機能と海外の教育状況などの基本的なことを教わったに過ぎなかったことがうかがえる。
　先述したように、蒋は常州で音楽講習会を開こうとする時の自身について、「初歩的な知識をつかんだ」程度だと述べた。それは、音調に関する基本的知識がわかり、オルガンを弾くことができ、さらにいくつかの楽歌が歌える程度であって、音楽教育に関する知識はそれほど習得していなかったのであろう。
　それにもかかわらず、蒋自身は、常州で音楽講習会を開くのに、講習会でつかんだ「初歩的な知識」で十分であると考えていたようである。5月22日から、蒋は常州音楽講習会用の講習資料を用意し始めたが、その間の日記をみると、彼は「音階を作る」（5月24日条）や「唱歌（講習会）の講義資料を写す」（5月25日条）といった形で資料を用意しており、講習会で習ったもの以外に自ら新たな音楽知識や音楽教育知識を学ぼうとしなかったのであった[50]。
　蒋のこのような音楽講習会に対する態度をよりよく理解するために、彼が同年に常州で開いた理科講習会の経緯と対照してみる。音楽講習会が終わり、上海に戻った蒋はすぐに鍾観光[51]の理科講習会に参加した。そして音楽講習会と同じく、「常州には理科という科目がなく、理科教員もいないため」[52]、同年の冬休みに帰省し理科講習会を開いた。
　13回しか行われなかった沈の音楽講習会に対し、鍾の理科講習会は半年に渡り、日曜日を除く

毎日3時間で行われていた。さらに、理科講習会を開くまで、蒋はかなりの頻度で理科を復習したり、理科関係書籍なども購入したりして、理科の学習に力を入れた。常州の理科講習会も、1904年の冬休みの1ヶ月と翌年の夏休みの2回連続で開催していた。

音楽と理科とは専門性が異なるため、習得に必要な時間数や講習会の時間数に差があるのも当然のことであろうが、これほど差があったことから、同じ速成教育ではありながらも、蒋らの国内知識人たちが音楽教育に求めていた専門性が低かったことがうかがえる。

当時の留日知識人が日本の音楽教育を受容する際に、日本が重視していた音楽の美育上の意義を吸収しなかったことは、高により指摘されている[53]。さらに、こうした音楽教育の美育的機能が欠落した要因について汪は、「学堂楽歌」運動は民衆の愛国心を涵養し、富国強兵を遂げるという目的のもとで進められたため、本来美育と音楽知識教育を主な教育内容とすべき音楽教育が、その使命より大いに重いものを担うことになった、と分析する[54]。これに加えて、当時の音楽講習会の多くが速成教育であり、国内知識人たちは、美育の側面が含まれる音楽教育を系統的に習得することや、それを地元教員に教えることが難しかったことも要因であろう。

3．国内知識人の「学堂楽歌」運動における役割

とはいえ、常州音楽講習会はよい成果をあげたと、蒋は自負していた。彼は年譜で1904年を振り返る際に、音楽講習会について、「楽歌を伝習した後、各小学校ではじめて楽歌教育が行われ、オルガンを弾く音が絶えない[55]」とその効果を評価している。なぜ蒋はこのように満足できたのだろうか。常州における音楽教育の普及に、蒋らはどのような役割を果たしたのだろうか。ここではまず常州の音楽講習会が開かれる状況から考察する。

1）音楽教育の重要性の宣伝

6月6日に、蒋は音楽講習会を開会した。蒋が常州に帰る前から、この講習会の宣伝を育志学堂の許志毅に頼んだことは、「暑假記事」の次の記述からわかる。

> 簡単な章程を起草し、すべて上海楽歌講習会の主旨に従っている。許君に郵送して、先に発表させた[56]。

にもかかわらず、最初は参加人数が少なく、講習会は難航した。

> （6月―引用者注）6日、育志学堂を借りて音楽講習会を開いた。地元の教育界では学校に唱歌科を設けるべきことを未だに知らず、故にその日の来会者は顧惕生、劉脊生、許志毅の3人しかいなかった。暑さのため、毎朝7時から9時までの間に開講することを定めた。7日の朝、開講した。来会者には王坤厚、王冠時の2人もいた[57]。

このような状況を見て、蒋は特別講演会を開くことにした。

> 8日、練如、仁氷両君が地元に帰り、私と講演を分担した。私は、会員数が少ないのは、実は多数の人が音楽の効用を認識していないからであると思い、大会を開いてその原理と作用について講演しようとした。2人は賛成してくれた。それぞれが帰ってから、チラシを配った[58]。

つまり、常州には蒋が予想したように唱歌科がなかっただけでなく、地元の知識人たちが音楽教育の重要性すら知らなかったため、蒋はその重要性を認識させる工夫をした。特別講演会について、蒋の年譜では以下のように記述されている。

> 10日午後4時、育志学堂で講演会を開いた。聴く者は百数十人であり、座席が足りなかった。

Ⅰ　研究論文

　　まずは開会歌を歌い、次に練如が開会理由について講演した。そして屠敬山君が日露戦争について講演を行い、その後は私が音楽の関係について講演した。講演中に実地にオルガンを弾き歌って説明すると、聴衆は非常に湧き立った。最後に合群歌を歌い、散会した。開会以来、続々と12人が入会した[59]。

　蒋が講習会終了後にあげた入会者リストからみると[60]、ここで言う12人には、最初の5人も含まれている。とはいえ、上海の講習会の参加者が60余人[61]だったことを考えれば、地方での講習会に12人も参加したのは盛況と言えよう。蒋らは、音楽講習会と特別講演会を通じて、音楽教育の重要性をほとんど認識していなかった常州の知識人に感化を与え、音楽教育を普及するうえで大きな役割を果たしたといっても過言ではない。

2）ナショナリズムの覚醒と喚起

　蒋らの「学堂楽歌」運動におけるもう1つの重要な役割は、音楽教育におけるナショナリズムを民衆、とりわけ地元知識人に喚起したところにあった。

　先述したように、「学堂楽歌」運動以前、中国の音楽教育は主にミッションスクールにおいて行われていた。日本に学ぶブームが起きた後、日本人教師を招いて唱歌科を担当させるケースも増えていた。このような背景のもとで沈の講習会に参加した蒋が、初めて音楽教育におけるナショナリズムを覚醒したことが、日記や年譜から読み取れる。講習会閉会の翌日である5月28日の日記に、蒋は以下のように書いている。

　　昨日琴師の沈君が言うには、震旦学院には張さんという宣教師がおり、25年間にわたり専ら楽歌を教え、音楽研究の造詣が極めて深い。（沈は）かつて張が各国の国歌を演奏するのを聞いたが、ベルギーの国歌が最も良く、イギリスの国歌が軽快で明るい。ロシアの国歌は悲壮であり、フランスの国歌は激しく、ドイツの国歌は毅然としている。ただ中国にだけ国歌がない。西洋の歌集に集録されているわずかの中国の曲も、聞くとただの（下品な）俗曲である。誰かがこれらの音調を海外に広げたことは、本当に滑稽であり恥ずかしい話である。沈君が音楽会でこのような話をしたので、記しておく[62]。

　年譜にも、ほぼ同じような一段落がある。その段落のすぐ後に、当時の音楽教育に対する反省も付け加えられた。

　　愛国学社が始まった時期を思い出すと、唱歌教員がいなかったため、呉稚暉は1人の日本人を招いてこの科目を教えてもらっていた。その第一課ですぐに日本の国歌を歌ったが、当時は稚暉から各教師生徒たちまでそれを聞いても、おかしいとは思っていなかった。我が国が教育を始めた最初の頃は、それほど認識が未熟だった[63]。

　日記にも年譜にも沈のこの話を記録しているのは、当時の蒋にとって衝撃的であったからであろう。愛国学社で働いていた当時、彼は日本人教員が日本の歌を子どもたちに教えるのを見ても違和感を持たなかったが、沈の話を聞いてはじめて、中国には中国の歌がなければならない、中国の子どもたちには中国の歌を教えなければならないと気づいたのであった。

　通説では、この時期は、ほとんどの知識人が人心を高揚させるのに西洋の旋律のほうが適していると考え、西洋の曲に中国語の歌詞を付けて「楽歌」を作っていたと解されている。しかし、蒋の記述によれば、沈が当時すでに自国の歌を作って教えようとしていることから、音楽教育におけるナショナリズム（国家意識）と呼べるものが存在していたことがうかがえる。また、このナショナリズムは沈の音楽講習会を通じて、国内知識人に伝わっていった。蒋らもこの音楽講習会がきっかけで、ナショナリズムが覚醒したのである。

この覚醒を経た蔣は、常州音楽講習会の特別講演会で、音楽教育におけるナショナリズムの必要性を地元の知識人たちに伝えた。彼は「論音楽之関係」のなかで、まず半分ほどの紙幅を割いて、中国古代の音楽の素晴らしさ及びそれが滅びた原因について論じたうえで、以下のように述べた。

　　且つ音楽は人を深く感動させ、人への影響が大きく、とりわけ他科目のように外国の決まったやり方を臨機応変に使えるわけではない。（中略）故に我が学堂が唱歌科を設けるにあたって、かならず熟慮すべきであり、英米などの国の歌を借用してはいけないし、日本の歌も使ってはいけない。
　　（中略）近日有志の教育者は、外国の音調と楽器を用いて、祖国の歌を編成しているが、これが最善の方策である[64]。

　すなわち、音楽の人心への影響という視点から、学堂で「祖国の歌」を教えることの必要性を主張している。
　ただ、蔣のこうしたナショナリズムは沈が強調していたものと少しずれが生じていた。沈の話は、宣教師の演奏の話であったため、そこで言っている中国の曲には旋律も含まれていたことがうかがえる。一方、蔣は「外国の音調と楽歌を用いて祖国の歌を編成する」ことを称揚しており、歌詞さえ自国のものであればそれでよしとする程度に留まっていた。

おわりに

　本稿では、音楽教育の専門家でない蔣維喬らが留日知識人から受けた講習をもとにして音楽教育活動に携わった例を取りあげ、国内知識人の視点から「学堂楽歌」運動を考察して、以下のような結論を得た。
　①「学堂楽歌」運動を進めるに当たり、留日知識人が国内知識人に音楽教育の教育をするという縦のルートだけでなく、国内知識人の間でも縦・横のネットワークが形成されており、地方の小学校に音楽教育を導入していた。
　②「学堂楽歌」運動の地方における展開は、多くの場合は音楽を専門としない国内知識人によるものであった。彼らは音楽知識の習得程度が浅く、音楽教育に求めていた専門性も低かった。そのため、彼らは系統的な音楽教育知識を把握することができず、それを地方の教員たちに教えるのも難しかった。これが、日本の音楽教育における美育の側面が当該期の中国に受容されなかったことの主たる要因であろう。
　③速成教育とはいえ、蔣らの国内知識人は、音楽教育が存在していなかった地方にそれを普及するのに大きな役割を果たした。彼らは学校教育における音楽教育の重要性だけでなく、音楽教育を行う際に「祖国の歌」を編成してそれを教授する必要性を喚起し、その認識を地方にもたらしたのである。
　「学堂楽歌」運動は国内知識人のネットワークなどにより地域的に広く行われたものであったが、反面専門性が低いものでもあった。従来の中国近代音楽史研究では、「学堂楽歌」運動で編成された歌のほとんどが西洋の旋律を借りたものであったことが批判されてきた。一方で、この運動によって、国内知識人たちの音楽教育におけるナショナリズムが生じたことは確かである。本稿では常州を中心に取り扱ったが、他地域における「学堂楽歌」運動の発展や同運動における国内知識人全体の働きに関する考察は今後の課題としたい。

注

1）蒋維喬（1873〜1958）は武進（常州市内の県）出身であり、字は竹荘である。清末民国期の教育者、仏教研究者である。1902年から日本語を学習しはじめ、日本の教育書籍などを翻訳した。翌年に商務印書館に入り、日本の国語科三段階教授法や、近代国語教科書の編集方法を中国の国文科に導入した。同時に、同館の附属小学校や師範講習班などで校長・講師なども務めていた。1912年に中華民国が成立した後、教育部に入り、壬子癸丑学制の制定に大きく関わった。その後、教育部参事、江蘇省教育庁長などを歴任した（拙稿「清末国文科草創期における日本教授法の受容―教授書から見る三段階教授法の受容ルート―」『教育学研究紀要（CD-ROM版）』第59巻、2013、361〜366頁、「清末の国文教科書からみる日本教育の影響―『最新初等小学国文教科書』を中心に―」『教育学研究紀要（CD-ROM版）』第60巻、2014、25〜30頁）。

2）高嫭『近代中国における音楽教育思想の成立―留日知識人と日本の唱歌―』慶応義塾大学出版会、2010、32頁。

3）なお、「学堂楽歌」という用語は、清末民国初期においては「歌楽」、「楽歌」、「唱歌」などと呼ばれており、それらの総称として、今日の研究者たちが「学堂楽歌」と呼称したと言われている（馮長春『中国近代音楽思潮研究』人民音楽出版社、2007、25頁）。

4）沈心工（1869〜1947）は上海出身であり、号は叔逵。1896年に南洋公学師範院に入り、1901年に南洋公学附属小学校での教員になった。翌年に日本に留学し、東京で留学生を集めて「音楽講習会」を主催し、有名な音楽教育者である鈴木米次郎を招いて講習をしてもらっていた。翌年に帰国し、南洋公学で唱歌科を担当しながら、務本女塾で楽歌講習会を開き、「学堂楽歌」運動の幕を開いた。『学校唱歌集』など多数の音楽教科書を編集した（張静蔚『中国近代音楽史料彙編　1840〜1919』人民音楽出版社、1998、310頁、汪毓和編著『中国近現代音楽史』人民音楽出版社、2002、43頁）。

5）本稿では日付をすべて旧暦とする。

6）1902年に呉馨によって上海で作られた女学堂である（顧明遠編『教育大事典』上海教育出版社、1998、1660頁）。

7）後述する史料『蒋維喬日記』において、蒋維喬は沈心工が開いた講習会を「楽歌講習会」と称し、自分が常州で開いた講習会を「音楽講習会」と呼んでいる。名称は異なるが、蒋の講習会の章程は沈の講習会章程に従ったものであった（本文で後述）ことから、2つは同じ性質のものであると判断できる。本稿では総称として「音楽講習会」という呼び方を使用する。

8）高嫭「中国近代学校音楽教育の源流―清末における「学堂楽歌」運動興起の思想的土壌について」『慶応義塾大学大学院社会学研究科紀要』（56）、2003、35〜49頁。

9）劉靖之『中国新音楽史論　増訂版』中文大学出版社、2009。

10）前掲注4汪書。

11）銭仁康『学堂楽歌考源』上海音楽出版社、2001。

12）前掲注9、31〜59頁。

13）前掲注4汪書、41頁。

14）前掲注2。

15）前掲注2、365〜366頁。

16）覃越「沈心工音楽教育思想研究」四川師範大学修士論文、2015。

17）夏暁虹「晩清女報中的楽歌」『中山大学学報』社会科学版、2008年第2期、1〜33頁。

18) 蒋維喬『蒋維喬日記　第2冊』中華書局、2014。
19) 蒋維喬『竹翁自訂年譜』上海図書館古籍閲覧室所蔵、作成年代不明。
20) 蒋維喬を留日知識人として取り上げる先行研究もある（たとえば前掲注2、178頁、明言編『中国新音楽』人民音楽出版社、2012、20頁など）が、蒋維喬『我的生平』における民国5年（1916）の記述から、蒋が1917年まで海外に出た経験がないことがわかる（原文「我因向来想出国遊歴、総没有達到目的。聴見這話、歓喜非常。這年部中寄来公費、叫我偕黄任之、郭秉文、陳筱荘、張綏青、韓誦裳共六人、赴日本菲律賓考察。於六年一月、集合於上海、辦好護照放洋」蒋維喬『我的生平』、上海図書館古籍閲覧室所蔵）。
21) 汪朴「清末民初楽歌課之興起確立経過」『中国音楽学』1997年第1期、57〜73頁。
22) 中国において初めて出版された音楽理論書は鈴木米次郎著・曽志忞訳『楽典大意』（広智書局、1904）である。翌年、石原重雄著・沈心工訳『小学唱歌教授法』が初めての音楽教育理論書として上海文明書局により出版された（張前『中日音楽交流史』人民音楽出版社、1999、358頁）。
23) 前掲注21。
24) 前掲注20明書、20頁、汪毓和編著『中国近代音楽史』中央民族大学出版社、2006、48頁。
25) 後述するように、蒋維喬は沈心工の音楽講習会において音楽教授法や唱歌科のカリキュラムなどの、厳密に言う音楽教育知識をほとんど教わっていなかった。しかし、沈の講習会にしても、蒋の講習会にしても、小学堂における音楽教員を養成する目的で行われており、しかも学堂で歌われる楽歌を教えるものであったため、本稿ではそれらの講習会を音楽教育の講習会としてとらえる。
26) 広島大学図書館所蔵（マイクロフィルム版）。
27) 丁祖蔭（1871〜1930）は江蘇省常熟市出身であり、字は芝孫、之孫、号は初我、初園、一行である。海虞図書館を創設し、蔵書家として名が知られている（張耘田・陳巍編『蘇州民国芸文志（上冊）』広陵書社、2005、2頁）。
28) 前掲注17。
29) 同上。
30) 金松岑（1873〜1947）は、同里出身であり、詩人、教育者である。1902年に同里で同川学校と自治学社を創設し、翌年に中国教育会に入り、革命の宣伝に力を入れていた。1904年に明華女学を創設した（尹艶秋『近現代蘇南教育家概覧』蘇州大学出版社、2013、127頁）。
31) 「明華女学章程」『女子世界』第2期、1904。
32) 原文「得金君松岑書要余至同里教楽歌然余殊未能往也作書覆之」（前掲注18、425〜426頁）。
33) 王引才は1897〜1900年において沈心工とともに南洋公学師範院に在学していた。彼が作詞した「揚子江」という歌は沈心工が1904年に出版した『学校唱歌初集』に収録されている（前掲注11、68〜69頁）。
34) 原文「余因同里須請教歌楽者遂託王君引才覓一人王君薦周志建擬明日覆我」（前掲注18、427頁）。
35) 原文「王君引才代同里倩音楽教習已聘定葉君典臣有信来即日為之訂約再発函先告松岑」（同上、427〜428頁）。
36) 蒋維喬「論音楽之関係」『女子世界』第8期、1904、1〜5頁。
37) 蒋維喬「附甲辰年暑假記事」『女子世界』第8期、1904、5〜7頁。
38) 先行研究によっては、常州音楽講習会に関する記述に誤りがあることを指摘しておく。たと

Ⅰ 研究論文

えば、「清末音楽小史―為『中華文明史』而作」（張静蔚編著『触摸歴史　中国近代音楽史文集』上海音楽出版社、2013）では、常州で開かれた音楽講習会を常熟で開いたと間違えているうえ、講習会のための特別講演会（本文で後述）に百人くらいが参加したという盛況ぶりを、百人くらいが講習会に参加していたと述べ、当時の音楽教育の魅力を強調していた。

39) 原文「我国初弁学校、缺乏楽歌科目、沈君叔逵以南洋公学師範生赴日本研習音楽、帰国後、用新声編成小学唱歌多種、既実施於南洋公学附属小学、務本女塾、更欲推広此項教学、乃於本年三月起、在務本女塾創設楽歌講習会、毎星期上午講習二時、余与鐘師憲鬯、厳練如謝仁氷二君同往入会」（前掲注19）。

40) 何海樵により創設された新式小学堂である。1902年に蒋維喬らが育志学堂に蔵書閲報社を作ったことから、蒋が育志学堂と関わっていたことがわかる。

41) 原文「楽歌講習会将於暑假前結束、余与厳練如、謝仁氷二君計議、以所習楽歌、粗有門径、念及常州各小学尚無此科目、擬於暑假回里、開会講習。二君賛成、余即函告育志学堂校長許君志毅、為学堂購買風琴一具、既可供講習会借用、以後堂中即可設此科目、一挙両得。許君極端賛同、即由余代為弁理。余与厳謝二君即日起予備教授資料（中略）余之志願、凡在学術上苟有所得、絶不敢自私、遇有機会、必公諸人」（前掲注19）。

42) 蒋維喬「附甲辰年暑假記事」では、講習会が4ヶ月ほどあったとの記述があったが、蒋の日記や年譜からみると、講習会は1904年の3月2日から5月27日までであり、3ヶ月ほどであった（前掲注37、前掲注18、385～427頁）。

43) 後述する『中外日報』に載っている「速成楽歌講習会」では、講習会が14回あると述べているが、蒋の日記から、講習会は3月2日から5月27日の毎週日曜日に行われ、全部で13回あったことがわかる。

44) 1898年に上海で創刊された新聞である。

45) 原文「目的　養成小学唱歌教員、（中略）教材　新編学校用歌及風琴手法」（『中外日報』1904年2月27日、陳浄野『李叔同学堂楽歌研究』中華書局、2007、29頁）。

46) 1903年に上海で創刊された新聞である。最初は『俄事警聞』という名称であったが、後に『警鐘日報』に改称された。

47) 原文「上午九点鐘開会、由講員沈叔逵宣講風琴音韻、並列中西両種音韻於各門之下。至十点鐘暫息五分鐘。復由講員指授歌唱之法、各人随声附和者約歴半小時；又講歌中段落停頓各法、至十一点鐘畢」（『警鐘日報』1904年3月4日、孫継南編著『中国近代音楽教育史紀年　1840-2000　新版』上海音楽学院出版社、2012、21頁）。

48) 原文「（前略）初九日星期八下鐘至城内務本女塾習練音楽講員沈叔逵先生剖講音調甚為精今日已学成春雨歌一関」（前掲注18、389頁）。

49) 原文「至於学堂中、有唱歌一科、蒙小学用単音唱歌、小学以上用複音唱歌」（前掲注36）。

50) 日記によると、蒋は講習会が始まった2週間後の6月18日に、受講者の顧別生と中国の音楽について話をし、翌日に『声学』（Sound）という本を読み始めた。受講者との議論によって、蒋が自分の音楽知識の不足に気づいて、本を読み始めたと推測できる。

51) 鐘観光（1868～1940）は浙江省鎮海出身であり、字は憲鬯である。蒋維喬が江蘇高等学堂（旧南菁書院）に在学していた時期の師である。1903年に愛国女学校の校長を務めながら理科などの教員をしていた。植物学者として名が知られている。

52) 原文「念及里中各校無此科目、亦無此類教員、遂有年假回里開会伝習之意」（前掲注19）。

53) 前掲注2、226～227頁。

54) 汪毓和編著『中国近現代音楽史　1840-2000』上海音楽学院出版社、2012、36～37頁。
55) 原文「暑假回里、伝習楽歌後、各小学始有楽歌教育鼓琴之声乃不絶焉」（前掲注19）。
56) 原文「草擬簡章一遵滬上楽歌講習会宗旨郵政許志毅君使先宣布」（前掲注37）。
57) 原文「初六日、借育志学堂開音楽講習会。里中教育界尚未知学校応設楽歌、故是日来会者僅有顧惕生（実）、劉脣生、許志毅（国英）三人。因天気炎熱、定毎晨七時至九時開講。初七日晨、開講、来会者又有王坤厚、王冠時二人」（前掲注19）。
58) 原文「初八日、練如、仁氷二君回里、与余分任講演、余以会員人数之少、実由多数人未能認識音楽之効用、擬開大会演説其原理与作用、二君賛成、各人帰後、分発伝単」（同上）。
59) 原文「初十日午後四時、在育志学堂開会演説、聞者有百数十人、座為之不容。首唱開会歌、次練如演説開会縁起、次屠君敬山（寄）演説日俄戦争、次由余演説音楽之関係、且講且按琴唱歌、実地指示、聴衆異常興奮。最後唱合群歌散会。自開会以後陸続入会者、先後有十二人」（同上）。
60) 原文「二十九日、音楽講習会閉会、会員中除育志学堂何焜華、荘季実両学生免収学費外、余十人各収費一元、均捐入蔵書閲報社。余対衆報告、遂散会。十人者、許志毅、顧惕生、王坤厚、王冠時、汪培齡、培卿、盛子筠、李博声、鄭中勁、劉脣生也」（同上）。
61) 前掲「速成楽歌講習会」では、受講者が50人だと記述されているが、蒋の日記によると、閉会の時点で参加者は60余人いたという。どちらかの記述に誤記があったか、それとも初回講習会以降に新しい参加者が入会したのかは不明である。
62) 原文「昨間琴師沈君叔逵説震旦学院中有教士張姓教歌其人已有二十五年工夫其奏各国之歌比利時国歌最佳英国則有軽揚俄国則含悲壮法国則含激烈徳国則帯勁而惟中国本無国歌而泰西歌譜中僅有之聆其音蓋即小調也不知何人以此調播於海外真可笑可恥沈君在音楽会中述之其言為此故記之」（前掲注18、428頁）。
63) 原文「回憶愛国学社開弁時、因無楽歌教師、呉稚暉即聘一日本人来任此科、其第一課即唱日本国歌、当時従稚暉及各教師学生聞之、亦並不以為異。我国初弁教育時一般知識幼稚如此」（前掲注19）。
64) 原文「且音楽感人之深関係之大尤非若他種学科可権用外国成法也（中略）故我国学堂之設唱歌必宜斟酌非可用英美等国之歌亦非可用日本歌也（中略）近日有志教育之士乃能假径彼国之音調與学器而編成祖国之歌此至善之法也」（前掲注36）。

I 研究論文

A Study of the School Song Movement from the Perspective of Chinese Intellectuals: Music Seminars in Changzhou

BAN Ting (Hiroshima University)

This paper studies a local intellectual of the late Qing Dynasty China, who actively participated in the School Song Movement. The School Song Movement, which existed between the late years of Qing Dynasty and the early years of the Republic of China, sought to teach children school songs and hold music seminars in order to popularize music education. Since most people who participated in the movement had been overseas students in Japan, prior research on the movement primarily focused on their thoughts about education and the composition of songs. However, prior research did not sufficiently address the role that local intellectuals without overseas experience who also participated in the movement. This study focuses upon Jiang Weiqiao, an intellectual with no overseas learning experience, who held a music seminar in Chang Zhou. Based upon the analyses of his activities during the movement and a re-examination of the whole movement, this paper proves the following. First, most intellectuals who participated in the School Song Movement were not music professionals. Second, seminars given by both those who studied in Japan and local intellectuals primarily focused on the popularization of music education, rather than professional music training. Third, in regions where music education had not existed, local intellectuals' promotion of nationalism through music education played an important role in making the idea of music education much more popular.

西ベルリン・ノイケルン区所有の学校田園寮に関する研究
― 東西分裂時代のヴァンゼー別荘で存続した「教育の場」―

江 頭 智 宏（名古屋大学）

はじめに

　1942年1月20日に、国家保安本部長官R.ハイドリヒ（Reinhard Heydrich, 1904-1942）が諸官庁の高官を招集し、「ユダヤ人問題の最終的解決」について調整・審議したヴァンゼー会議は、ホロコーストを組織的に進める上で決定的役割を果たしたという点でナチスの負の歴史を象徴するものである。ベルリン郊外のヴァンゼーは、ベルリンの避暑地として知られる風光明媚な場所であるが、その一方でヴァンゼーにはヴァンゼー会議の歴史が重くのしかかっている。

　ヴァンゼー会議が開催されたアム・グローセン・ヴァンゼー56/58番地のヴァンゼー別荘は、現在は「ヴァンゼー会議記念館」（Haus der Wannsee-Konferenz）として整備され、ナチスの犠牲者の追悼の場となっている。それと同時にヴァンゼー会議記念館はナチス独裁下の歴史について学ぶ教育の場でもあり、追悼施設教育（Gedenkstättenpädagogik）を先導する役割を果たしている[1]。しかしながら、ヴァンゼー会議の罪の重さにも関わらず、曾ての犯罪の現場が追悼・教育の場として整備されているという光景は長らく当たり前ではなかった。記念館の開館は、ヴァンゼー会議から50年後の1992年1月19日であり、それ以前のヴァンゼー別荘には、東西分裂時代にほぼ相当する1952年から1988年までの36年間に亘って、西ベルリン・ノイケルン区所有の学校田園寮（Schullandheim）が設置されていた（写真1、2）。学校田園寮とは、学校教育を補完する宿泊型教育施設であり、いわば現在の教育の場とは全く異なる「教育の場」が存続していたことになる（以下、ヴァンゼー会議に関する教育と無関係な教育が展開されていたことを意味するときは括弧を付して「教育の場」とする）。なお、1961年4月22日にプライシュタインにノイケルン区の新たな学校田園寮が開設されているが[2]、本稿での「ノイケルン区学校田園寮」とはヴァンゼー別荘のものを指す。

　本稿がノイケルン区学校田園寮を俎上に載せるのは、教育学的にみて、2つの理由からそれを無視できないからである。1つめは、非人道的な歴史を有する場が、長らくその歴史とは無関係な子どもの「教育の場」であったこと、しかもそれが高らかな理想を掲げて展開されたドイツ新

【写真1】ノイケルン区学校田園寮の外観（1983年）

【写真2】ノイケルン区学校田園寮の表札（撮影年不詳）

教育の一翼を担った学校田園寮という「教育の場」であったことである。1980年代に入ってナチスの犠牲者の追悼の場が増えたことを考えると、1992年に漸くヴァンゼー会議記念館が開館したこと自体は驚くに値しないとしても、重大なナチスの犯罪の現場が追悼の場になる前に子どもの「教育の場」として用いられてきたというのは稀有な事例である。2つめは、ある記憶されるべき場は、放置されるよりも別のものとして用いられる方が記憶の風化が進むため、非人道的な歴史の記憶の風化の点でも問題を孕んでいるということである。教育という領域が、何人もそれ自体を否定しえない「子どもの笑顔」を全面に出すことで、子どもを主役にした新たな「美しい記憶」を容易に創出しうる領域であることを考えると、記憶の風化の問題はさらに意味を増す。こうした2つの理由からノイケルン区学校田園寮に注目する本稿のキーワードは、「子ども」と「非人道的な歴史」となる（以下、本稿が設定するキーワードとしての「子ども」及び「非人道的な歴史」を特に意味するときはそれぞれに括弧を付す）。

　次に、「子ども」と「非人道的な歴史」に焦点を当てて教育学の立場からノイケルン区学校田園寮に迫る本稿と先行研究との関係について言及したい。管見の限り、ノイケルン区学校田園寮は、4つの領域で取り上げられている。1つめは、ヴァンゼー別荘の歴史である。ヴァンゼー会議記念館のハウプトは、記念館の刊行物として著されたヴァンゼー別荘の通史の中で、学校田園寮としての36年にも焦点を当てているが、その主目的はヴァンゼー別荘史を明らかにすることにあるため、学校田園寮はその一部として概観されるに止まる[3]。また、山根と清水がヴァンゼー会議記念館刊行の常設展示の図録を翻訳しており、その中でヴァンゼー別荘の歴史も描かれるが、展示の図録という性格上、学校田園寮については同じく概観されるのみである[4]。

　2つめは、ノイケルン区の歴史である。ホーマンは、18〜20世紀のノイケルン区の学校史研究において学校田園寮にも触れているが、子どもに貴重な教育機会を提供したとの言及に止まる[5]。また、コラントの編集による19世紀末〜20世紀のノイケルン区におけるユダヤ人の研究の中で、シュテーゲンが学校田園寮に触れているものの、ヴァンゼー会議記念館の前史として簡単に記述されるだけである[6]。

　3つめは、J. ヴルフ（Joseph Wulf, 1912-1974）および「ナチズムとその影響の研究のための国際ドキュメントセンター」（Internationales Dokumentationszentrum zur Erforschung des Nationalsozialismus und seiner Folgeerscheinungen, 以下「IDZ」とする）構想に関する研究である。ヴルフは、ナチス研究で知られるユダヤ人の歴史家で、IDZは、実現はしなかったが、ヴルフが設置を訴えたナチス研究に資するための機関である。彼はIDZ設置を支援するための協会（以下「IDZ協会」とする）も結成している。本稿でも重要な考察の対象となるヴルフが学校田園寮と結び付くのは、彼がIDZの設置場所としてヴァンゼー別荘を求めたからである。ホロコーストに関わる歴史家の1人としてヴルフを取り上げたベルク、ヴルフの生涯を簡潔に纏めたシェーンベルナー、ヴルフの生涯に関する本格的な研究を著したケンプターは、ヴルフとIDZ構想との関係で学校田園寮に言及している[7]。しかしそれらは飽くまでもヴルフ研究であり、学校田園寮は中心にはない。それに対し本稿は、学校田園寮を通してヴルフを捉えることで、「子ども」と「非人道的な歴史」の関係を考える上で重要な、ナチスの歴史を子どもたちに伝えることを主張した教育者としての側面を描き出す。一方でキューリングは、IDZ設置論争に絞ってヴルフを取り上げ、学校田園寮にも多くの記述を割いているが、主対象は1966〜67年である[8]。本稿では、教育者としてヴルフを位置付ける上で重要である1968年の動向に重きを置いている。

　4つめは、歴史の記憶に関する研究である。ディガンは、記憶の場でなかった場が記憶の場になる要因について、空間、場所、信頼性という3つの観点から理論的に考察しており、学校田園

寮とヴァンゼー会議記念館を事例として取り上げている[9]。しかしながら学校田園寮自体が研究の中心にあるわけではない。加えて本稿では、記憶の場でなかった場（学校田園寮）が記憶の場（ヴァンゼー会議記念館）になる要因として、史料に即してヴルフが果たした役割に重きを置いている。国内の研究としては、高橋が、西ベルリンの記念碑と記憶に関する考察の中で学校田園寮に言及しているが、二次文献に基づきながら触れるに止まる[10]。

以上の4つの領域に亘って先行研究を整理してきたが、ノイケルン区学校田園寮自体を正面から、しかも教育学の観点から俎上に載せた研究は、管見の限り未だ見られないと言える。本稿ではそうした研究状況や、ノイケルン区学校田園寮を取り上げる上述の理由を踏まえ、①学校田園寮設置の背景、②IDZ設置に伴う学校田園寮の撤退を巡る初期の論争、③西ベルリン市への譲歩として学校田園寮の存続を認める代わりにヴルフらが学校田園寮に求めた条件、④1980年代の学校田園寮に見られた変化、の4点に絞ってノイケルン区学校田園寮を正面から検討する。用いる史料は、ヴァンゼー会議記念館文書館の各種史料、ドイツにおけるユダヤ人の歴史の研究に関する中央文書館のヴルフ関係史料、コブレンツ連邦文書館のIDZ関係史料、ノイケルン区発行の『ノイケルン区学校田園寮』、各種新聞記事等である。

1．ノイケルン区学校田園寮設置の背景

1947年に米軍がヴァンゼー・プロトコルを発見し、会議の存在が明るみになっていたにも関わらず、1952年6月21日にノイケルン区学校田園寮が開校した。翌年ノイケルン区は、子どもや親や教師などの声を多数盛り込んだ、PRを意図した冊子『ノイケルン区学校田園寮』を発行した。学校田園寮設置の背景について当冊子から2点指摘したい。

1点目は、西ベルリン全般への否定的な眼差しと、「陸の孤島」に残されたヴァンゼーへの羨望の眼差しである。西ベルリンは上記の冊子で次のように描かれている。「西ベルリンの市民は誰でも、少しでも散歩しようとすると、遮断機や、警告板や、バリケード、そして武装した兵士や警官にすぐ遭遇する。西ベルリンの市民は、自由を、もっと言うと命を脅かされないように、引き返さざるを得ない。（中略）西ベルリンの青少年は、周囲にある故郷の美しさを知らない。彼らは居住地に押し込められている。彼らは朝霧が湖や湿地帯の上に立ち込めるのを現実として知らず、空でヒバリがさえずるのを聞くことはなく、ライ麦畑が夕風で揺れるのを見ることはなく、村の鐘の音が地域一帯へと響き渡りうるような平和を感じることはない」[11]。このように、不穏な関係にある東ドイツに囲まれると共に、東西分断によって自然からも隔離されているという西ベルリンの現状が否定的に捉えられている。とりわけノイケルン区は、東ベルリンのトレプトウ都市区に隣接していたことから、上記の西ベルリン像を典型的に体現する場所であったと言える。

文章は以下のように続く。「不要で、残酷で、犯罪的な戦争の結果生じた、ベルリンの人たちが非難される多くの罪の中で、子どもたちに対する罪が最も大きい。子どもを自由な自然から遮断すること、子どもを雑然とした住宅街の塀の中に閉じ込めること、子どもに不健全で危険な通りを遊び場としてあてがうことは、子どもの健康を損ない、子どもの精神から自然体験が取り除かれ、発育不全のまま子どもが成長するということを意味する」[12]。当然ながら西ベルリンの環境は子どもの発達上好ましくないと捉えられる。結核児童の多さなど戦後のノイケルン区の子どもたちが直面した困難については実際にラッデらによって明らかにされてはいるが[13]、ここでは戦争がもたらした最大の罪は、ナチスが迫害した人々への罪ではなく自国の子どもたちへの罪であると認識していたこともまた注目される。

Ⅰ　研究論文

　一方でヴァンゼーは、西ベルリン全般とは対照的に、「しばらくの間狭い通りを忘れ、話の中だけに登場するのではなく実際にそこに存在する青い空、緑の木、水、風と雲、郊外の景色を体験することができる」[14]など、美しい自然が広がる場所として描かれる。こうした教育環境に相応しくない西ベルリン全般と相応しいヴァンゼーという対照が、大人たちの目を必然的にヴァンゼーへと向けさせたのである。

　2点目は、ヴァンゼー会議への認識の欠如である。冊子ではヴァンゼー別荘の「歴史」が次のように書かれる。「大ヴァンゼー湖に面し、30,000㎡の広さの公園にも似た庭の中にある大きくて威厳のある建物には波瀾に富む歴史がある。（中略）宮殿に似た印象を与える建物は、完成後に間もなく他の有名な大工業の経営者の手に委ねられ、最終的にナチス高官の手に落ちるまで、「ミヌー・ハウス」（「大工業の経営者」とはF.ミヌー（Friedlich Minoux, 1877-1945）を指しており、ミヌーが使用したことを意味する－引用者注）として奉仕した。第二次世界大戦後、ベルリン土地局が建物を自由に使用できるようになると、最初は政治団体の会合の目的のために奉仕したが、その使命を終えたとき、今度は児童生徒たちに開かれなければならなかった」[15]。ヴァンゼー別荘は、「大きくて威厳のある建物」や「宮殿に似た印象を与える建物」と形容されるだけで、ヴァンゼー会議に関する言及はなく、「波瀾に富む歴史」の「1頁」としてのみナチスとの関係が指摘されるに止まる。なお、『ノイケルン区学校田園寮』は全48頁であるにも関わらず、ナチスへの言及はこの箇所だけである。

　文章は以下のように続く。「ノイケルン区の子どもたちが、この大きな、壮麗に設計された部屋において、快適さや我が家にいるような感覚を感じるだろうか。これは、私たちを動揺させた問題である。もちろん、普通は学校田園寮を決してこのような豪華だが温もりのない建物には設けないが、高く聳え立つ柱と優美に弧を描いた階段はファンタジーの中から取り出されたようだと思ったとき、私たちは少年と少女がここで味わうだろう喜びを正しく評価した」[16]。ヴァンゼー別荘が学校田園寮に相応しいか否か思案したポイントが、豪華すぎるのではないかというものであった時点で、ヴァンゼー会議への認識など求めようもなかった。

　以上、学校田園寮が設置された背景を2点指摘したが、子どもへの思いが非常に強かったことが窺える。しかしその一方、ヴァンゼー別荘のもつ非人道的な歴史については、全く意識されていなかった。J.コッカは、過去への認識について、1950年代を、先駆的な過去の克服への動きも見られたものの概して「相対的沈黙と否定の時期」であったと位置付けたが[17]、学校田園寮の設置を巡っても同様の傾向が見られたと言える。そして下の写真3、4に見られるように、ヴァンゼー別荘は学校田園寮としての「記憶」を創出していった（本稿で取り上げる写真には個人が特定できるレベルで顔が写っているが、学術目的で写真を公開することに関しては、ヴァンゼー会議記念館のM.ハウプト氏の許諾を得ている）。

【写真3】1956年の学校田園寮の光景

【写真4】1962年の学校田園寮の光景

2．IDZ 設置構想によるノイケルン区学校田園寮の撤退を巡る論争

「はじめに」で述べたように、ヴルフを中心に、「特に1933年から1945年のドイツのナチズムの形態におけるファシズムの歴史的現象の研究」（協会規約第２条）[18]を目的としたIDZ協会が1966年８月29日に結成され、協会は、IDZの設置場所として、非人道的な歴史を有するがゆえに「比類なき象徴的な場所」と位置付けられるヴァンゼー別荘を求めた。そのことで、ノイケルン区学校田園寮への関心が高まり、それまで「無風」だったその存在を巡る動きが一躍論争の的となる。IDZ設置と学校田園寮の撤退を巡る論争について当時の新聞等を通して垣間見たい。

ヴァンゼー別荘内へのIDZ設置に当たっては、所有者である西ベルリン市の許可が必要になり、当時の市長 W. ブラント（Willy Brandt, 1913-1992）は設置を快諾した。ところが、それに対する批判が持ち上がり、すぐさま学校田園寮の撤退とはならなかった。1966年10月10日付の『ディ・ヴェルト』紙には、「ノイケルン区は学校田園寮を巡る『闘い（花束）』[19]について告知する」という記事が掲載され、「ノイケルン区長のゲルハルト・ラッソンは、新たな危機が迫っていることを認識し、緊急に市長へ手紙を送った。彼の反論は満場一致の区議会決議に支えられていた。次の水曜日の区議会で議員団はその姿勢をもう一度強化するつもりである」[20]と記されている。学校田園寮の動向に直接的な利害を有したノイケルン区は、区長のG. ラッソン（Gerhard Lasson, 1906-1985）を中心に、IDZ設置反対を主張したことが分かる。

IDZ設置と学校田園寮撤退を巡る論争の中で注目されるのが、本稿のキーワードである「子ども」の存在が再三取り上げられたことである。1966年10月24日付の『ベルリン市広報誌』には、ブラントへの疑問を呈した次のような市民の手紙が掲載されている。「学校田園寮の問題は、ノイケルン区の児童生徒にとって真剣な由々しき事柄です。そこにIDZが設置されなければならないのですか。その宿舎が私たちの過去に悲劇的役割を果たしたという理由で子どもたちはそこから追い出されなければならないのですか」[21]。この手紙のように、学校田園寮がなくなるのは子どもたちが純粋に可哀そうだからIDZは認められないというのは当時の一般的な市民感情であったと言える。なおブラントは、ノイケルン区の人たちの思いは理解しているが、ナチス体制下の被迫害者とそれを守る国際組織の要求をもまた排除できないと手紙に回答している[22]。

ブラントの回答は理に適っている。それでも、「過去の犯罪への償い」に対して「現在の子どもたちの楽しみ」を優先させたこうした手紙を退けることは容易ではない。というのも、先の写真で見たように、「ヴァンゼー別荘＝子どもたちが楽しむ学校田園寮」という「記憶」が確実に形成されていたからである。また、時期は少し前後するが、1968年４月22日〜５月４日に学校田園寮に滞在した基礎学校の児童の記録には以下のような記述が見られる。「22時30分に終わったお別れパーティーの後でみんな部屋に戻りました。でも、そう、静けさは長くは続きませんでした！12号室の男子たちが隣の部屋に突然押し入り、そのことがきっかけで、タオルやぐるぐる巻きにした毛布の武器を使い、捕えられたら『戦争捕虜』となるような、30分間にわたる『最後の戦い』に繋がっていきました。それが終わってベッドに入ったとき、こうした素敵な生活がもう少し続けばなあとみんな考えていました。でも残念ながら今日が最後の日です！」[23]。最終日の前日に正規のプログラムにはない「最後の行事」を無邪気に楽しみ、学校田園寮での日々が終わることを名残惜しんでいる子どもたちの姿が時代を越えて伝わってくる。

このような状況を踏まえて、ヴルフらも子どもたちの存在に気を遣わざるを得なかった。1966年10月11日付の『クリア』紙の記事「ナチスのドキュメントセンターの計画に向かう著述家ヴルフ：児童生徒を犠牲にするものではない」では、「IDZがヴァンゼー別荘に入るのはノイケルン区

の児童生徒の新しい保養の場が見付けられてからであることをヴルフは承諾した」[24]と記されている。また、ドイツ・ユダヤ人中央評議会の初代および第4代の議長を務めた、IDZ協会のH. ガリンスキー（Heinz Galinski, 1912-1992）も、1967年2月1日〜2日のRIAS－ベルリン局のラジオ放送で、「私は、今日、世論で広く見られる誤った考えに対し、多少意見を申し上げるためにこの機会を利用したいと思います。私たちは、ノイケルン区の子どもたちから何かを取り上げるということを決して考えているわけではありません」[25]と述べている。子どもたちから学校田園寮を奪ってしまうことは決して本意ではないとヴルフらは強調せざるを得なかったのである。

一方で、明らかに悪意をもって〈子ども〉が利用された記事もあった（以下、悪意をもって利用されたことを特に意味するときは山括弧を付して〈子ども〉とする）。ネオナチ党として知られる結党間もないドイツ国家民主党（NPD）はIDZに明確に反対し、1966年11月4日付の機関紙『ドイツ週間新聞』では、「子どもたちの宿舎の代わりに復讐の記念碑」というあからさまな題で、一般人の「声」も拾いながら以下のように述べている。「ヴァンゼーの美しい岸辺の建物のひとつであるノイケルン区の子どもたちの戸外ハイムは、よりによって憎しみの家の犠牲にならなければならない。ノイケルン区の当直医はそのことに関わって当地の新聞にこう書いた。『戦後の狭苦しさによって既に罰を与えられた西ベルリンの子どもたちが再度償いをさせられることは、生き残ったユダヤ人を再び生き生きとさせるであろう』と」[26]。1967年1月6日付のミュンヘンの極右紙の『ドイツ国民―兵士新聞』も、「ナチのドキュメントは勤労青少年より重要か？―ベルリンの子どもたちはナチのドキュメントに屈しなければならない」[27]という〈子ども〉を押し出した題目でIDZの設置を批判している。極右勢力にとり、学校田園寮を楽しむ子どもたちの存在は、IDZ設置反対を正当化するうえでまさに格好の隠れ蓑であったことが分かる。ただし、反ユダヤ主義に基づいた学校田園寮擁護は極右勢力に止まるものではなかった。例えば、先の10月10日付の『ディ・ヴェルト』紙には、ノイケルン区議会議長でSPD所属のE. エッツコルン（Erwin Etzkorn, 1912-2007）の、「いかなる理由によっても、我々はイスラエル人の手に入るものを彼らに渡さずにおきたい。同じロジックを使えば国会議事堂の中に博物館や資料センターを設けることを要求できるかもしれない」[28]という、屁理屈と言わざるを得ない言葉も書かれている。

子どもたちの存在を盾にIDZ構想が批判される状況に対し、世界ユダヤ人会議の第2代議長で、IDZ協会には加入しなかったがヴルフの良き協力者であったN. ゴールドマン（Nahum Goldman, 1895-1982）に宛てて、ヴルフが1966年10月23日付で著した書簡は興味深い。そこでは、「確かにヴァンゼーの建物の比類なき象徴性と、ベルリンにおけるIDZ設置の必要性を肯定する声は大きくなってきましたが、それと共に、『子どもたち』、『学校田園寮』、そしてそれに類似するもの（公園、立地環境など）を強調する声が大きくなりました。（中略）ドイツ人は必要とあればセンチメンタルに、子ども好きに、動物好きになることを貴殿はご存知でしょう」[29]と述べられる。パフォーマンスとして〈子ども〉を前面に押し出す論調へのヴルフの皮肉が伝わってくる。

結局ブラントは、IDZ設置の承認を得られないまま、1966年12月1日付でのキージンガー内閣の副首相兼外相の就任に伴い市長を辞職した。後任として11ヶ月弱市長を務めたH. アルベルツ（Heinrich Albertz, 1915-1993）も、別荘内へのIDZ設置を支持したが合意は得られなかった。

3．ノイケルン区学校田園寮の存続を巡るヴルフの妥協案とIDZ構想の挫折

アルベルツの後任として1967年10月19日にK. シュッツ（Klaus Schütz, 1926-2012）が西ベルリン市長に就任したことは、IDZ協会にとってマイナスであった。なぜなら、ヴァンゼー別荘内へ

のIDZの設置に彼が反対したからである。彼の立場を明示するものとして、劇作家R. ホーホフート（Rolf Hochhuth, 1931- ）からの『ディ・ヴェルト・アム・ゾンターク』紙上でのヴァンゼー別荘問題を問う公開書簡に対し、「確かにIDZは必要ですがぞっとするような礼賛の場所（makabere Kultstätte）は必要としません」[30]と、10月27日に同紙で回答したことが挙げられる。シュッツは11月9日のゴールドマンとの会談でも、新たな学校田園寮建築のために資金援助をするという提案をゴールドマンが出したにも関わらず反対を貫いた[31]。ノイケルン区も一貫してIDZ設置に反対しており、12月4日には区議会議員のF. ドマイヤー（Friedlich Domeyer）がヴルフに宛てて、学校田園寮はノイケルン区の子どもたちが無条件で手に入れたままでなければならないという趣旨の書簡を送っている[32]。シュッツはその後、12月20日にIDZ協会に対し、IDZの設置場所としてベルリン自由大学に接したティエラ並木道15番地ないしリモネン通り27番地を提案した[33]。その提案をIDZ協会の理事会にヴルフが諮ったところ、ヴァンゼー別荘でなければIDZへの国際的支援は得られないとして、1968年1月8日に圧倒的多数で否決された[34]。

　ヴァンゼー別荘に固執することでIDZ構想が潰えることを恐れたヴルフは、1968年5月31日にイェルサレムのゴールドマンに書簡を送り、6月9日からイェルサレムに滞在する際に妥協案を話し合いたい旨を述べた[35]。その内容は、帰国後の7月1日付のゴールドマンへの書簡で確認できる。ヴルフは学校田園寮の存続を認める代わりに、その条件として以下のように述べる。「イェルサレムで貴殿に報告した新しい考え方のもと、私は徹底してベルリン市政府と交渉します。すなわちその条件は、アム・グローセン・ヴァンゼー56/58番地の建物内の学校田園寮を『ヤヌシュ・コルチャック学校田園寮』へ改名すること、建物内で起きたことを記載した記念銘板が取り付けられること、さらに建物内で起きたことを子どもに教える義務を負うことです」[36]。これらの条件はいずれも、学校田園寮がヴァンゼー会議とは無縁の「教育の場」となっている状況の変革を求めるものである。1点目に関して、子どもの権利を探究し続けたJ. コルチャック（Janusz Korczak, 1878-1942）は、トレブリンカ絶滅収容所で彼の孤児院の子どもたちと共に命を落としたホロコーストの犠牲者でもあり、彼の名を冠した学校田園寮に滞在することは、必然的にヴァンゼー会議に関する教育につながるものである。2点目の記念銘板も教育的効果を持つものであろう。そして3点目では直接的に「建物内で起きたことを教えること」を求めており、本稿で特に強調したいのは3点目である。それは最もストレートな要求であると共に、管見の限り、妥協案に唯一言及しているケンプターが、この点に触れていないからである[37]。

　「建物内で起きたことを教えること」が西ベルリン市に対し主張された形跡は、1968年8月30日にヴルフが西ベルリン市新聞広報局長のH. -P. ヘルツ（Hanns-Peter Herz, 1927-2012）へ宛てた書簡で確認できる。そこには8月23日のヴルフらとヘルツによる取り決めが記されており、リモネン通り27番地の使用を承諾する代わりの条件として以下のことが述べられている。「IDZ協会理事会は、国際的にみて、以下のような、アム・グローセン・ヴァンゼー56/58番地の建物との密接な関係を持つことが必要だと思われます。すなわちそれは、建物でIDZ協会の定期的な催しが開催されること、建物の名称を『ヤヌシュ・コルチャック学校田園寮』とすること、建物に記念銘板が掲げられること（銘板の文章の内容は、IDZ協会理事会と討議されなければなりません）、学校田園寮に滞在する児童生徒が将来的に建物の歴史についてどう伝えられるかに関する共通の意見表明がなされることです」[38]。この書簡では確かに学校田園寮存続の条件として、「建物内で起きたことを教えること」が言及されている。「IDZ協会の定期的な催しの開催」は、先の7月1日付書簡では書かれていなかったが、ヴルフが別途主張し続けてきたことである。

　しかし、ヴルフの妥協案に言及したその後の史料では、管見の限り、「建物内で起きたことを教

えること」は記載されていない。妥協案を報じた1968年9月6日付の『アウフバウ』紙では、「ヤヌシュ・コルチャック学校田園寮」への改名は報じているが「建物内で起きたことを教えること」には触れられていない[39]。ケンプターは、ヴルフが妥協に応じる用意があるという趣旨の、ヘルツからシュッツへの1968年12月30日付書簡を取り上げているが、そこでは「建物内で起きたことを教えること」は記載されていない[40]。本稿では、こうした先行研究の状況に対して、学校田園寮存続の条件として、「建物内で起きたことを教えること」という直接的なヴルフの教育要求が存在していたことを強調したい。改名や記念銘板の設置と同様、この要求も、交渉の段階で潰えてヴルフの生前に日の目を見ることはなかったけれど、ヴルフは非人道的な歴史を子どもたちに伝える必要性を先駆的に強く求めていたのである。

その後のことであるが、リモネン通り27番地への設置は無理になり、ヘルツが新たに提示した中から選んだラインバーベン通り49番地もうまく行かず[41]、IDZ構想は潰えてしまう。そもそも西ベルリン市自体がIDZ構想に積極的でなかったと言えよう。1973年3月1日にIDZ協会は解散に至った。そして1974年10月10日にヴルフは自殺して61歳で生涯を閉じた。

1973年3月28日付で、ヴルフはゴールドマンに以下のことを伝えている。「私はIDZ協会が、ベルリン市議会で社会民主主義が多数派を占め、ベルリンで純粋な社会民主主義政権が成立しているときに解散しなければならないことを強調することは、私たちユダヤ人にとって重要であると思います。(中略) SPDのノイケルン区の書記官は私たちに言いました。(中略)『もしあなた方がヴァンゼーの建物を得れば、ノイケルン区は反ユダヤ主義になって、NPDを選ぶでしょう』と」[42]。なお、その2週間前の3月14日付のゴールドマン宛て書簡では、ヘルツがノイケルン区出身であることをヴルフは明確に意識している[43]。これらに示されたように、ノイケルン区の存在がIDZ構想挫折の大きな要因であった。学校田園寮は確かに子どもたちに貴重な教育機会を提供したが、学校田園寮存続の主張の中にユダヤ人差別が垣間見られたように、学校田園寮は子どもを盾にした反ユダヤ主義の隠れ蓑として使われることで、非人道的な歴史を覆い隠す役割も一方で果たしてしまったのである。

下の写真は1967年(写真5)と1973年(写真6)に撮られたものである。これらに見られるように、この時期においても、ヴァンゼー別荘ではIDZ構想とは無縁の学校田園寮としての日常が展開されていた。そのことは、1968年から1971年までの『ノイケルン区年報』の「ノイケルン区学校田園寮」の項目を確認したところ、子どもたちが充実した時間を過ごすことができたなどの学校田園寮の功績を示すのみでIDZに関する記述は一切なかった[44]ことからも裏付けられる。ヴルフの思いにも関わらず、ヴァンゼー別荘では、何人も容易に否定できない「子どもの笑顔」に象徴される、学校田園寮としての「記憶」が創出され続けたのである。

【写真5】1967年の学校田園寮の光景

【写真6】1973年の学校田園寮の光景

4．教育の場としてのヴァンゼー会議記念館へのノイケルン区学校田園寮の橋渡し

　1970年代末から1980年代はドイツにおける過去への認識の進展において一つの転機であり、ホロコーストに関しても、ドイツ国民が引き受けなければならない罪としてこの時期に広く認識されるようになったとされる[45]。ヴァンゼー別荘とノイケルン区学校田園寮にとっても1980年代は転機であった。1982年にヴァンゼー会議40周年を記念して、「ナチス体制下の被迫害者連盟」等の諸団体がヴァンゼー別荘を追悼施設にすることを求めたことに対し、西ベルリン市長であったR. v. ヴァイツゼッカー（Richard von Weizsäcker, 1920-2015）が支持を表明したのである[46]。そして後任の E. ディープゲン（Eberhard Diepgen, 1941-　）市長は、1986年2月8日、ヴァンゼー別荘を将来的にヴァンゼー会議記念館とすることを公表した。このことは学校田園寮の撤退を当然意味するものであったが、国民教育担当のノイケルン区参事 J. コレル（Jürgen Colell）が同意を示すなど、過去への認識への変化を受けて、IDZ 設置論争の時と異なってノイケルン区からの反発はほとんど見られなかった[47]。

　過去への認識の進展に伴ったノイケルン区学校田園寮の撤退の決定は、学校田園寮での教育自体に変化をもたらすものでもあった。すなわち、非人道的な歴史について取り上げた教育が見られるようになったのである。その証拠に、『ベルリン教員雑誌』の1988年3/4号で組まれた特集「アウシュヴィッツへの教育」において、反ファシズム教育として、1987年10月1日のノイケルン区学校田園寮での教育実践が紹介されている。実践を行った H. シーダー教諭は、「反ファシズム教育を効果的に行いたければ、基礎学校の児童が、歴史的な場所と史料、そして特に子どもたちと同じ目線から語られる同年齢の同時代の証人と出会うことを必要とする」[48]と考えており、学校田園寮は反ファシズム教育の格好の場であったことが窺える。同記事には以下のような児童のレポートも掲載されている。「最初にシーダー先生は私たちにこの場所をどう感じたか尋ねました。私たちは全てがとても心地よいと感じました。ここでそんなに恐ろしいことが起きていたことを私たちは全く想像できませんでした。（中略）先生は、強制収容所に入れられた15歳の少年の日記を少し朗読しました。みんな涙が零れてきました。その後で先生は私たちに、強制収容所の苦難を生き延びた子どもたちの写真を見せました。クラスは凍りつきました」[49]。快適な現在の環境と比較させることや、児童と同年齢の子どもを取り上げることを通して、ヴァンゼー会議の問題を真摯に受け止めるようシーダー教諭が促していることが分かる。学校田園寮は、閉館を前にして、ヴルフの意志を継承する形で、非人道的な歴史を子どもたちに伝える教育の場としての性格も持つようになったのである。

　学校田園寮の閉館後にヴァンゼー会議記念館に向けた改修工事に入り、先行研究でも言及したG. シェーンベルナー（Gerhard Schoenberner, 1931-2012）を館長として、1992年1月19日にヴァンゼー会議記念館が開館した。館内の図書館が「ヨゼフ・ヴルフ図書館」と名付けられるなど、ヴァンゼー別荘の問題に一石を投じたヴルフは、記念館の精神の先駆者として評価されている。

おわりに

　以上、本稿では、36年に亘ってヴァンゼー別荘で「教育の場」として存続したノイケルン区学校田園寮について、4つの観点から考察してきた。最後に本稿のキーワードである「子ども」と「非人道的な歴史」を用いながら本論文をまとめたい。

　「非人道的な歴史」を有するヴァンゼー別荘に、1952年に学校田園寮を設置せしめたものは、敗

Ⅰ 研究論文

戦と東西分断の結果生じた不遇な生存環境に置かれた「子ども」のために、快適な教育環境を提供したいという思いであった。しかしながら、その思いを前にして、「非人道的な歴史」には目が向けられずにいた。1966年に IDZ 協会を結成したヴルフらが、ヴァンゼー別荘への IDZ の設置に伴って学校田園寮の撤退を求めたときも、「非人道的な歴史」に対して「子ども」を優先させる考え方は継承されていた。また、反ユダヤ主義の立場から IDZ 構想を批判する勢力は、学校田園寮を楽しむ「子ども」の存在を明確に盾にとって IDZ 構想への反対を正当化させていた。いわば「非人道的な歴史」を隠すために「子ども」が利用されたのである。一方で、IDZ の設置を通して「非人道的な歴史」に関する国際的な研究の推進を求めたヴルフらも、別の場所に学校田園寮を設けることを保障するなど、「子ども」に注意を払っていた。ヴルフらは「非人道的な歴史」と「子ども」とを両立させる立場に立っていたと言え、本稿が特に強調した「建物内で起きたことを教えること」というヴルフの教育に関する要求も、「子ども」のことを考えたものであったことは、これまでのドイツの過去への取り組みが証明しているところである。ヴァンゼー別荘における「子ども」と「非人道的な歴史」の関係は、1980年代になって、学校田園寮の閉鎖の決定という制度面のみならず、学校田園寮で「非人道的な歴史」が「子ども」に教えられるようになったという実践面においても、一定の決着を見るに至った。そうした両者の関係性は現在まで継承されていると言える。ヴルフは、ヴァンゼー別荘における「子ども」と「非人道的な歴史」の関係の変化に影響を与えることに尽力した人物として高く評価されよう。

註

1) Endlich, Stefanie/ Lutz, Thomas: Gedenken und Lernen an historischen Orten. Ein Wegweiser zu Gedenkstätten für die Opfer des Nationalsozialismus in Berlin, Berlin 1995, S. 43-48. 東自由里「職業人のための歴史教育事業―ドイツ・ヴァンゼー会議記念館―」『季刊戦争責任研究』第47号、2005年、58-67頁、などを参照。

2) Homann, Mathias: Von der Heckerschen Realschule zur Kepler-Oberschule. Berliner und Neuköllner Schulgeschichte von 1747-1992, Frankfurt am Main 2001, S. 357.

3) Haupt, Michael: Das Haus der Wannsee-Konferenz. Von der Industriellenvilla zur Gedenkstätte, Berlin 2009, S. 157-177.

4) ヴァンゼー会議記念館編、山根徹也・清水雅大訳『資料を見て考えるホロコーストの歴史―ヴァンゼー会議とナチス・ドイツのユダヤ人絶滅政策―』春風社、2015年、176-177頁。ただし Schullandheim は「林間学校」と訳されている。

5) Homann, Mathias: a. a. O., S. 343.

6) Stegen, Eike: Vom Neuköllner Schullandheim zum Lernort auch für Neuköllner. Die Gedenk- und Bildungsstätte Haus der Wannsee-Konferenz, in: Kolland, Dorothea (Hg.): »Zehn Brüder waren wir gewesen...«. Spuren jüdischen Lebens in Neukölln, Berlin 2012, S. 559-563.

7) Berg, Nicolas: Der Holocaust und die westdeustchen Historiker. Erforschung und Erinnerung, Göttingen 2003, S. 451-457; Schoenberner, Gerhard: Joseph Wulf. Aufklärer über den NS-Staat. Initiator der Gedenkstätte Haus der Wannsee-Konferenz, Berlin 2006, S. 41-46; Kempter, Klaus: Joseph Wulf. Ein Historikerschicksal in Deutschland, Göttingen 2013, S. 342-361.

8) Kühling, Gerd: Schullandheim oder Forschungsstätte? Die Auseinandersetzung um ein Dokumentationszentrum im Haus der Wannsee-Konferenz (1966/67), in: Zeithistorische Forschungen/ Studies in Contemporary History, Online-Ausgabe, Jg. 5, Heft2 (2008), S. 211-235.

（http://www.zeithistorische-forschungen.de/2-2008/id=4570）（2017/5/30最終閲覧）

9) Digan, Katie: Places of memory. The case of the house of the Wannsee Conference, Basingstoke 2015.
10) 高橋秀寿「ナチズムを、そして20世紀を記憶するということ」川越修・矢野久編『ナチズムのなかの20世紀』柏書房、2002年、283頁。ただし註4の文献と同様 Schullandheim は「林間学校」と訳されている。
11) Bezirksamt Neukölln(Hg.): Schullandheim Neukölln. Am Großen Wannsee 56-58, Berlin 1953, S. 8.
12) Ebenda.
13) Radde, Gerd (Hg.): Schulreform. Kontinuitäten und Brüche. Das Versuchsfeld Berlin-Neukölln, Opladen 1993, S. 29-36.
14) Bezirksamt Neukölln (Hg.): a. a. O., S. 5.
15) Ebenda, S. 6.
16) Ebenda.
17) J. コッカ著、松葉正文・山井敏章訳『市民社会と独裁制―ドイツ近現代史の経験―』岩波書店、2011年、81頁。
18) Satzung des Vereins "Internationales Dokumentationszentrum zur Erforschung des Nationalsozialismus und seiner Folgeerscheinungen e. V." Berlin, in: Bundesarchiv Koblenz (künftig: BAK) N1354/108.
19) ブラントがIDZ設置を認めたのは、ヒトラー政権下のライヒ軍需相A. シュペーアが1966年10月1日にシュパンダウ刑務所から釈放された際に、ブラントがシュペーアの長女ヒルデに花束（Strauß）を送ったことをノイケルン区のSPD党員によって批判されたことへの報復であるとこの記事は捉え、"Strauß"に「闘い」に加えて「花束」の意味も込めている。
20) Neukölln kündigt "Strauß" um Wannsee-Schullandheim an, in: Die Welt (Berlin), 10. 10. 1966 (in: Brief von IDZ an die Mitglieder, den Februar 1967, in: BAK B145/08863).
21) Willy Brandt: "Wo uns der Schuh drückt", in: Pressedienst des Landes Berlin, 24. 10. 1966 (in: Brief von IDZ an die Mitglieder, den Februar 1967).
22) Ebenda.
23) Unser Tagebuch, in: Archiv der Gedenk- und Bildungsstätte Haus der Wannsee-Konferenz.
※ヴァンゼー会議記念館文書館の史料には史料整理番号は付けられていない。
24) Schriftsteller Wulf zum geplanten NS-Dokumentationszentrum. Nicht auf Kosten der Schulkinder, in: Kurier (Berlin), 11. 10. 1966 (in: Brief von IDZ an die Mitglieder, den Februar 1967).
25) Am Großen Wannsee 56/58. Ein Haus und seine Geschichte (Reihe "Vergangenheit und Gegenwart"), in: RIAS-Berlin, 1./2. 2. 1967 (in: Brief von IDZ an die Mitglieder, den Februar 1967).
26) Rachedenkmal statt Kinderheim. Ein neues Haus des Hasses in Berlin, in: Deutsche Wochenzeitung (Hannover), 4. 11. 1966 (in: Brief von IDZ an die Mitglieder, den Februar 1967).
27) Nazi-Dokumente wichtiger als Arbeiterkinder? in: Deutsche National-Zeitung und Soldaten-Zeitung (München), 6. 1. 1967 (in: Brief von IDZ an die Mitglieder, den Februar 1967).
28) Neukölln kündigt "Strauß" um Wannsee-Schullandheim an (wie Anm. 20).
29) Brief von Joseph Wulf an Nahum Goldman, den 23. Oktober 1966, in: Zentralarchiv zur Erforschung der Geschichte der Juden in Deutschland (künftig: ZAGJD) B. 2/1 880 (Nr. 68).

30) Broder, Henryk M.: „ ... in den Wind gesprochen". Das Leben und Sterben des jüdischen Historikers Joseph Wulf, in: Journal für Geschichte Jg. 3, Heft6（1981）, S. 45.
31) Internationales Dokumentationszentrum zur Erforschung des Nationalsozialismus und seiner Folgeerscheinungen e. V., Bericht des Vorstandes über die Zeit vom 21. Oktober 1967 bis zum 22. September 1971（künftig: Bericht des Vorstandes）, in: ZAGJD B. 2/1 881（Nr. 58）.
32) Brief von Friedlich Domeyer an Joseph Wulf, den 4. Dezember 1967, in: ZAGJD B. 2/1 817（Nr. 62）.
33) Brief von die regierende Bürgermeister von Berin an das Direktorium des IDZ, den 20. Dezember 1967.（http://www.ghwk.de/ghwk/deut/hausgeschichte/regbm_1966.pdf）（2017/5/30最終閲覧）
34) Bericht des Vorstandes, in: ZAGJD B. 2/1 881（Nr. 59）.
35) Brief von Joseph Wulf an Nahum Goldmann, den 31. Mai 1968, in: ZAGJD B. 2/1 879（Nr. 46）.
36) Brief von Joseph Wulf an Nahum Goldmann, den 1. Juli 1968, in: ZAGJD B. 2/1 879（Nr. 41）.
37) Kempter, Klaus: a. a. O.
38) Brief von Josepf Wulf an Hanns-Peter Herz, den 30. August 1968, in: ZAGJD B. 2/1 882（Nr. 46）.
39) Kompromiss mit dem Berliner Senat, in: Der Aufbau（New York）, 6. 9. 1968.（http://www.ghwk.de/ghwk/deut/hausgeschichte/aufbau_6-09-1968.pdf）（2017/5/30最終閲覧）
40) Kempter, Klaus: a. a. O., S. 348f.
41) Bericht des Vorstandes, in: ZAGJD B. 2/1 881（Nr. 60-61）.
42) Brief von Joseph Wulf an Nahum Goldmann, den 28. März 1973, in: ZAGJD B. 2/1 879（Nr. 1）.
43) Brief von Joseph Wulf an Nahum Goldmann, den 14. März 1973, in: ZAGJD B. 2/1 880（Nr. 19）.
44) Bezirksamt Neukölln（Hg.）: Neuköllner Jahrbücher 1968, S. 18, Neuköllner Jahrbücher 1969, S. 19, Neuköllner Jahrbücher 1970, S. 23, Neuköllner Jahrbücher 1971, S. 20.
45) J. コッカ著、松葉正文・山井敏章訳、前掲書、85-89頁。N. フライ著、福永美和子訳「持続する学習プロセス―1945年から今日までのドイツの想起政策―」佐藤健生・N. フライ編『過ぎ去らぬ過去との取り組み―日本とドイツ―』岩波書店、2011年、108-110頁、など参照。
46) Endlich, Stefanie/ Lutz, Thomas: a. a. O., S. 46.
47) Haus der Wannsee-Konferenz wird endgültig Gedenkstätte, in: Der Tagesspiegel（Berlin）, 2. 9. 1986.（http://www.ghwk.de/ghwk/deut/hausgeschichte/tagesspiegel_02-09-1986.pdf）（2017/5/30最終閲覧）
48) Schieder, Hannes: Das unfaßbare fassen! Grundschüler am Ort der sogenannten Endlösung, in: Berliner Lehrerzeitung（1988）3/4, S. 16.
49) Ebenda.

＊写真１～写真６はいずれもヴァンゼー会議記念館文書館所蔵

〔謝辞〕
　史料を閲覧・入手させて頂くと共に貴重なご示唆を頂いた、ヴァンゼー会議記念館のM. ハウプト氏とドイツにおけるユダヤ人の歴史の研究に関する中央文書館のM. プロイス氏に心から感謝申し上げる。

〔付記〕
　本研究はJSPS科研費（課題番号：15K17343）の助成を受けたものである。

Research on the *Schullandheim* of Neukölln in West Berlin:
The Continuation of the Wannsee Villa as a "Place of Education" in Divided Germany

EGASHIRA Tomohiro (Nagoya University)

On January 20, 1942, the Nazis held the Wannsee Conference at Wannsee Villa. Wannsee Villa now serves as the House of the Wannsee Conference Memorial and Education Site, but it was used as a *Schullandheim* (school rural study center) for the Neukölln District from 1952 to 1988. The present paper aims to clarify the history of that *Schullandheim* from the viewpoint of pedagogy.

This paper focuses on the following three stages:

In the first stage, the establishment of the *Schullandheim* was eagerly desired to provide a good educational environment for students, rich in nature. However, no thought was given to the victims of the Holocaust in the establishment of the *Schullandheim*.

In the second stage from the late 1960's to the early 1970's, Jewish-historian Joseph Wulf requested to convert the Wannsee Villa into an "International Document Center for Research on National Socialism and its After-effects," thus attracting global attention on Wannsee Villa's use as a *Schullandheim*. Wulf's request generated an intense debate about *Schullandheim*. However, the happy experiences of students at the *Schullandheim* made it difficult to establish the Document Center, and the City of West Berlin was firmly opposed to Wulf's request. In response, Wulf insisted that if Wannsee Villa continued as a *Schullandheim*, students must learn about the Wannsee Conference during their stay. His insistence was not realized at the time, but Wulf's demands paved the way for future changes.

The third stage, in the 1980's, reflected a change in the popular recognition of the past events, leading to the removal of the *Schullandheim* and the establishment of House of the Wannsee Conference Memorial and Education Site. Prior to that, however, the *Schullandheim* began to teach students about the Wannsee Conference.

20世紀転換期イギリスにおける学校医療サービスの発展
―ロンドン学校診療所の活動に注目して―

増 田 圭 佑（広島大学・大学院生）

はじめに

　本稿の目的は、20世紀転換期イギリスにおける学校医療サービスの発展において、公営基礎学校に在籍する児童に医療処置を提供する1つの柱として機能したロンドンの学校診療所——ノーウッド児童治療センターとワンズワース児童治療センター——を手掛かりに、診療所の運営委員会が診療所を運営するなかで生じた課題とその課題に対してどのように対応しようとしたのかを明らかにすることである。

　20世紀初頭イギリスは、1906年に自由党政府が政権を獲得し、それまでのレッセ・フェール体制からニュー・リベラリズムへと国家介入的な政策を進めた。1908年老齢年金法や1911年国民保険法の成立が示すように、20世紀初頭イギリスは国家干渉的な政策を開始し始めるが、自由党政府のこれらの福祉改革の初端は、1906年学校給食法、1907年教育法（健康・体位診断）、1908年児童法といった一連の児童福祉立法であるとされている[1]。子ども史研究においても、19世紀後半から20世紀前半に、児童が「保護すべき」対象と見なされたことが示され[2]、近年の研究でも、「子どもの医療化（medicalization）」[3]というテーマでこれらの研究を位置づけようとする研究が蓄積されている。

　さらに、このような研究動向に加えて、本稿が対象とするような教育の衛生・医療化の発展過程を描いた研究は、近年でも広く研究されている。例えば、R・メッケルは、19世紀後半から20世紀初頭アメリカの学校保健サービスの史的展開を、主に都市部の学校に注目しながら詳細に検討しており[4]、梅原は19世紀から20世紀初頭ドイツの学校衛生が「学校の衛生」から「生徒の衛生」へと変化していき、生徒の衛生がどのように実践されたのかを明らかにしている[5]。これらの研究が示すように、子どもの健康に関する問題は学校の衛生や教育の医療化と密接に結びつけられている。しかし両者の研究は、医療検査を経て治療提供が行われたことについて明らかにしているが、それが実際に現場のレベルで具体的にどのように実施されたのかについて詳細に明らかにされていない。

　本稿は1907年教育法（健康・体位診断）の法制化が契機となって設立された学校医療サービスの発展に注目する。ここで扱う学校医療サービスは、公営基礎学校に在籍する児童へ体位測定や健康診断を提供する医療検査と、地方病院や学校診療所などの治療機関を介して行われた治療提供を指している。検査と治療というこの2つのサービスは、1908年以降全国的に展開されるが、一般的に治療提供は医療検査が普及した後で段階的に展開されていった。ここでの「サービス」は、学校児童の体位状況や健康状態を改善するための様々な医療事業を示している。

　学校医療サービスの萌芽的研究とされているのは、B・ギルバートの研究である。彼はイギリスにおける福祉国家の展開を描くために、イギリスの国民保険の発展に注目している。彼の主張は、学校児童の学校給食や健康・体位診断によって、国家が「社会の最も無力な階級であり、もっとも価値ある人材である子どもたちのために、役目を果たしていた」[6]ことであった。けれども、

彼が描いた学校医療サービスの発展過程はそれ以降、主に3つの博士論文によって批判・修正された[7]。それらの研究は、近年の学校医療サービスの新たな側面を描いている[8]。

しかしながら、これらの研究は1907年教育法（健康・体位診断）の立法審議過程を再検討することに終始し[9]、実際に学校医療サービスとして検査が行われる過程の中で、問題とされた治療提供の側面までは十分に描いてこなかった。これらの新たな研究の中でも、ハーストの研究は学校医療検査から治療提供を対象としており、地方病院と学校診療所という治療提供の2つの柱があったことを指摘している。そこで生じた課題は後述するように、地方病院による治療提供は、地理的な条件や治療が与えられる人数など限られていたことであった。ハーストは主にこれらの課題が要因となり、地方病院に通う児童や親にとって大きな弊害を引き起こしていたと主張した。

ハーストはこれらの2つの治療提供の場を、ロンドンの治療提供事業を主に管轄していた児童ケア小委員会の史料から「ロンドンでは、一部の親たちは困惑しながら設立初期の治療センターを利用しており、これらの新しく、聞き慣れないセンターに対する親たちの信頼は、伝統的な病院の外来部門よりも薄かった」[10]と評価している。けれどもハーストは学校診療所の運営実態にまで十分に検討しているわけではなく、そこでどのような課題が生じており、親たちがそのような学校診療所をどのように受け入れたのか、あるいは受け入れなかったのかについて詳細な検討を行っていない。ハーストに限らず、学校医療サービスの柱の1つとして学校診療所が常に言及されているにもかかわらず、この学校診療所の実態について、一次史料を用いて研究されたものは管見の限り見当たらない。

したがって、本研究はこれらの新たな研究が十分に検討してこなかった、治療提供の1つの柱として機能したロンドンの学校診療所—ノーウッド児童治療センターとワンズワース児童治療センター—に注目する。そこで実際に行われた治療提供の運営はどのように行われていたのか、さらにそこで生まれた課題やそれに対してどのような対応を行ったのかを明らかにする。

分析対象とする史料は、ノーウッド児童治療センターとワンズワース児童治療センターやロンドン市議会内部にある児童ケア中央小委員会の議事録、書簡、レポートなどである[11]。2つの診療所はそれぞれ運営委員会を組織しており、その委員会が窓口となり、ロンドン市議会や教育院などと書簡や通達などを用いて相互に関係を結んでいた。これら2つの診療所はロンドンにおける学校診療所の事業において、比較的早期にこの構想が実現した地域であり、これらの診療所を分析対象とすることで、学校診療所の事業の実態を探ることが可能となる。

次節以降では、学校医療サービスにおける1907年教育法（健康・体位診断）から治療提供サービスまでの発展過程を検討し、実際に行われた学校診療所の事業がどのような運営を行い、またどのような課題が生じていたのかを明らかにする。

1. 学校医療サービスの発展過程—医療検査導入から治療提供へ—

1907年教育法（健康・体位診断）を契機に設立された学校医療サービスによって、すでに述べたように、各地方教育当局に「公営基礎学校に在籍する児童に医療検査を提供するための運営を行う義務と、児童らの健康状態や体位状況に対応するための方策をとる権限」が与えられた[12]。その実施は、学校児童の公営基礎学校に入学時や入学前に、あるいは教育院や地方教育当局が設ける別の機会で行われた。1909年までに医療検査事業は、「328の当局のうち307の当局で設立」され[13]、これらの事業は全国的に普及した。これらの事業で一般的に検査されたのは、学校児童の体位測定—身長、体重、座高—と虫歯や視力検査、そして扁桃腺の検査などであった[14]。

I 研究論文

　学校医療検査導入をふくめた20世紀初頭の児童福祉改革は、ボーア戦争を契機とした国民の体位低下に関する議論やフェビアン協会や自由帝国主義者たちが主導した国民効率運動、優生思想などがその背景にあるとされている。医療検査の問題について、大衆の注目を最初に集めた団体は1903年に王立委員会によって設立された『身体訓練に関する王立委員会（The Royal Commission on Physical Training (Scotland)）』であった[15]。さらに同年に組織された『体位低下に関する部局間合同委員会（Inter-Departmental Committee on Physical Deterioration）』の発足は、現実的な学校医療検査構想の導入を勧告した。その勧告の1つには、学校児童への学校給食や医療検査が含まれており、ハリスによれば、「同時代的な体位低下に関する議論が果たした貢献は、公衆衛生の問題点について個人に対する重要性を認識させたことと、健康サービスに関する政策の幅広い政策基盤を築いた」[16]点で、公衆衛生や健康サービスの重要な原動力となった。

　学校医療検査が1908年以降から、全国的に拡大し始めると、そこには大きな課題が認識され始めた。1つは、労働組合や社会主義団体による治療提供の要求であり、もう1つは学校出席に適さない児童（伝染病など）の存在を明らかにしたことであった[17]。さらに重要なことは、親が検査によって児童の病気を知ったとしても、治療を行おうとしなかったことにある。ハーストの研究では一部の学校医官が、「親の無知や無関心によって、治療を得ようとする者たちの割合が低いこと」[18]を指摘し、実際に「ウエスト・サセックスでは、病気が明るみとなった1,804人の児童のうち639人しか治療を受けていない」[19]ことなどが学校医官によって報告され始めていた。

　したがって、地方教育当局によって任意とされていた治療提供に対して、全国的に地方当局が治療提供事業に取り組み始めた。教育院は1908年8月の回状596の中で、「学校看護婦の利用、眼鏡の提供や地方病院の利用や学校診療所」[20]を提案しているように、親の指導や衛生当局との協力などとともに治療提供の方法に言及し始めた。教育院は当初、地方教育当局と地方病院が契約を結び、病院の外来部門で児童患者を受け入れるシステムを採用した。しかしながら地方病院の外来部門で児童患者を受け入れたとしても、すべての児童に治療を与えることは困難であり、特に地理的要因による地方病院までのアクセスの便宜性という点においても、地方病院による治療提供ではこの事業を全体的に対処することが困難であった[21]。

　地方病院で主に問題となった、アクセスの便宜性や治療提供者の制限といった困難は、新たな課題を生じさせた。それは主にこれらの困難を理由に、親や児童が治療を拒否することであった。ハーストは「地方病院を運営する問題は、学校で行われた医療検査後に、多くの児童が病院の外来部門で治療を受けなかったことである。複雑な病院システムは、学校児童に治療を提供するまでに大幅な時間を費やすと同時に、病院が児童患者の受け入れを想定していないときに、誤って患者が診察に来ることもあり、予定患者数以上の患者が通院することもあった。そのような病院治療が行われたときに、通院を中断する児童が見られた」[22]と主張するように、治療を止めてしまう場合が見られた。したがってこのような地方病院による医療提供の不十分さを認識していた教育院は、学校診療所の設立によってこの問題を対処しようと試みた。

　1908年の教育院による回状は、当初地方病院の提案で補えない場合に、学校診療所の設立を促した。同年にヨークシャー地方のブラッドフォードで初めて学校診療所が開業された。ハリスは「1910年に設置された、ブラッドフォードの診療所は、待合室、事務室、職員室、細菌研究室、エックス線室、歯科治療室、看護婦の部屋、そして治療室などを含めた、1階にある10部屋から構成されており、眼科診療所としても使われた部屋もあった。その診療所は、視力欠陥、眼科に関わる疾病、白癬症（タニシ）、しらみ寄生症、皮膚病、耳漏、虫歯やダニなどの症状を抱えた児童に治療を提供した」[23]ことを指摘している。この事業は全国的に拡大してゆき、ロンドンにおい

ても「1910年のおわりに、17の学校診療所が開業していたが、1919年までに同様の学校診療所は57にまで拡大」[24]していた。

しかしながら、このような学校診療所の活動は、これまでその実態にまで十分に注目されておらず、そのような活動を通して、どのような課題が生じたのかは明らかにされていない。次節以降ではおよそ1910年代にロンドンで開業されたノーウッド児童治療センターとワンズワース児童治療センターの2つの学校診療所の事業を手掛かりに、学校診療所の活動実態とそこで生じた課題、さらにはその課題をどのように対処しようとしたのかを検討する。

2．ロンドン学校診療所の運営実態―ノーウッド・ワンズワース児童治療センターを手掛かりに―

本稿は学校診療所を検討するために、ロンドンで開業された2つのセンターに注目する。ハーストが「イギリスで、もっとも規模の大きい教育当局であるロンドン市議会は、そのほかの教育当局の教育的な活動に大きな影響を及ぼし、学校衛生に関するシステムにも影響を与えた」[25]と主張するように、学校衛生においても影響力が強かった。そのロンドンで比較的早期に学校診療所を導入したのがノーウッドとワンズワースのセンターであった。それぞれの児童治療センターはどのように運営されていたのだろうか。端的に言えば、それぞれのセンターはロンドン市議会の児童ケア小委員会と連携して、診療所の医師たちによる運営委員会[26]を組織した。2つの運営委員会のメンバーは、地方の一般開業医から選出されており、ノーウッド児童治療センターは1910年9月23日に開かれ、ワンズワース児童治療センターは、1911年1月23日に開始した。

以下、それぞれのセンターの運営状況を具体的に見ていく。1910年9月23日から1911年12月31日まで、ノーウッド児童治療センターは眼科、耳鼻・咽喉科、皮膚科（主に白癬症治療）の診療科を設けていた。そこに配置されたそれぞれの医師は、眼科に2人、耳鼻・咽喉科に3～4人（そのうち麻酔科医が1～2人）、皮膚科に2人であった[27]。その一方で、ワンズワース児童治療センターは1911年1月23日から1911年6月14日まで、その診療科は眼科と耳鼻・咽喉科の2つであった。同様に配置された医師は、眼科に3人と耳鼻・咽喉科に4人（そのうち麻酔科医が2人）であった[28]。

2つのセンターに設けられた診療科は、眼科、耳鼻・咽喉科の2つであり、ノーウッドではこれらの診療科に加えて、皮膚科も設けていた。さらに2つのセンターでは、その後新しい診療科として歯科を開設している[29]。それぞれの診療科に配置された人数は、診療科によって人数は異なるが、麻酔医も含めて、総じておよそ7～8人の医師を配置していた。2つの診療所の医師たちはそれぞれ、午後の時間帯（およそ2時間から3時間ほど）に診察を行っており、開業される診療科は曜日ごとに、異なっていた。例えばノーウッドでは、皮膚科は火曜日と水曜日に開業され、眼科は月曜日と火曜日に、そして耳鼻・咽喉科は金曜日に開業されていた[30]。2つのセンターは、それぞれの運営委員会とロンドン市議会が契約を結ぶことで、治療提供可能な人数の設定、運営費や人件費などを調整していた。

それぞれのセンターで採用された医師たちは、ロンドン市議会から年給£50が支払われており、正式な資格が認められた一般開業医が、ロンドン市議会の権限によって採用されていた。例えばワンズワース児童治療センターでは、以下のような手順に従って、医師が採用されていた。

医師は次のような手順に従って選出される。

(a) ワンズワース（ストリートハムを除く）地区在住の開業医は、1年ごとに通知状が送ら

Ⅰ　研究論文

れる。彼らが診療所の職員となることを望む場合、期日までに、その医師は職員採用に関わる申請の準備を行う。その申請書に、申請者は経験年数や資格などを記入する。
（b）その後受理された申請書の合計数が不足している場合、住宅委員会が定めたワンズワース以外の地区の開業医からも、その申請書の受理が認められる。
（c）その申請が適切であると判断される場合に限り、申請者は1年の期限付きでセンターの医師として採用される。
（d）適切な申請書が受理された場合、その医師を採用する特別委員会は、ワンズワース選挙区に在住しない住宅委員会のメンバーによって組織される。
（e）最終選考は、ロンドン市議会の教育局医務官（Medical Officer（Education））に委ねられる。
（f）採用された医師は1年の期限付きで採用されるが、同じ医師の再選出も認められている。次年度以降に適切な申請が受理され、その申請者が適任であると判断された場合、以前採用された開業医よりも、未採用の開業医が優先的に採用される[31]。

　ワンズワース（ストリートハムを除く）地区に在住し、そこで開業している医師が基本的に採用されたが、申請者数が不足している場合は、ワンズワース地区以外からもセンターの医師を採用することも認められていた。しかし選考の最終的な判断はロンドン市議会の教育局医務官に委ねられていた。さらに、選出時に未採用の開業医が優先的に採用されるという点からも、このような機会が広く開業医たちに開かれていたことがわかる。
　センターで使用する機材費や設備費、人件費などはそのほとんどが市議会によって支払われていたために、その機材や設備などはロンドン市議会に所有権があった。それぞれのセンターで採用されていた看護婦も市議会によって、採用されていた。したがって、運営費や設備費などが不足する場合、それぞれのセンターは市議会と交渉して必要経費を確保しなければならなかった。すなわち、市議会と2つのセンターは、相互に連携してこの事業に関わり合っていた。次節では、これらのセンターが実際に運営されていく中で、だれがこのような事業に関わり、そこではどういった課題が生まれていたのかを明らかにする。

3．学校診療所に関わる人々とそこで生じた課題―治療を望む親／拒否する親の姿―

　2つの児童治療センターは学校児童の治療センターとして、学校や親、市議会とどのように関わっていたのだろうか。学校とセンターの関係に目を向けると、そこには学校への出席の可否に医師たちが関わっていたことがわかる。1910年11月4日にロンドン市議会とノーウッド一般医委員会との間で結ばれた、ノーウッド児童治療センターに関する契約書の第10項には、学校児童の健康状態を考慮して、医師が出席に適しているかどうかを判断しなければならないと規定されている。

　　学校で実施される医療検査後に、その児童の健康状態や病気の症状がセンターで行われる治療に適していない場合、委員会はその患者の診察を受け入れなくてもよい。協会は（市議会が要求する場合に）治療過程の段階で、センターに通院する児童の健康状態が出席に適しているかどうかを認めなければならない[32]。

　さらに、1911年3月28日から半年間のノーウッド児童治療センターの活動に関するレポートでは、皮膚科で実際に通院した児童に対して、センターの担当医が復学のための証明書を提出しな

ければならなかったことが報告されている。

> 2人の医師は火曜日と水曜日それぞれ午後に診察を行う。彼らは約3時間の間に、エックス線装置を使って、2人を治療することができる。彼らは初診の患者をまず触診で診察し、翌週の診察までに、児童の頭皮を治療に適した状態にしておくために、親たちに適切な洗髪や散髪の方法などを指導する。翌週に、その担当医はその児童の頭皮に通常5回ほどエックス線治療を施し、その児童はおよそ3週間後か、あるいは医師が完治したと判断するまで、検査のために再診するように指導される。その担当医はその児童が学校に復学するための証明書を親に提供しなければならない[33]。

通院した児童が出席に適していると医師によって判断されない場合、彼らは学校に復学することができなかった。すなわち、学校で実施される医療検査で健康状態に異常が発見されることは、学校児童が通学に適していると医師に認められるまで、通学が停止されることを意味した。

しかし、健康状態に異常が見られた児童の情報は、センターの医師と親、そして学校の間だけで共有されていたわけではなかった。ワンズワース児童治療センターの場合、児童に治療が提供されるまでに、児童ケア小委員会も健康状態に異常が見られた児童の情報を把握し、親や学校、そしてワンズワース治療センターとの仲介者としての役割を果たしていた。

1. 各学校で実施される医療検査後に、児童の健康状態に異常が発見された場合、ケア委員会はその親に児童の健康状態の詳細と「あなたには医学的指導が必要です」と書かれたカード①を提供する。
2. その児童が一般開業医の下で診察を受けようとする場合、その医師は児童に適切な処置を施す。親あるいはその児童の保護者が必要な治療費を支払うことができれば、医師はそのカード①にその児童が診察中であることを記入する。その親は児童が通う学校の学校長の下にそのカードを返却する。
3. 親が学校長に治療費を支払うことができないと申告する場合や、治療中であると書かれたカードが期日までにケア委員会の下に返却されない場合、ケア委員会は親たちの家庭状況が一般開業医の治療費を支払うことができないかを判断するために、必要な措置をとる。
4. その必要な措置とは、児童の家庭調査を実施することやその親をケア委員会の前に出頭させることである。
5. 親が一般開業医の治療費を支払う余裕があると判断された場合、ケア委員会はロンドン市議会の教育局にその旨を伝え、親たちに必要な医療処置を児童に受けさせる措置をとる。
6. 親が一般開業医の治療費を支払う余裕がないと判断された場合、ケア委員会はセンターで治療を受ける許可が与えられるカード②を親に発行する。学校視学官（学務委員会）はその児童の名前と住所を確認後、親に診察日と時間を提案する。同時にケア委員会はセンターで請求される治療費を親に提案し、その金額を決定する[34]。

児童ケア小委員会は、児童の健康状態に異常が発見されたことを親に伝えるために、委員会が発行するカードを使って情報を共有していた。ほとんどの児童治療センターは治療費を親に請求し

ていたが、ワンズワース地区では、児童ケア委員会によって一般開業医の下で支払いが難しいと判断された親は、一般開業医が請求する治療費よりも安価で、センターの治療を得ることができた。児童ケア小委員会は、健康状態に異常が見られる児童に治療を提供させるために、学校と親、そしてセンターとの間で情報を共有する仲介者としての役割を果たしていた。

2つの治療センターに共通していたことは、子どもに対する直接的な治療提供の試みを行うのではなく、親を介して児童に治療を提供することが重視されていた点である。すなわち2つの治療センターは、治療を得るために、親を同行させることを条件としていた。ノーウッドと市議会との間で結ばれた契約書の第9項には以下のように規定されている。

> 市議会はセンターに送られた児童が親、保護者やそれ以外の責任がある者によって同行されなければならないことに同意する。協会は治療時に与えられる処方箋を、児童本人かその親や保護者、あるいはそれ以外の責任がある者以外に提供してはならない[35]。

したがって、センターの治療を得るためには、親やそれに相応する者が同行しなければならず、児童だけではなく親もセンターに通うことを強いられた。

学校やケア委員会、あるいは診療所の職員らが「健康状態に異常が見られる児童に治療を提供する」ために相互に関与していたことを述べてきたが、その中で親はどれほど学校診療所に児童を通わせていたのだろうか。表1は2つのセンターで、治療提供可能な人数と実際に診察した患者数を示している[36]。

表1 ノーウッドとワンズワース児童治療センターの治療提供可能な人数と診察した患者数[37]

センター	期間	治療提供可能な人数			実際に診察した数		
		眼科	耳鼻・咽喉科	皮膚科	眼科	耳鼻・咽喉科	皮膚科
ノーウッド	1910年9月29日～1911年3月31日	400	250	100	301	242	57
ワンズワース	1911年1月22日～4月22日	225	125		211	186	
合計		625	365	100	512	428	57

各診療科の治療提供可能な人数に対して、2つのセンターの診療科では皮膚科を除いて、ほぼ4分の3以上の患者がセンターに通院していた。とりわけ、ワンズワースの耳鼻・咽喉科では、治療提供可能な人数が125人であるのに対し、それを上回る186人の患者に対応していた。さらに表2は2つの診療所で完治するまで通院した児童数と、診察を中断した児童数を示している[38]。

完治する前に診察を中断した児童数に目を向けると、ノーウッドはほとんどの児童が通院し、ワンズワースでは、およそ5分の4の児童が完治するまでセンターに通院していた。すなわち、非常に多くの児童がセンターで治療を受けていたことがわかる。同時に注目すべきはとりわけワンズワースで見られた残りの5分の1の診察を中断した児童である。これは、このような治療提供の機会を拒否する親たちが少なからず存在したことを意味する。

表2 ノーウッドとワンズワース児童治療センターで、完治するまで通院した児童数と診察を中断した児童数

センター	期間	完治するまで、通院した患者数			完治する前に、診察を中断した数		
		眼科	耳鼻・咽喉科	皮膚科	眼科	耳鼻・咽喉科	皮膚科
ノーウッド	1910年9月29日～1911年3月31日	300	236	57	1	6	
ワンズワース	1911年1月22日～4月22日	198	152		13	34	
合計		498	388	57	14	42	

診察を拒否する親たちについて、児童ケア小委員会は1911年10月12日の議事録において上の表1と表2の結果と照らして以下のように評価している。

> センターによって供給されている地域はノーウッドセンターよりも規模の広い貧困地区となっており、耳漏に罹っている児童数や診察を中断した児童数がノーウッドのセンターよりもワンズワースの方が多いことは、ワンズワース地区が貧困地区であるからでしょう。事務官は一部の児童には、親たちが治療に対して、真剣にそして規則正しく、医師から指導されたことを実行しないと述べております。現在、これらの患者の一部は毎日センターで治療されており、それ以外の者たちはランヤード看護婦協会や南ロンドン地区看護協会の看護婦によって自宅で治療されています[39]。

　ノーウッド児童治療センターよりもワンズワース児童治療センターが治療を中断する児童が多いことに関して、児童ケア小委員会の見解は、ノーウッド地区よりもワンズワース地区の方が貧困地区であることであった。すなわち、児童ケア小委員会は貧困地区に居住する親たちが貧困であるために、治療の継続ができないと捉えていた。さらに重要なことは、治療に来ない児童に対してセンター以外の組織が関与したことである。ランヤード看護協会や南ロンドン地区看護協会といった組織が、ワンズワース児童治療センターと連携して、治療提供の事業に関与していた。
　しかしながら、市議会や学校診療所もこのような治療を拒否する親たちの存在に対応しなかったわけではない。彼らはこの問題を治療センターに従事している看護婦たちのフォローイングアップ事業によって解決を試みた。1911年7月4日の児童ケア小委員会の議事録には、パートタイムで雇用されていた看護婦をフルタイムで雇用するという結論に至ったことを報告している。

> ノーウッドとワンズワースのセンターは、治療を提供する医師たちをサポートするために、週6日の半日勤務で公衆衛生局の教育部門で雇用される看護婦を利用している。ケア委員会はその看護婦が家庭治療を必要とする児童やセンターの診察予定日に通院しない児童についての情報を、児童ケア学校委員会に提供することで医師たちをサポートし、児童の診察数を管理するために、フルタイムの時間で勤務するという結論となった。看護婦は適切な児童数の把握に必要なバウチャー・カードを発行するために毎朝、センターに勤務する。さらに、医師によって決められた診察日に通院しない児童の名前をケア委員会に通知すること、ケア委員会に家庭治療について医師の指導内容を伝えること、ケア委員会の職員に情報を提供すること、地区監督官に毎日、親から治療費を徴収するため、センターに通う児童の名前を通知すること、センターに通う児童数を週ごとに教育局の職員に通知し、治療結果の記録を保管することが看護婦のセンターにおける一般的な職務となる。彼女らは午後に行われる医師たちの診察のサポートも実施する[40]。

　フルタイムで雇用された看護婦は、センターの診察予定日に通院しない児童や診察を中断した児童の情報を共有すること、適切な児童数を把握するためのバウチャー・カードの作成、そして家庭治療についての指導内容をケア委員会に伝えることなどが求められた。それらはフォローイングアップと呼ばれ、診察予定日に診察に来ない児童や診察を拒否した親たちに対応するために看護婦がフルタイムで雇用された。
　児童ケア委員会は学校と親、そして学校診療所のそれぞれの間で、児童たちの健康状態に関す

Ⅰ 研究論文

る情報を収集し、だれが健康状態に異常があるのか、あるいは誰が治療を受けていないのかなどといった、学校児童たちの健康状態を把握した。彼らが学校と親、そして学校診療所の仲介者として機能することで、学校、学校診療所やそれ以外の組織といったアクターが児童治療センターの治療に関与することを可能にしたのであった。

おわりに

　以上のように、1907年教育法（健康・体位診断）の導入後に設立された学校医療サービスの発展において、治療提供の１つの柱として機能した学校診療所は、ロンドン市議会と契約を結び、健康状態に異常が見られる学校児童に治療を提供することができた。そこで従事した医師たちは、近隣に居住する一般開業医であり、主に設けられた診療科は眼科、耳鼻・咽喉科、皮膚科や歯科であった。２つの学校診療所に通院した児童は、前節の表１の結果が示すように、1910年９月から1911年４月の間で、少なくともおよそ1,000人であった。

　健康状態に異常が見られる児童に出席を抑制する診療所の医師や、治療を支払うことができないことを伝える窓口としての学校長、ランヤード看護協会や南ロンドン地区看護協会といったその他の看護協会、そしてこれらの仲介者として機能していた児童ケア小委員会の職員といった、様々なアクターが学校医療サービスを実施するために、アクター同士の関係性を構築していた。近年の教育史研究において注目されている「福祉の複合体」論に依拠すれば、まさにこのような学校診療所で行われていた活動は、様々なアクターが児童の福祉供給の実態を支えていた姿であった。それは広田・橋本・岩下編『福祉国家と教育』第３部で姉川が主張するように、多様なアクターの複合性や多層性の「有無」を示すだけではなく、その関係性について言及することが重要であり[41]、本稿で明らかにした学校診療所の活動は、まさにアクター同士が複合的に関係しあい、動態的な構造を形成したものであった。

　けれどもこの事業にはいくつかの課題が見られた。特にそこで問題とされたのは、治療提供を拒否する親たちの姿であった。それでも２つの診療所の治療提供は、ロンドン市議会を満足させる結果と捉えられ、さらなる事業の定着が期待された。これらの課題を克服するために期待されていた者たちこそ、看護婦であった。彼女らはこのような診察に応じない親や子どもの家庭を把握し、医師からの家庭治療の助言を提供し、ケア委員会と学校診療所の間で診察に応じない子どもについての情報を交換する役目を担っていた。

　これらの２つの学校診療所は、実際に親たちにどのように映っていたのだろうか。すでに述べたように、ハーストは学校診療所が地方病院に比べて親たちにとって信頼されていなかったと評価しているが、前節の表１と表２で示した２つのセンターの利用状況を踏まえると、問題とされた親たちは学校診療所を、市議会の予想を上回って、利用していたことがわかる。つまり、学校診療所は親たちにとって広く受け入れられ、その治療提供の場として認められていたと捉えることができるのではないだろうか。ではなぜ２つのセンターに通う親たちは学校診療所を広く利用していたのだろうか。仮説的ではあるが、それは地方病院と学校診療所が抱えた課題が異なっていたことにある。しかし、この仮説は表１と表２のデータだけを検討しているため、当該地域の学校数や児童数や人口数といった要素を検討対象にしていない。そのため、現時点では非常に断片的な仮説となっている。

　ハーストは地方病院の課題を、病院から自宅まで非常に距離がある親たちにとって、地理的条件によって治療提供の困難さが生じていたことや、病院の外来で児童患者を受け入れていたこと

で、すべての児童が治療を獲得することができなかったと解釈している。つまり病院の課題は病院システムがその主な原因であった。その一方で、本稿が明らかにしたように、学校診療所は地理的要因や患者数の制限といった理由から、親たちが治療を拒否、あるいは中断するのではなく、市議会や学校診療所はこのような課題を、親たち自身に原因があると捉えていた。実際にこれらのセンターを利用した親たちの実態に関しては、まだ多くの課題が残されているが、システムによる障害がほとんど見られなかった学校診療所は、診療所の利用時に必要とされた親の同伴や平日の午後に通院することができれば、親たちのほとんどが利用することができた。このようなローカルに根付いた診療所の活動が親に受け入れられたのではないだろうか。

註

1) Bernard Harris, *The origins of the British welfare state: society, state, and social welfare in England and Wales*, New York: Palgrave Macmillan, 2004, p.157
2) Harry Hendrick, *Children, childhood and English society 1880-1990*, Cambridge: Cambridge University Press, 1997, pp.14-15.
3) R・クーターが編纂した研究は、子どもの医療化を「1880年に、児童の健康や福祉はまだ、医療化されたわけではなかったが、代わりにそれは、子どもという理想化に集結した関心となった。しかし1920年代までに、児童の健康や福祉は、医療化されただけではなく、一般的に健康や福祉の分野で、国家の役割を拡大する力強い論拠としての役目を果たしていた」と説明している。Roger Cooter, Introduction in: Roger Cooter (eds.) *In the name of the child-health and welfare 1880-1940*, pp.1-18, London and NewYork: Routledge, 1992, p.12.
4) Richard Meckel, *Classrooms and clinics: urban schools and the protection and promotion of child health, 1870-1930*, New Brunswick, New Jersey, and London: Rutgers University Press, 2013, pp.128-156.
5) 梅原秀元「健康な子どもと健康な学校―19世紀から20世紀初頭におけるドイツの学校衛生の歴史研究をめぐって―」『三田学会雑誌』慶応義塾経済学会、2015年、108巻1号、71～95頁。
6) Bentley B Gilbert, *The evolution of national insurance of Great Britain-the origins of the welfare state*, London: Michael Joseph Limited, 1966, p.157.
7) 1980年代後半から1990年代にかけて発表された研究はD・ハート(1981)、B・ハリス(1988)、J・ウェルシュマン(1990) らの研究である。
8) ハリスは学校医療サービスの発展を学校医療検査の導入に注目し、1945年までの幅広いスパンの発展史を描いた。ハーストは1920年代までの学校医療サービスの発展を治療提供も含めてその発展過程を描いている。ウェルシュマンは主に身体訓練に関わる議論に注目して、学校医療サービスの発展を描いている。
9) 例えば、ハリスはギルバートの主張を以下の5つの点に要約している。それは「(1)政府は1906年法案が導入されたとき、それが医療検査の条項を含めなかったこと、(2)政府はその後、医療検査の運営を行う権限を地方当局に与える限定的な条項を導入することに同意したが、そこには治療を含めなかったこと、(3)学校医療検査の条項はR・モラントによって草案されたこと、(4)モラントの関心は、「1906年法案の検査条項を認め、治療を除外した」とされる、議員立法法案によって増したこと、(5)この法案は政府の政治的汚点であり、したがって「それ自体の代替案」を提供するように強いられていたこと」であった。彼はそれらの解釈がすべて誤っていることを主張している。Bernard Harris, 'Medical Inspection and the

Nutrition of Schoolchildren in Britain, 1900-1950' Doctoral Thesis, Department of History Birkbeck College London, 1988. p.62.

10) David Hirst, 'The Origins and Development of the School Medical Service, 1870-1919' Doctoral Thesis University of Wales, 1989, p.401.

11) これらの史料はすべて London Metropolitan Archives に所蔵されており、ノーウッドの児童治療センターは *Norwood School Treatment Centre, 1909-11*, LMA/PH/SHS/02/069となり、ワンズワース児童治療センターは *Wandsworth School Treatment Centre, 1910-11*, LMA/PH/SHS/02/080, *Wandsworth School Treatment Centre, 1910-11*, LMA/PH/SHS/02/081である。

12) Bernard Harris, 'Medical Inspection', p.3.

13) Harry Hendrick, *Child welfare: historical dimensions, contemporary debate*, Bristol: The Policy Press, 2003, p.77.

14) 例えばブラッドフォードでは、それ以外にも心臓や肺の音を検査されていた。Ibid., p.77.

15) Deborah Dwork, *War is good for babies and other young people-a history of the infant and child welfare movement in England 1898-1918*, London and New York: Travistock Publications, 1987, p.185

16) Bernard Harris, *The health of the schoolchild: a history of the school medical service in England and Wales*, Glasgow: Open University Press, 1995. p.24.

17) 広田照幸「学童の健康と社会統制――19世紀末・20世紀初頭のイギリス」『アカデミア　人文・科学編』南山大学、1994年、59号、307頁。

18) David Hirst, 'The Origins and Development' p.356

19) Ibid., p.356.

20) Ibid., p.374.

21) Ibid., pp.380-390.

22) Ibid., p.383.

23) Bernard Harris, *The health of schoolchild*, p.63.

24) David Hirst, op. cit., p.402.

25) David Hirst, A failure "Without Parallel": The School Medical Service and the London County Council *Medical History*, Vol.25 (3), pp.281-300, 1981, p.283.

26) それぞれの運営委員会は、ノーウッド一般医委員会とワンズワース一般医住宅委員会である。

27) Decision of the Children's Care (Central) Sub-Committee, 1911/7/20, *Norwood School Treatment Centre, 1909-11*, LMA/PH/SHS/02/069.

28) Ibid., *Norwood School Treatment Centre, 1909-11*, LMA/PH/SHS/02/069.

29) ノーウッドの児童診療所にいつ歯科が開設されたのか史料から読み取ることはできなかったが、1911年12月1日に市議会はノーウッド一般医委員会に、教育院から1912年1月1日から歯科を開業する認可を受けたことを通達している。Dental Treatment of School Children, 1911/12/1, *Norwood School Treatment Centre, 1909-11*, LMA/PH/SHS/02/069. 一方でワンズワース児童治療センターでは、1911年10月28日に開業された。Agreement as to dental treatment of elementary school children, 1911/10/27, *Wandsworth School Treatment Centre, 1910-11*, LMA/PH/SHS/02/081.

30) Report of Norwood Treatment Centre for half-year ending 28th March, 1911, 1911/10/12, *Norwood School Treatment Centre, 1909-11*, LMA/PH/SHS/02/069.

31) Wandsworth Medical Treatment Centre Rules, 1911/4/15, *Wandsworth School Treatment Centre,*

1910-11, LMA/PH/SHS/02/080.

32）Norwood Medical Treatment Centre Agreement as to elementary school children, 1911/11/4, *Norwood School Treatment Centre, 1909-11*, LMA/PH/SHS/02/069.

33）Report of Norwood Treatment Centre for half-year ending 28th March, 1911, 1911/10/12, *Norwood School Treatment Centre, 1909-11*, LMA/PH/SHS/02/069.

34）Wandsworth Medical Treatment Centre Rules, 1911/4/15, *Wandsworth School Treatment Centre, 1910-11*, LMA/PH/SHS/02/080.

35）Norwood Medical Treatment Centre Agreement as to elementary school children, 1911/11/4, *Norwood School Treatment Centre, 1909-11*, LMA/PH/SHS/02/069.

36）Decision of the Children's Care (Central) Sub-Committee, 1911/7/20, *Norwood School Treatment Centre, 1909-11*, LMA/PH/SHS/02/069.

37）原文では、治療提供可能な人数は「Number of cases provided in the agreement」を示している。本節で示しているように、ロンドン市議会と学校診療所の運営委員会は医療提供事業に関して、両者の間で契約を結んでおり、学校診療所が治療を提供することができる人数の制限を設けていた。したがってこの人数は、診療所が治療を提供できる最大限可能な人数を示している。

38）Ibid., *Norwood School Treatment Centre, 1909-11*, LMA/PH/SHS/02/069.

39）Decision of the Children's Care (Central) Sub-Committee, 1911/10/12, *Wandsworth School Treatment Centre, 1910-11*, LMA/PH/SHS/02/080.

40）Children's Care (Central) Sub-Committee Minutes, 1911/7/4, *Wandsworth School Treatment Centre, 1910-11*, LMA/PH/SHS/02/080.

41）広田・橋本・岩下編『福祉国家と教育―比較教育社会史の新たな展開に向けて』、昭和堂、2013年、287～300頁。

The Development of London School Clinics in the Early Twentieth Century: The work of the Norwood and Wandsworth Medical Treatment Centers

MASUDA Keisuke (Hiroshima University graduate student)

This paper discusses how the London School Clinics provided medical treatment for school children attending public elementary schools, and what problems occurred there in the early twentieth century.

This paper focuses on the development of school medical service established under the 1907 Education (Administrative Provisions) Act. The School Medical Service was to provide medical inspection and measurement of height and weight of public elementary school children, and to provide medical treatment for them through the hospital outpatient department and school clinics. Although both services developed after 1908, medical treatment primarily developed only after the introduction of the medical inspection.

David Hirst, a researcher of the School Medical Service, discusses the provision of medical treatment through the hospital outpatient department in London. However, his research does not describe in detail how the school clinics,- and, the newly established medical institutions,- were administered. Moreover, he also argues that school clinics were regarded as less familiar institution than the long-established hospital outpatient departments.

In actuality, a large number of parents visited the center, and were provided some medical treatment. The real challenge to the operation of school clinics was that some parents refused to attend. In order to solve the problem, the London County Council were attempted to have nurses in the clinics complete the following-up work.

Therefore, through an analysis of reports, minutes, letters, and correspondence of both centers and the Children's Care (Central) Sub-Committee, this paper elucidates how the School Clinics, - Norwood and Wandsworth Medical Treatment Centers, - were administered.

II 教育史学会第60回大会記録

2016年10月1日〜2日　横浜国立大学

(1) 個人発表一覧

［1］教育令期の法令解釈とその運用　　湯川　文彦（東京大学大学院人文社会系研究科研究員）
［2］文部省と内務省間人事の再検討
　　　——文官高等試験以後の文部省幹部——　　　　　　　　松谷　昇蔵（早稲田大学・院）
［4］小学校における兵式体操指導教員　　　　　　　　　　　佐喜本　愛（九州産業大学）
［5］学校と家庭をつなぐメディア
　　　——東京府青山師範学校附属小学校「学校家庭通信」にみる学校と家庭の連絡——
　　　　　　　　　　　　　　　　　　　　　　　　　　　　　山梨　あや（慶應義塾大学）
［6］明治期における学校教育現場への音楽教育導入の背景　　須田　珠生（京都大学・院）
［7］奈良女子高等師範学校と附属学校における学校園
　　　　　　　　　　　　　　　　　　　　　　　　　　　田中　千賀子（武蔵野美術大学・非）
［8］大正期の「野外における教育」と教育環境の拡充
　　　——東京市の公私立小学校による「林間学校」を中心に——　野口　穂高（早稲田大学）
［9］昭和戦前期のディベート実践　　　　　　　　　　　　　熊谷　芳朗（聖学院大学）
［10］岐阜県多治見市立養生小学校における器楽教育実践
　　　——戦後教育改革期の公立小学校における音楽教育の一断面——
　　　　　　　　　　　　　　樫下　達也（神戸大学・院／日本学術振興会特別研究員）
［11］教学刷新体制下の国体論と神道・国学　　　　　　　　藤田　大誠（國學院大學）
［12］第4・5期国定教科書使用時期の国語教育論にみる自然愛の語りとその歴史的特徴
　　　——日本精神と自然愛——　林　潤平（京都大学・院／日本学術振興会特別研究員）
［13］昭和戦前期における芸能科「習字」成立の背景
　　　——石橋啓十郎の教育書道論を中心として——　　　　鈴木　貴史（帝京科学大学）
［14］石森延男編纂の国語教科書に関する研究
　　　——『満洲補充読本』にみる言語活動に着目して——　　宇賀神　一（神戸大学・院）
［15］1930年代から1940年代前半に於ける福岡県教育会『福岡県教育』に掲載された
　　　行事教育の検討　　　　　　　　　　　余公　裕次（福岡県春日市立春日原小学校）
［16］S.スマイルズら英国人が中村正直訳書を通して五日市憲法草案関係者に与えた影響
　　　——千葉卓三郎（1852-83）の教育論を中心とした考察——　岡本　洋之（兵庫大学）
［17］私立尋常中学橘蔭学館における藤村作の学校革命／学校騒動
　　　　　　　　　　　　　　　　　　　　　　　　　　　　　岩木　勇作（創価大学・院）
［18］明治30年代半ばにおける教師の教育研究の位置づけ
　　　——大瀬甚太郎の「科学としての教育学」論と教育学術研究会の活動に注目して——
　　　　　　　　　　　　　　　　　　　　　　　　　　　　白石　崇人（広島文教女子大学）
［19］「人間の誕生に関する質問」への教育研究の登場
　　　——児童研究から性欲教育へ——　　小泉　友則（総合研究大学院大学・院）
［20］1930年代初頭成城小学校におけるカリキュラム研究の展開と限界
　　　——小林茂の郷土地理教育論を中心に——　　　　　　足立　淳（新潟医療福祉大学）
［21］19世紀後半ロシアにおける中等学校生徒の入退学・進学動向
　　　　　　　　　　　　　　　　　　　　　　　　　　　　宮本　竜彦（岡山大学・院）
［22］クルプスカヤの活動と教育言説の「古典」性について　所　伸一（北海道大学・名誉）

[23] デューイ・ソヴィエト教育視察団とそのメンバーたち
　　　―戦間期アメリカ・リベラリズムの一断面― 　　　　　　　　　森田　尚人
[24] ウィネトカ・プラン成立期における活動領域の位置づけ
　　　　　　　　　　　　　　　　　　　　　　　　宮野　尚（東京学芸大学・院）
[25] 1920・30年代のアメリカ女性大学人協会（AAUW）によるフェローシップ制度改革
　　　　　　　　　　　　　　　　　　　　　　　　坂本　辰朗（創価大学）
[26] 学制期の府県教育会議に関する研究　　　　　　湯川　嘉津美（上智大学）
[27] 開拓使函館支庁における公立学校設置策の展開　井上　高聡（北海道大学大学文書館）
[28] 東北地方の中等教育再編と第二高等中学校との接続に関する研究
　　　　　　　　　　　　　　　　　　　　　　　　小宮山　道夫（広島大学）
[29] 高等学校令施行前後の高等学校の変容
　　　―学科課程の変化に着目して―　　　　　　吉岡　三重子（お茶の水女子大学・院）
[30] 沖縄群島における六・三・三制の成立要因
　　　―教科書事情を中心に―　　　　　　　　　萩原　真美（お茶の水女子大学・院）
[31] 戦後日本における夜間中学の成立過程　　　　　江口　怜（東北大学）
[32] 名古屋市立朝鮮学校の設置・存続・廃止
　　　―外国人学校と教育の公共性―　　　　　　呉　永鎬（世界人権問題研究センター）
[33] 高度経済成長期後半から低成長時代にかけての「混血児」教育
　　　―包摂の教育から包括の教育へ―　　　　　上田　誠二（横浜国立大学・非）
[34] 1930年代「長野県教員赤化事件（「二・四事件」）」の研究
　　　　　　　　　　　　前田　一男（立教大学）・越川　求（千葉県立保健医療大学）
[35] 海軍飛行予科練習生制度発足の経緯と背景
　　　―海軍航空学校案をめぐる議論を中心にして―　　白岩　伸也（筑波大学・院）
[36] 国民学校令下の「少年団錬成」論に関する一考察
　　　―「共励切磋」を目指す少年団常会論に着目して―　　須田　将司（東洋大学）
[37] 戦時下の神学校
　　　―日本基督教団に対する文部省の統制―　　大島　宏（東海大学）
[38] 清末民初の中国社会における女学校運動会　　　浅沼　千恵（東北大学・院）
[39] 清末国内知識人による「学堂楽歌」運動の展開
　　　―常州の音楽講習会を中心に―　　　　　　班　婷（広島大学大学院・研究生）
[40] 「満洲国」におけるモンゴル民族の女子教育とその特徴
　　　―興安女子国民高等学校を事例に―
　　　　　　　　　　　　劉　迎春（京都大学・院／日本学術振興会特別研究員）
[41] 第二次世界大戦前におけるモンゴル人の留日教育研究
　　　―善隣協会専門学校の事例を中心に―　　　何　広梅（お茶の水女子大学・院）
[42] アメリカ合衆国盲教育史にみる盲人の覚醒と社会変革の系譜
　　　―S.G. ハウから R.B. アーウィンへ―　　　　岡　典子（筑波大学）
[43] 20世紀初頭イギリスにおける学校医療サービスの発展
　　　―ロンドン学校診療所の活動に注目して―　増田　圭佑（広島大学・院）
[44] 20世紀初頭イギリスにおける優生思想の展開と子ども
　　　―優生教育協会の活動に着目して―　　　　草野　舞（九州大学・院）

［45］20世紀初頭イングランドの大学成人教育におけるソーシャル・ワーク教育
　　　―ウッドブルックとバーミンガム大学の連携を中心に―
　　　　　　　　　　　　　　　　　　　　　　　　　　　土井　貴子（比治山大学短期学部）
［46］函館・谷地頭のアイヌ学校生徒の、釧路・春採の学校への派遣について
　　　　　　　　　　　　　　　　　　　小川　正人（北海道博物館アイヌ民族文化研究センター）
［47］1923年から1936年における北海道開拓政策下の初等教育の実態
　　　　　　　　　　　　　　　　　　　　　　　　　　　　坂本　紀子（北海道教育大学）
［48］20世紀初頭神奈川県六浦における地域社会の再編成
　　　―三分小学校訓導長島重三郎の活動を通して―　　　　真辺　駿（横浜国立大学・院）
［49］戦前昭和期山形県における実業補習学校改革に関する一考察
　　　―「実業公民学校」の設置について―　　　　　　　　三羽　光彦（芦屋大学）
［50］新制大学発足時の「大学における教員養成」の具体化過程
　　　―東北大学初代教育学部長細谷恒夫の履修基準案の検討を中心に―
　　　　　　　　　　　　　　　　　　　　　　　　　　　　久恒　拓也（広島大学）
［51］小川芳男著『英語教育法』（1963年）の英語教育史における意義
　　　　　　　　　　　　　　　　　　　　　　　　　　　　惟任　泰裕（神戸大学・院）
［52］1960年代後半の職業高校における小学科の多様化
　　　―政策をめぐる言説と多様化の実態―　　　　　　　　山田　宏（一橋大学・院）
［53］戦後教育学における民族と歴史
　　　―上原専禄の「国民教育」論―　　　　　　　　　　　山田　真由美（北海道教育大学）
［54］植民地台湾における先住民の初等後教育
　　　―女性の進学とその前後―　　　　　　　　　　　　　北村　嘉恵（北海道大学）
［55］公学校高等科家事教科書における衣服教材と台湾人の衣生活
　　　―和服・洋服・本島服に着目して―　　　　滝澤　佳奈枝（お茶の水女子大学・院）
［56］1940年代朝鮮における青年の動員　　　　　　樋浦　郷子（国立歴史民俗博物館）
［57］米軍政期の韓国における教育政策と宗教　　　白　恩正（創価大学・非）
［58］ドイツ帝国の学校儀礼
　　　―大日本帝国三大節学校儀礼モデルの可能性（1870～1918）―
　　　　　　　　　　　　　　　　　　　　　　　　　　　　小林　亜未（フンボルト大学・院）
［59］デュルケームのリセ・ド・サンス講義にみる論理的な知の教育
　　　―フランス第三共和政前期の中等教育界―　　　　　　綾井　桜子（十文字学園女子大学）
［60］西ベルリン・ノイケルン区所有の学校田園寮に関する研究
　　　―東西分裂時代のヴァンゼー別荘で存続した学校田園寮―　江頭　智宏（名古屋大学）
［61］1960年代香港の少年犯罪　　　　　　　　　　山田　美香（名古屋市立大学）

(2) コロキウム一覧

[1]「外地」中等教員ネットワークの形成過程
　　―広島高等師範学校を中心に―
　　オルガナイザー：山本　一生（上田女子短期大学）
　　報　告　者：杉森　知也（日本大学）
　　　　　　　　山下　達也（明治大学）
　　　　　　　　松岡　昌和（秀明大学・非）
　　　　　　　　角　　能（東京大学）
　　　　　　　　槻木　瑞生（同朋大学・名誉）

[2] 幼児教育における「遊び」と「学び」
　　―プロジェクト活動の史的展開を手がかりに―
　　オルガナイザー：太田　素子（和光大学）
　　報　告　者：浅井　幸子（東京大学）
　　　　　　　　浜田　真一（白梅学園大学・院）
　　　　　　　　太田　素子（和光大学）
　　指定討論者：椨　瑞希子（聖徳大学）
　　　　　　　　里見　実（国学院大学・名誉）
　　　　　　　　古沢　常雄（法政大学・名誉）
　　司　会　者：阿部真美子（聖徳大学）

[3] 日本教育史研究の系譜
　　―佐藤秀夫の研究論考・教育史史料研究・教育史史料公開―
　　オルガナイザー：逸見　勝亮（北海道大学・名誉）
　　　　　　　　　森川　輝紀（福山市立大学）
　　報　告　者：小野　雅章（日本大学）
　　　　　　　　小川　正人（北海道博物館アイヌ民族文化研究センター）

[4] 近代日本における教育情報回路と教育統制（5）
　　―地方教育会の屋台骨・校長会の活動実態の分析―
　　オルガナイザー：梶山　雅史（岐阜女子大学）
　　報　告　者：清水　禎文（東北大学）
　　　　　　　　梶山　雅史（岐阜女子大学）

Ⅱ 教育史学会第60回大会記録

(3) 国際シンポジウム

教育史研究の新たな船出
―教育史研究はどこに向かうべきか―

シンポジウム趣旨説明

大 戸 安 弘（横浜国立大学）

　この国の教育史学は19世紀後期に教職のための学問領域として出発したが、その後の歩みは夫々の時代状況に直面しながら近代的ディシップリンとしてのたしかな位置を求めようとしたものであった。1916年には学問としての教育史研究への道筋が開かれ、30年代にはそれまでの個別の大学を単位とする閉鎖性を越えようとする日本教育史懇談会が発足し、40年代に教育学分野初の学会として日本教育史学会へと転じた。さらに東洋教育史学会、西洋教育史研究会も続いた。やがてこれら三組織は一体化し、56年に教育史学会が創設されたのであるが、その意図は、日本・東洋・西洋といった境界を横断した視野の広がりを持った教育史像の構築といった点にあった。しかし、このような学会創設の原点への意識は、創設から20年ほどが経過した70年代には薄れつつあったようだ。

　そうした時期に『20周年記念誌』（77年）が刊行されている。その「教育史研究の動向」の冒頭で入江宏は草創期を切り開いた石川謙（1891-1969）について触れ、その一連の業績によって教育史学領域は日本アカデミズムにおける市民権を得たと評している。

　先駆者としての石川の足跡を追ってみると、そのユニークネスに引きつけられる。中世・近世教育史の碩学というイメージとは異なる相貌が見えてくる。ほぼ独学で学問的基盤を形成し、同時代の教育史研究の本流に距離を置きつつ独自性を追究していたが、それ故に、戦中・戦後の時代状況に迎合することもなかった。また、石川は海外の研究者との交流にも積極的であった。たとえば、R.P.ドーアやH.パッシンは、石川の後押しを受けて研究の基盤を固め、そこに独自性を盛り込んだ。とりわけ近世社会における日本人の識字率の高さとそれを支えた教育的達成の高さとが、後の近代化の成功の礎となったと強調した。こうした主張は批判も受けたが、多様な分野に浸透し、教育史研究の世界に強いインパクトを与えた。「近代化と教育」は80年代に至るまで、主要なテーマとして扱われ、その後も「近世と近代との連続・非連続」が注目された。こうした動向のなかでいち早くドーアやパッシンに触発され呼応したのも石川であった。66年に『近世教育における近代化的傾向』を纏めている。かつて、学会創設時の理念を意識しつつ、文字通りの国際的な学術相互交流が成立していたことが、あらためて想起される。ここでは、イギリス人・アメリカ人・日本人としての個々の立場を前提に、日本近世教育について独自の角度からアプローチし、相互にインスパイアする関係が生じていたといえる。

　このシンポジウムは、上述の石川の足跡を手掛かりにして、教育史研究の深化と学際化・複合化との併立を求めようとした教育史学会創設時の理念を意識し、現代における新たな知の遍歴に必要な試みは何かという問いから発している。20世紀末からグローバル化への波が一挙に押し寄せてきたが、日常の生活レベルでも世界との距離が急速に縮まりつつある現実を意識せざるを得ないし、またそれ故の困難も実感する現代社会である。このような背景には、国家間の関係性も大きく変わりつつあり、主権国家の存立基盤に疑いさえも生じている状況がある。大きな変動期が迫りくる可能性が高い現代、固定化されたかのように見える枠組みを乗り越えて、新天地への船出を意識した教育史研究のあり方について議論し、新たな教育史像を具現化するための道筋を求めることにしたい。

報告

外から見た日本の教育史

Richard RUBINGER（インディアナ大学）

Ⅰ．はじめに

　この大会のテーマは、"日本教育史のたどって来た道筋を振り返り、この変りゆく社会で、新たな道筋の可能性について探る"ということである。歴史を専門とする私にとっては、将来について語るのは得意とするところではないが、できる限り私なりの意見を述べたいと思う。

　私の教育史にたいする見解は日本人学者と少し違うかもしれない。なぜなら、恩師からの影響を強く受けているからである。アムハースト大学では、ヘンリーステイル・コマジャーのアメリカ史のコースを、コロンビア大学教育学部の大学院では、ローレンス・クレミン、ジョージ・ベレデイーの比較教育と教育史のコースを選択した。ちょうどその頃（60年代末）、学校史に偏り過ぎる教育史研究のあり方を批判する運動が、ローレンス・クレミンの先導で始まった。彼はアメリカの教育史[1] 3巻を出版し、大きな反響を呼んだが、その中で、学校を完全に除外して、教育の定義を次のように示した："教育とは、知識や価値、技術を伝達し、態度や感性を呼び覚ましたり、それらを身に付けさせるために、意図的、体系的、継続的に努力することである。そして、さらにそうした努力から生じる学習も含まれる。"[2] その結果、彼は前近代における宗教団体、社会奉仕団体、メデイア、図書館、博物館、文化団体などに目を向けたのである。また農業、工業、軍隊、親子関係にも教育的価値があると指摘し、学校については全く重要視しなかった。この本は批判の的となったものの、私を含め多くの教育関係者に影響力を及ぼしたことは確かである。

　1976年に初めて日本で江戸時代の教育史研究に取り組んだ時、先行研究の殆どが学校史であることに気付かざるをえなかった。石川謙に強く影響を受けてドーアが上梓した『江戸時代の教育[3]』も、昌平校などの幕府の学校、藩校、寺子屋に焦点をあてたものである。当時の私は、学校史の領域から抜け出すには知識も乏しく、手だても分からなかったため、結局、ドーアが言及しなかった私塾に焦点を当てて、学校史の枠内で一冊目の著書、『私塾[4]』を上梓するにいたった。

　私の2冊目の著書、『日本人のリテラシー[5]』は西洋の教育史研究からヒントを得て、学校史から離れようという意図を持って著したものである。日本では青木美智男、高橋敏など少数の研究者を除くと、リテラシー研究にはほとんど目が向けられていないのが実状であった。識字率を推定するには学校の出席率以外の、実際の読み書き能力をはかることができるデータが必要だということを学んだのは、フランスの文献からであった。そして、そのデータは正確で、階級、職業の別なく一完性のあるものでなければならなかったが、それに該当したのは署名であった。フランスには19世紀の署名が数多く残されていた。

　そこで私は、日本においても同じようなデータを見つけることができるのではないかと考えるにいたった。それについては後でもう少し詳しく述べたいと思う。ここで強調したいのは、他の国の文献からヒントを得てこの手法に辿り着いたということである。

Ⅱ. 近代化と教育―ドーアとパッシンの影響―

　歴史家のなすべきことは、過去をできる限り正確に理解することであると考える。外国人の私が日本教育史に関して何か新しい情報を提供しようなど、思いもよらないが、一点だけ私なりの考えを述べたいと思うことがある。それは教育と近代化に関する議論である。

　私は欧米における近代化最終世代の一人である。私の博士論文のアドバイザーであったハーバート・パッシンとはかなり緊密な関係にあったし、『江戸時代の教育』を著したロナルド・ドーアからは学問的な影響を誰からよりも強く受けたと言っていいであろう。そこで日本教育史の分野に残した二人の業績について、私個人の見解を述べたいと思う。

　まず、二人とも歴史学者ではないということである。ドーアは民族学者、パッシンは社会学者で、彼らが持った疑問は社会科学者として抱いたもので、それは社会階級とその流動性であった。二人とも実践と経験を基にした社会科学者で、理論家ではない。ドーアは石川謙から、パッシンは乙竹岩造から強い影響を受けて、当然のことながら教育やリテラシーに興味を持った。なぜなら、歴史家と同じように、西洋と近代化に直面した時、日本人にはどのような準備が整っていたかという疑問があったからである。

　1965年に二人の著作が出版された時点では、日本はまだ完全に第二次大戦の痛手から立ち直っていなかった。1964年、東京オリンピックの開催は日本が国際舞台に再登場したことを示すものであった。とはいうものの、アメリカの大学での日本研究は無きに等しいものであり、私が1961年から65年に在籍していた時、アムハースト大学は新島譲、ジョン・W・ホール、オーチス・ケリーなどを通して、日本と深い関係があったにもかかわらず、日本関係のコースも日本語のコースも皆無であった。50数年後の今はどうだろう。どの大学にも必ず日本関係のコースがあるし、日本語コースも大抵ある。したがって大戦直後の西欧の日本研究者は、歴史、文学、社会関係の学部に日本研究を導入したいと強く願い、一つの戦略として、既に研究者の間で周知の概念に日本の事例を当てはめるという考えに到達したのである。その一つの概念が近代化論である。

　近代化論とその方法論はコロンビア大学社会学部のホプキンズとワーレンスタインによって考案され、私は彼らの講義を受けて近代化論について次のように理解した。各家庭毎の電力使用量、テレビ、電話の所有数、自動車の数の人口比のような数的指標を使って、世界の国の近代化のレベルをはかるというものである。はっきり言ってこれはアメリカ一辺倒のはかり方で、批判を受けたのは当然といえよう。

　私の知る限りでは日本研究者でこの方法を用いた学者はいないと思う。ただ一人の例外は、1960年代半ばにプリンストンの日本近代化シリーズに掲載された、ジョン・ウイットニー・ホールの論文をあげることができるが、これはすぐに忘れ去られることとなった。近代化世代、つまり、マリアス・ジャンセン、ドナルド・キーン、アルバート・クレーグ、ロナルド・ドーア、ハーバート・パッシンなどの業績は、石川謙が日本の現代教育史の父と崇められるのと同じぐらい、アメリカにおける現代日本研究の基礎を築くのに多大な影響力を及ぼしたのは確かである。彼らが多くの批判を浴びた近代化論と結び付けられることがままあるが、それは彼らにとって、とても不本意なことである。

Ⅲ. リテラシー研究とこれからの日本教育史研究

　ここでリテラシーの問題に戻りたい。学校史とリテラシーは相反するものではない。学校史は

日本教育史の分野で重要視されてきたし、これからもそうあるべきである。また、多くの資料が残されているので、研究がさらに進められることは確かであろう。しかし、あまりにも焦点を当て過ぎると、学校以外に日本の教育の役割を担っている多様な組織、機関、活動を見落としがちになりかねない。したがってリテラシー研究が必要だと思うのである。

フランスの文献を読んだことで、はじめて日本でも署名と同様なデータを見つけることができないだろうかというアイデイが生まれたことについては先述した。フランスでは、この署名というデータのお陰でフレーとオズフによる"Lire et Ecrire"[6]という有益な著書が出版されている。そこでは、署名は学校の出席率、徴兵検査などと比べ、より正確な読み書き能力の程度を知ることができることを証明しているといえよう。

日本には宗門改帳という驚くべき人口統計データがあり、これは世界一といっても過言ではない。徳川時代、キリシタンではないことを証明するため、毎年、全国、全村民を対象にして調査した統計である。私はこれをリテラシー研究に使いたいと考えたのだが、日本の人口統計学（demographics）の大御所である、速水融氏などから、「日本では署名は使えない。なぜなら、周知のように、日本では署名のかわりに印鑑を使うからだ。」と言われ、一旦はあきらめざるを得なかった。

2000年夏から1年間、京都にある国際日本文化研究センター（日文研）で外国人研究員として過す機会を得た。さっそく速水先生の研究室を訪ねると、書棚には徳川時代の宗門改帳が全て揃っているではないか。ざっと見ると、やはり速水先生のおっしゃった通り、印鑑が使われているのに気付かざるを得なかった。しかし1630年ごろから1650年の約20年間、印鑑のかわりに個人的なマークが使われているのを見つけた時、これを私のリテラシー研究の資料に使えないだろうかと考えたわけである。その成果が拙著、『日本人のリテラシー』の第二章で、17世紀の日本の庶民の読み書き能力の分析となったのである。

この後、日本の学者グループが、数々の文書に残されたマークを探し続けていることを大変うれしく思っている。2006年には、インデイアナ大学で、収集したデータを発表する会議も行ったし、その後も研究を続け、多くのデータを集めて1冊の書物にまとめるまでの成果を挙げている。大戸安弘と八鍬友広の編集で、タイトルは『識字と学びの社会史[7]』である。これからもリテラシー研究がいっそうの広がりを見せることを期待している。またこの著作が英訳されたあかつきには、日本のリテラシー研究は国際舞台に登場することであろう。そして日本教育史の研究範囲を広げるのに貢献できるであろうことを期待している。

リテラシー研究の強みは、学校が義務化される以前、学校に通えなかった人々の記録も研究対象にできることである。それは社会を支えた人々の読み書き能力を知るのに役立つし、学校以外の教育の場、公共団体、宗教団体、奉仕団体にもスポットを当てることができる可能性を持っている。

註

1) Lawrence Cremin, *American Education* 3 Vols.（New York: Harper and Row, 1970-1988）
2) Lawrence Cremin, *American Education: The Metropolitan Experience, 1876-1980*（Harper and Row, 1988）: x
3) Ronald P. Dore, *Education in Tokugawa Japan*（Berkeley: University of California Press, 1965）.
4) Richard Rubinger, *Private Academies of the Tokugawa Period*（Princeton: Princeton University Press, 1982）『私塾―日本を拓いたプライベート・アカデミー―』（サイマル出版会、1979

年)。
5) Richard Rubinger, *Popular Literacy in Early Modern Japan* (Honolulu: University of Hawaii Press, 2007). 川村肇訳『日本人のリテラシー：1600-1900』(柏書房、2009年)。
6) Francois Furet and Jacques Ozouf, *Reading and Writing: Literacy in France from Calvin to Jules Ferry* (Cambridge: Cambridge University Press, 1982).
7) 大戸安弘・八鍬友広編『識字と学びの社会史―日本におけるリテラシーの諸相―』(思文閣出版、2014年)。

21世紀の時代診断と教育史研究の方向

韓　　　龍　　　震（高麗大学校）

はじめに

　今回の教育史学会シンポジウムの主題である「教育史研究の新しい船出」というテーマからは、慣れた航路から抜け出して新しい道を探そうとする意志が読み取れる。特に「船出」という言葉からは16世紀ヨーロッパ人が地中海から大西洋に進出する時の大航海時代が思い出される。未知の世界への出航は胸騒ぎがするものである。また、「教育史研究はどこに向かうべきか」という副題にはこれから行くべき方向を模索しようとする悲壮な覚悟さえ窺われる。

　さて、教育史は何のために存在するのか。偶然であるが、2016年韓国教育史学会の年次学術大会の主題は「地球村、教育史教育の歴史」である。韓国では教育史「教育」について扱っているが、日本は教育史「研究」として扱っている。韓国では教育史教育の歴史を振り返るのに比べて、日本は教育史研究の新しい方向を模索している。すべての学問がそうであると思われるが、ある学問の研究と教育はコインの両面と同じである。研究した内容が教えられるとの前提からみると、研究は「体」であり、教育は「用」である。その意味で、日本の教育史研究の方向の模索、すなわちこれからどのように研究をするべきかは、韓国で教育史教育を振り返りながらこれからどう教育するべきかを工夫することと全く同じ事であると言えるだろう。

1．21世紀の時代診断

1）ポストモダンの時代―科学としての歴史学を乗り越えて―

　17世紀の科学革命時代や18世紀の啓蒙主義時代においては、科学者の使命は観察された事実を元に帰納的な推論過程を通して法則を発見し、それを確立することであった。19世紀からは、自然界の研究に適用されていた、その科学の方法論が人間の問題に対する研究にも適用されるようになった。歴史家のカー（E.H. Carr: 1892-1982）は「19世紀は事実を崇拝する偉大な時代である」（Carr、2015: 17）と述べたが、我々が生きている今日ではただの事実（fact）だけではなく、その事実を意味あるものとして判断し、選択する歴史家の観点、すなわち価値判断が重要視されている。カーは実証史学者たちの歴史哲学的な省察の欠乏を問題として指摘しながら、概念としての歴史とは何かという問いを提起し、「歴史とは、現在と過去との間の尽きることを知らぬ対話」であると述べている。金基鳳（キム・キボン）は『Hisotoria, quobadis』という本で、「近代には歴史を科学の一つの分野として陣取るのが課題であったが、ポストモダンには科学としての歴史のアイデンティティーの代わりに談論や叙事の伝統を取り戻す傾向が現れている。」（金基鳳、2016: 9）と述べた。すなわち、近代は歴史を科学の一つの分野として扱い学問的な発展を成し遂げた。しかし、科学だけで人間の歴史のすべてを説明することは不可能である。

2）プロシューマーの時代―分離された知識の生産と消費を統合して―

　アルビン・トフラー（Alvin Toffler: 1928-2016）は夫人のハイジ・トフラー（Heidi Toffler）との共著である『Revolutionary Wealth（富の未来）』で、「プロシューマーの時代が渡来する」と述べ

た。プロシューマーとは生産者（producer）と消費者（consumer）を組み合わせた造語である。消費者は消費はもちろん製品の開発や流通過程にも直接参与する「生産的消費者」として、生産活動を行う消費者のことをさす。また、プロダクト（product、商品）と消費者を組み合わせたマーケティング用語、あるいはプロフェッショナル（professional）と消費者を組み合わせ商品に詳しい消費者といった意味で使用される場合もある（島田陽介、1987）。

　金基鳳は「歴史の科学化を通じて知識としての歴史だけが意味を持っているものであると認めた近代には、歴史知識の生産者と消費者は分離された。」（金基鳳、2016: 10）と述べている。しかし、非専門家も自分と関係する分野の知識の生産に直接参加できるように今の時代は変化しつつある。すなわち、生産者であり、かつ消費者である人たちを増加させると、人々の関心や参与を引きつけることができるだろう。国家がすべての教育を主導する公教育時代から個人の教育権や学校選択権を重んじる新自由主義時代に変わった。最近では教育活動の中の主導権は教師だけではなく学生にも認めなければならない。韓国で「歴史はただ歴史家だけにお任せするには重要すぎる」と言われるように、教育史の執筆を教育史の学者だけに任せるのではなく、教育史に関心や興味をもっているすべての人々に拡大する必要がある。特に教育制度史や教育思想史の分野より教育文化史や教育生活史の領域なら、その可能性はもっと高くなるだろう。

3）スマホ（マルチメディア）時代―文字の歴史学を越えて―

　スマホはマルチメディアの寵児であり、スマホ世代は文字を読む視覚型人間であるより複数の感覚を持っている複合型人間であるといえる。文字は先史時代と歴史時代を区分させたが、いまのマルチメディア時代では文字のテキスト以外にも映像や音響、音声、図表、アニメーションなどのデジタル技術を多様に活用するようになった。マルチメディア時代の歴史は本を読んで学ぶ知識の割合は徐々に減少し、日常的文化生活の中でのYouTubeの視聴やアプリケーションのダウンロード、また歴史資料を集めて展示している博物館（デジタル博物館も含む）で学ぶ機会はますます増加している。そのため、絵文字や映像などのイメージとかかわる漫画世代には文献資料だけでなく、口述や写真、ドキュメンタリー映画のフィルムなど多様な資料をデジタル化した総合情報データベース・システムの構築が必要であり、そのビッグ・データから必要な情報を探り出すデジタル・リテラシーが大事である。

　しかし、「歴史的知識」というのは出来事としての「データ」が事実の「情報」に作られ、また歴史観をもっている人によって意味付けられたものである。そして、その知識を通じて「知恵」を作り出すのは、視聴者であり読者でもある人々の能力である。教育的に現在と過去との「対話」ができる人の能力は、ペスタロッチの表現を借りると、ただの頭（head）や手（hand）の能力ではなく心（heart）の能力である。すなわち、科学化によってあるほどは排除された歴史的想像力の復活であり、文字の歴史学を越えることによって、新しい教育史研究も開かれるだろう。

2．教育史研究の振り返り

　日本の教育史関連のいくつかの本のタイトルや目次をざっと目を通すと、次のような印象を受ける。

1）近世や近現代中心

　歴史叙述の実証主義や科学主義の影響であるためか、日本教育史の叙述は古代や中世より近世

以降の内容がより多い分量を占めている。特に、教育制度史の叙述が多く見えるが、このような叙述方式は学校制度が作られて以降の内容をまとめているため、主に近世や近代以後の学校教育や教育改革に注目している。しかし、教育活動の範囲を学校教育に限定するのではなく、家庭教育や社会教育にまで拡大して考えると、古代の教育内容はいま叙述されているものよりもっと豊かになるだろう。結局、これは教育史の叙述において教育の概念をどう考えるかとも繋がっている問題である。もし、教育を「人間の自己成長」であると考えるならば、好奇心を呼び起こしたり、それを満足させる過程が教育であろう。また、教育を「社会化」であると考えるならば、自分自身が属する集団の文化を継承し、次の世代に引き継ぐのが教育であろう。

2）歴史研究の三分化体系の枠

　近代歴史学の分類体系はヨーロッパ中心主義に立脚して、西洋史・東洋史・自国史という三分化体系を作り出した。そして、そのような三分化された体系は大学でそれぞれの学科名になり、学問的な交流や統合的研究の障害となっている。教育史研究もその三分化体系の影響で、西洋教育史・東洋教育史・そして日本教育史に分類されている。しかし、グローバルな時代にはこのような区分体系の限界が露呈されている。例えば、中東は西洋の立場からみるとオリエント、すなわち東洋であるが、今までの東洋史はおもに中国やインドを取り扱っていた。また、アフリカは東洋だろうか、西洋だろうか。19世紀のナショナリズム（国家主義あるいは民族主義）時代と20世紀の帝国主義の時代には国家別教育史を通じて民族意識が高揚し、自国の独立や発展を一身の独立より優先した。しかし、これからは歴史認識の範疇上の同心円的連携をもっと系列化し、より多様な水準の空間的関係を作り出す必要がある。すなわち、各地域に住んでいる人々の教育的普遍性と特殊性を考察し、それにふさわしい教育史を考えるのが望ましいだろう。

3）教職や専攻者向けの教育史

　今までの教育史は教員養成科目としての教育史、あるいは教育学専攻の学生向けの教育史である傾向が強く、教育制度史が中心であった。すなわち、生活や生命力と切り離された教育史であった。もちろん、教育社会史のように、生きる人間を生活史の面から詳しくどのように育てられたのかについて明らかにする場合もあった。しかし、教育の歴史は狭義では個人の自己成長過程についての探求であり、広義では人類文明史の一種で文化伝承過程の痕跡である。我々は教育史を学びながら、私あるいは私たちについてのアイデンティティーを確認し、過去の伝統から何を引き継ぎ、何を次の世代に渡すべきかを考えることができるはずである。そして、時代ごとの特徴や痕跡についての探求は単なる文字や学校システムに限らず、考古学的発掘や神話的に広まった昔話、場合によっては体質人類学や言語学、民族学など多様な学問的な業績を利用して人間の生命力が躍動する教育史の叙述を工夫する必要があるだろう。

3．これからの教育史研究の方向を考えて

1）一国教育史を越えて

　歴史の三分化体制に由来する西洋教育史や東洋教育史、また日本教育史のような枠から抜け出そうとする試みである。まず、自国教育史中心である一国教育史を越えるためには、二つの方向がある。一つは国の概念さえなかった原始時代の文化伝播・交流の観点のように文明史としての教育史である。例えば、漢字文化の伝統を持っていた「（東）アジア教育史」を叙述したり、ある

いはアジア大陸から拡大しヨーロッパまで含めた「アジロッパ（ユーラシアではなく）教育史」を人類文明の流れを辿りながら研究する。もう一つは、コミュニティーである市町村中心の地域教育史あるいは都道府県中心の地方教育史などを考えることができるだろう。

2）教養としての教育史

　教育史を大衆化するための試みで、単純に教職や専攻者向きの教育史だけではなく、一般人や大学の教養としての教育史を考えるべきであろう。教育の歴史は人類文明の宝庫である。例えば、夫婦のための「家庭の教育史（夫婦の間にある対話方法、ジェンダー理解の観点、家訓など）」や「人間成長史（児童・青年発達の理解）」、大学教養科目として「教育的人間像の変遷史」など。必ずしもタイトルに「史」あるいは「教育史」が付く必要はない。むしろ、人々に親しみやすく必要な内容をタイトルにしても構わない。

3）他人の教育史から自分自身の教育史へ

　プロシューマーの時代の教育史は偉大な教育思想家や模範的学校制度・教育改革という定型化した教育史以外にも自分自身の個人的経験に基づいた教育史の作成も可能であろう。人々は作られた教育史の消費対象から自ずから教育史を作るアクティブな作業に参加し、自らの根を確認し、自分らしさを探していく自己教育を実践することができる。例えば、NHK番組の「Family History」のように、家族史の形で3代家族の人間成長過程の歴史を作成することによって、自分の存在を自覚しながら教育史を学ぶ。その実践として父母や祖父母の子供時代の写真や経験などを聞き取りながら、それを参考にして家族教育史を作ることも可能だろう。

4）未来をひらく教育史

　なぜ教育史を研究するのかについて、その目的やあり方を考え直す必要がある。教育史そのものは、過去の事実を取り扱っているが、教育は未来世代が生きている未来時代を先取るために学ぶ活動であるので、教育史はより良い未来を切り拓く内容になって欲しい。今まで使った文献資料や方法だけでなく、ビッグ・データ（文献や映像資料も含めたデータベース）や新しい方法論を使って、自分が所属するコミュニティーや地域の未来に役に立つ人類の文化成長発達変遷の歴史を書いてみる。比較史の観点からそれぞれは他の地方にも参考になるだろう。

おわりに

　我々はいま第4次産業革命の時代に生きている。人工知能（AI）の発達やビッグ・データの検索エンジンなどは、既存の資料収集や翻訳に掛ける研究者の努力や時間を画期的に減らした。高等教育の大衆化や普遍化現象、そして生涯教育機関で人々が進んで受けている教育内容は、ますますエリートや専門家と一般人の境界を取り壊している。プロシューマーとしての一般人の力量も次第に専門家水準にまで上がっているし、一方的な教え込みによる教育活動も自己主導的学習やアクティブ・ラーニングや反転授業などに変えていく。教育概念の曖昧さと事実（fact）と小説（fiction）の境界に置かれたファクション（faction）の登場が人々の注目を引いている時代に、人によってはカビ臭い陳腐なもののように感じられるかも知れない歴史という言葉とその意味を問い直さなければならない。これからの教育史研究は、意味だけではなく興味も感動も提供する必要がある。それは教育対象に相応しい多様な教育の研究成果を幅広く抱え込むときに可能になる

だろう。

　結局、「教育史」というのは「人間生育の辿り」や「人類文化遺産の宝庫」、「我が地球村の教育遺産」である。教育史の研究方法や内容、そしてその対象がいまの教育現象を適切にあらわしているのかどうかについて疑問を抱かせただけでも半分の成功なのであり、教育史研究の新しい方向を模索する今回の学術大会の趣旨は十分に生かされたと思われる。

参考文献

金基鳳（2016）『히스토리아, 쿠오바디스（Historia, quobadis）』西海文集。
韓龍震他（2006）『教育学概論』學志社。
教育史学会（2007）『教育史研究の最前線』日本図書センター。
島田陽介（1987）『プロシューマー入門―新消費市場にヒットを生む企業と客の両側に立つ新しい視点』第一企画出版。
橋本美保・田中智志編著（2015）『大正新教育の思想―生命の躍動』東信堂。
Carr, E.H., 金澤賢訳（2015）『역사란 무엇인가（What is History）』까치。
Toffler, Alvin & Toffler, Heidi, 김중웅訳（2006），『富의 未來（Revolutionary Wealth）』青林。

教育史研究の「学際化」と「国際化」

辻 本 雅 史（国立台湾大学）

はじめに

　まずここでの報告者の立場を明らかにしておきたい。報告者は本学会会員として学会内部で40年余り活動してきた。また、現在は国外の大学で日本の歴史や思想を教えている。この「内」と「外」での経験にもとづいて、教育史研究の在り方についての考えを述べてみたい。ただ専攻領域（日本教育史、思想史）と能力の制約から、ここではおもに日本教育史領域に偏ることになる。

　さて、今回は「国際シンポジウムンポ」として企画されており、その趣旨は、「国際化」の観点から日本の教育史研究の在り方を議論することと、教育史学会第60回大会（いわば学会の「還暦」）を機に「教育史研究の新たな船出」を模索する点にあるとさている。本企画の「趣旨」にも、教育史研究を先駆的に主導した石川謙の教育史研究の「学際性」と「国際性」が強調されている。そこで本報告では「石川謙」「学際化」「国際化」をキーワードにして述べてみる。

1．石川謙と教育史研究

　石川謙が東京高等師範学校研究科に入学し、「寺子屋」研究に着手したのは1916年のこと。奇しくもちょうど100年前のことであった。翌1917年に提出した石川の卒業論文は「寺子屋の沿革に関する統計学的研究」であった（石川松太郎「石川謙年譜」、石川謙『日本庶民教育史』1972、玉川大学出版部、所収）。その石川謙が『日本庶民教育史』（刀江書院）を出版したのは1929年であった。私見では、この年こそ学問としての教育史学が成立した年であると考える。というのは、この年には、ほかに乙竹岩造『日本庶民教育史』全3巻（目黒書店，3000頁超の大著）、および高橋俊乗『日本教育史・改訂増補版』（1923初版、教育研究会）も相次いで上梓された。この3著には共通点がある。著者3人はいずれも小学校教員の経験を有し、また江戸時代の教育、とりわけ乙竹と石川は寺子屋に関心を集中し、江戸時代の教育こそが、日本教育史の「本体」と認識していたことである。（辻本「『江戸』への視線―日本教育史学の成立をめぐって」『江戸の思想』第10号1999、後に辻本『思想と教育のメディア史―近世日本の知の伝達』ぺりかん社2011に所収）。

　この三著に加えて、後に明治教育史研究を主導する海後宗臣が、『明治初年の教育』〈1931成稿1973刊〉に結晶する研究に着手したのも、同じく1929年であった。それは必ずしも偶然とはいえない。海後の著書は、明治の新たな学校制度を、西洋教育受容としてより、江戸の教育からの展開の観点から論じていた。明治以降の教育を江戸の教育からの発展とみる点で、石川、高橋、乙竹と日本教育史観を共有していたのである。

　上記の三著（及び海後の著書）は、それまで出版されてきた師範学校用教科書とは明白に一線を画した学術的な（日本）教育史の研究書であった。それこそ、私が〈学問としての教育史学の成立〉と言明するゆえんである。確かに石川は教育史研究の成立に関わったメインプレイヤーの枢要な一人ではあったが、上述の意味で石川だけで日本教育史研究の成立は説明できない。日本教育史の観点からは、石川と高橋の1926年から翌27年にかけて展開された〈寺子屋起源論争〉が

以後の日本教育史研究の主潮流を作った。（詳細は辻本前掲論文参照）
　以上、石川謙が日本教育史研究に着手してから100年、学問としての教育史学が成立してから87年、教育史学会60周年とあげてみれば、石川に即して考えても、本年2016年は教育史研究史で記念すべき節目の年と言ってもよい。石川謙・松太郎氏が形成された謙堂文庫の蔵書の大半を継承した横浜国立大学は、本学会第60回大会記念シンポジウムを開催するにふさわしいといってよい。

２．教育史研究の「学際性」

(1) 成立基盤としての教育学とその変容

　もとより教育史研究は、教育学の課題を歴史学の方法で解明する学である。その「教育学」は、歴史的には近代学校の教員養成のための学術基盤として構築された。つまり師範学校の教職の学として成立した。とすれば「教育史」という学問領域も「教育学」を前提に、近代学校の歴史系譜を教授する教職教養の学として成立した。

　近代学校は「近代国家」（国民国家）に不可欠の制度である。あえて単純化していえば、国家的指導人材を育成する高等教育と「国家が国民を教育する」制度としての国民教育（おおむね初等教育）からなる。したがって近代学校は、近代国家の制度的な枠組みに組み込まれた制度であり、教育学・教育史も成立史的にその枠を脱することはない。現に『教育史』『日本教育史』に関わる書籍の大半は、教職用学習テキストとして生産されてきたし、その実態は今も大きくは変わっていない。

　他方、学校教育の現況をみれば、近代学校システムの限界が露呈しているようにみえる。いわば学校の「飽和状態化」が進み、「国家が国民を教育できない（少なくとも教育困難な）」時代となっている。経済や人の移動のグローバル化と高度メディア社会が、国家を超えて広がってきている現在、学校制度が新たな歴史状況に適切に対応できない時代となっている。私見では、近代学校を支えるメディア基盤は文字と出版に依存しているが、今やメディアは、文字と出版からデジタルメディアへ、構造的な大転換が進行している。それは「メディア革命」ともいえるが、その結果、今や学校教育がおおむね機能不全に陥り、学校の在り方自体が問題化される時代になった。思えば、一人の教師が文字を書く黒板を背に３-40人の子どもを前にして、文字とテキストを使って一斉授業をする。明治初年に始まったこの近代学校の構図は、ほぼ１世紀半後の今もその基本は変わっていない。子どもと学校を取り巻く社会や文化の状況が、まったく異次元の世界になっている現代において、学校のこのシステムは時代遅れで、その歴史的役割を終えたと思わざるを得ない。文字と出版は、近代を推進した〈知のメディア〉であったことを思えば、そのメディアが地殻変動を惹起している今、それは決して誇張ではないだろう。（辻本『思想と教育のメディア史―近世日本における知の伝達』ぺりかん社、2011）

　少なくとも公教育に代表される学校教育だけでは「国民教育」の本来の目的は達成困難な現状がある。現代は近代社会が構造的に変容し新たな歴史段階を迎えている。こうした現実認識に立てば、それに対応した教育史研究の主題への組換えが必要ではないか。学校教育を主軸においた従来の教育史観の自覚的な組換えがいま求められている。グローバル化と高度情報化、超高齢化社会の到来に対応した教育的課題を軸に、新たな教育史研究、それは、学校を超えた生涯学習や「知の伝達メディア」の観点からする教育史像の方向にあると考える。

(2) 教育史研究の「学際化」―教育史研究は教育史研究（教育史学会）だけでは完結しない

　教育史研究が歴史学の方法を採る限り、歴史学やその関連諸領域に対して発信可能な教育史研究が必要である。そのためには、教育学や教育史関係学会だけではなく、歴史学や思想史学関連学会の動向にも目配りし、それらの成果に学んで発信し、自覚的に領域横断的研究が求められる。

　他方で、教育史は教育学の一領域でもある。つまり目の前に現象する現代の教育（学）的諸問題への応答が求められる。その意識のもとに、自覚的に関連諸領域の学問と対話可能な研究の発信しなければならない。先の『教育史研究の最前線』（2007、日本図書センター）は、10年前に本学会で編んだ記念出版であるが、同書は、現代社会が直面する教育の諸問題を意識し、他の諸学とも対話可能な主題を選択し、その先行研究のレビューと先端的研究状況や課題について概観した入門書として編纂されている。ちなみに、他の関連諸領域と対話可能な主題別の教育史研究という問題群に即して、報告者が企画監修にあたった論文集（リーディングス）が「論集・現代日本の教育史」全7巻（日本図書センター、2013-15年）である。いずれも教育史研究の学際化を念頭においた企画である。

　ところで、教育史研究の「学際化」、あるいは他の学問領域と対話可能な研究主題がなぜいま必要であるのか。それは端的には〈教育の問題は教育の世界だけでは解決しない〉からである。子どもも学校も社会的に存在している以上、子どもや学校がそれを取り巻く文化・社会・歴史等の動態と無関係ではありえない。とすれば、いま直面する〈教育的諸問題〉も子どもや学校を取り巻く諸要因の複合態のうちにある。確かに学校現場では、それらを〈教育問題〉として認識し、それに対応し解決に立ち向かわなければならない。例えば子どもの〈学力低下問題〉は、学校現場が取り組む〈教育問題〉であり、教員らはさまざまな〈教育的対応〉を図る。教育の現場でのこうした技術的対応はもとより重要である。しかし研究は、現場から一定の距離のもと、子どもや学校を取り巻く文化・社会・歴史の動態などの側から、〈教育問題〉をとらえる。それによって、問題の本質をより鮮明に浮かび上がらせる。教育史研究は、問題を社会や文化などの歴史変容の文脈の中でとらえ、〈教育問題〉に歴史の視線を投げかけることで、教育世界だけでは認識できない新たな知見や見方を提示できる。教育を子どもを取り巻く文化や社会の歴史変容としてとらえるためには、問題を学校や教育の枠内だけでとらえるのではなく、関連する諸領域と協働し、それらの知見に学ぶ必要がある。子どもや学校が直面する〈教育問題〉は学校や教育の世界のうちだけに表れている現象ではない。例えば〈学力低下〉問題は、現代の高度情報化と商業メディアが子どもの文化世界に構造的変容を来していることを視野に入れずしては、今の子どもや学校に関しては何も語れないだろう。つまり教育を考えるためには、教育を取り巻く大状況に視野を広げ、その中での子どもと教育をとらえる視点が欠かせない。〈教育問題は教育の世界だけでは解決しない〉と考えるゆえんである。

　複合態として教育問題をとらえるために、他の学問領域の成果に学びつつ対話を重ねる。それによって現代の〈教育の諸問題〉に向き合う研究主題が豊かに立ち現れてくる。教育史研究が、現代の〈教育の問題群〉と切り結ぶために、避けて通れない対話であるだろう。その対話によってこそ、〈教育の観点〉から、他の研究領域に対しても、インパクトを与える研究が可能となるに違いない。これは前近代研究に対しても妥当する。

3.「国際化」

(1)〈一国教育史〉の問題

　もとより近代学校は、近代国家に不可欠に組み込まれた制度であり、そのため、教育学・教育史学は国家の枠組みに強く規定されている。教育学は教育の〈普遍性〉が前提にされているのに対し、教育史とりわけ現代に連続する近代教育史や学校史は、国家が単位とならざるを得ない。教育史研究がともすれば〈一国教育史〉として語られるのは、その学の成り立ちに根差しているからである。もしそれが教育史研究の〈宿命〉であるならば、いまなぜ〈一国教育史〉が問題なのか。一国教育史でよしとする立場もあるかもしれない。

　一つは、経済や物流、情報の地球一体化が進み、人も容易に国境を超えて移動する。文化的多元性に比較的乏しいとされる日本でも、ニューカマーの急増や多文化社会の色彩が強まっている。日本人の子どもだけを念頭に設計された従来の教育制度は今や通用しにくい。現実の教育が既に一国に完結しない事態を迎えている。

　台湾の場合、そもそも一国教育史として描くことは逆に容易ではない。清朝時代、民衆的教育（書堂）でも科挙でも中国と一定の共通性をもちつつ、清末の教育近代化の波は台湾には届かなかった。日本統治下では、教育の「内地」化と差別化の両面性をもつ植民地教育があった。その後の中国国民党の統治下、中国にアイデンティティーをもつある種の「近代教育」の一方、民主化以後、政権交代のたびに教育内容が揺れ動いている。外来政権に翻弄されてきた台湾の歴史が教育にも反映し、その歴史は複雑な様相を帯びてくることになる。

(2)〈国際日本学〉と日本研究の国際化―台湾での体験から―

　以下は、報告者の個人の体験にもとづく報告である。

　台湾に移って「台湾大学日本研究センター」の立ち上げと運営に深く関わってきた。その体験は台湾や東アジアにおける日本研究の在り方を、日本の外側から考える機会となった。

　実際の体験例から述べよう。授業で「台湾人のアイデンティティー」と題した作文が提出された。父方祖父は「中国人」を自認する「外省人」、その妻（父方祖母）は閩南人系「本省人」で自らのことを多くは語らない。一方、母方の祖父は客家人で中国語以上に日本語が堪能、台湾史や中国史より日本史に通じ、日本に強い愛着を持つ。その妻（母方祖母）は中国国民党政権下で辛酸をなめ「中国」を拒絶する「台湾人」。カナダ在住の実妹は「台湾系カナダ人」との自己認識に迷いはない。そうしたなかで「台湾人」とは何か、自らのアイデンティティーをどう構築するか、それが私の課題と、この作文は結ばれる。この他「原住民」の存在も忘れてはならないが、この学生が語るように、葛藤に満ちた複雑な台湾の歴史体験は、今も台湾社会に陰に陽に影を落とし、その傷痕が不意に顔を出す。世界史の矛盾的問題群が圧縮されているかにみえる。この台湾社会の複雑なリアリティは、日本国内からは容易には看取されない。台湾の学生たちはこうした台湾固有の歴史と社会の問題群のなかにいる。日本研究を志す学生たちも、台湾の問題群に直面しないわけにはいかない。もとよりかれらは、日本のために日本研究をするわけではない。日本研究を通して、いわば日本を研究回路にして「自己」が直面する諸問題を考えることである。とすれば、同じ日本研究でも、日本国内の日本研究と台湾学生のそれとが同じになると考えるわけにはいかない。いわば〈台湾的文脈〉をもつ日本研究が求められる。台湾でこそ可能な日本研究があると私は確信している。（こうしたなか、私の日本研究が、日本という固有の文脈を越えてどこまで「普遍」化できるか、それが問われていると常に惧れの念を抱いてきた。）

もちろん以上のことは、日本を「外」から見るいずれの日本研究にも共通する。韓国、中国、あるいは琉球、さらには EU やアメリカから見る等々、複数の日本研究が存在する。「外」の視点からの複数の文脈は、相互に重なり合いつつも、ズレてくる。が、その「重なり」や「ずれ」によってこそ「複数形の日本研究」が成立する。この複数形の日本研究を、私はさしあたり「国際日本学」「国際日本研究」ととらえている。

　私の関わった台湾大学日本研究センターは、東アジア諸地域の日本研究機関と積極的に連携しているが、そこで重視する視点は、第一に日本を外からみる「国際日本学」を目指すこと、第二にそこでのメインプレイヤーは、日本より日本外部の研究機関とその研究者であること。したがって第三に、日本の学術成果には学ぶけれど、日本の研究に依存する必要はないこと。こうした「国際日本研究」こそ、逆に日本の研究を外から刺戟し、国際化に向かって背中を押すに違いない。日本の教育史学の国際化の契機と可能性とが、もしかしたらここにあるかもしれない、いま私はそう想定している。

　こうした立場からは、私自身が生きてきた日本国内の日本研究はいかに見えるか。第一にそこに「日本とは何か」という問いを発する発想はないか、あっても希薄である。「日本」とは説明を要しないほどに自明。日本語母語話者として、一定の文化や思惟様式を無意識のうちに身体化して生きてきた。ここでの研究課題は、ほぼ日本国内から発する課題に求められ、結果的に内部に閉じた傾向を脱することは難しい。そこでの「他者」は、日本域内での他者を越えることはないからである。日本国内なら共有できる、あるいは日本人にしか共有できない類の研究となる傾向が免れがたい。確かに研究の精度や実証レベルは緻密であるが、そこでの問題が、国や言語、文化を越えて広がっていくことは難しい。日本発信の日本研究が、国の領域と言語を越えて国際化されることは、依然多くはない。それは、研究者としての自足的な国内研究市場の空間があるからだろうが、その研究空間は、無自覚な「日本の自己像」の再生産になっている可能性が高い。それは「他者」不在の、国内的な問いに応じた「自己像」の反復にすぎないだろう。ここに〈一国教育史〉の陥穽が露呈するだろう。

　繰り返しになるが、「外」からの研究には、日本人による日本研究とは異なる意味と文脈がある。それは、台湾と日本の関係にとどまらず、東アジア、大きくは地球世界という広がりの中で、各地域の自らの在り方を問う問いが、日本を問うことに相関して存在している。あるいは自らの問題を考えるために、あえて日本を問うという回路を「創りだし」、相互に関わりあった広がりある世界（例えば東アジア）で、より「普遍的」な問題を考える。そこに日本の日本研究を国際化させる大きな契機があるのではないか。

(3) 英語版日本教育史・『History of Education in Japan (1600-2000)』(Routledge 社) 出版への挑戦

　5人の本学会会員の共著で、英語読者向けに、1600年－2000年に及ぶ日本教育史の通史の出版を進めている。（本書は2017年3月に刊行された）。日本人研究者による学術的な「日本教育史」通史の英文出版は初めての試みであるという。英語で書き下ろすのが、日本教育史の「国際化」にはベストであろうが、山崎洋子会員を除き、英語での執筆能力がないため、英語を常用する周辺領域の研究者に翻訳を依頼した。加えて、英国の著名な教育史研究者に、英語読者・教育史研究者の立場から、翻訳英文の校閲を依頼した。表現の問題はもとより内容に関わる点も含めて、多くのコメントが返ってきた。それらに応えた修正の後、ようやく入稿できた。

　その際、表現の問題だけでなく、翻訳語の確定に大きな苦労があった。そもそも正確には翻訳不能な用語に事欠かない。私の場合、たとえば「郷学」は翻訳不能にちかい。そもそも郷学は研

究史上でも定義が定まっていない上に、それに対応する学校が英語圏には存在しない。結局、[gōgaku academies] とまず日本語音を出し、[literally, village academies] と付言することになった。文字通りには「村のアカデミー」だが、しかし郷学が、(懐徳堂の例を出すまでもなく) 村落部にあるとは限らない。結局、本文の説明とその文脈から、郷学を理解してもらうしかない。

その他、「ゆとり教育」は [relaxed education (yutori kyouiku)]、「生きる力」[zest for living (ikiru chikara)] に (すでに使用前例もあり) 確定したが、「ゆとり教育」relaxed education では、それ自体何のことかわからない。1980年代以降の日本の教育論議の文脈のなかで初めて理解できる「教育用語」にほかならない。翻訳とは言語の変換の問題ではないという当たり前のことを、この作業を通じて、実感できる体験であった。言い換えれば翻訳の困難さこそ、日本の教育史研究を、「外部からの目」で点検する作業であり、相対化と比較化を促す機会であった。

むすびに代えて

以上、結論的に言えば、私たちの教育史研究をできるだけ〈外部〉にさらすこと、外部とは、他の学問領域であるとともに、国と言語と文化を超えた〈他者〉のことでもある。歴史研究としての実証性の確かさと、緻密な課題研究は疑いなく本学会の誇る研究蓄積であるが、それが〈外部〉の〈他者〉に届くためには、問題設定・研究課題とその成果の意義を、外に開かれた観点から捉えなおすことが必要である。それがより〈普遍〉的問題に研究を拓いていくことになる。緻密な実証研究の意味を、より大きくより普遍的な問題文脈の中で考えることが何よりも肝要であろう。結局、他の学問領域や、言語・文化・国を越えた他者と対話し議論できる研究こそ、教育史研究の可能性を広げることになる。それは学問研究の一般にも通じるいわば「当たり前」のことでもあるに違いない。その「当たり前」に向けたたゆまぬ努力が、教育史研究の可能性を大きくし、広げていく方向である。

Ⅱ 教育史学会第60回大会記録

指定討論

「教育史研究の新たな船出」へ向けて

越 水 雄 二（同志社大学）

　シンポジウムで筆者は、三つの提案に対して、特に教育史研究の今後の進路を考える上で関心をもった点をいくつか述べた。それらは各提案の趣旨を積極的に受け止め、さらに詳しい説明を引き出すための質問であり、参加者の方々から多様な意見を伺うための問題提起でもあった。

1．リチャード・ルビンジャー氏の提案に対するコメントと補足

　ルビンジャー氏は自身の研究の歩みを振り返って紹介し、外国の文献からヒントを得ることの大切さを強調した。そして、日本教育史の専門家へ向けて極めて控えめに、「教育と近代化に関する議論」が、「ひょっとして何かのお役に立つかもしれない」と示唆した上で、リテラシー研究がこれから教育史の研究範囲を広げるであろうと主張した。こうした氏の提案は、対象を日本教育史に限るものであったが、フランス教育史を専攻する筆者にも非常に興味深かった。というのも、日本語に翻訳された氏の二冊目の著書『日本人のリテラシー　1600-1900年』（川村肇訳、柏書房、2008。原著 *Popular Literacy in Early Modern Japan*, University of Hawai'i Press, 2007）は、フランスの研究書からヒントを得ていたからである。

　それはフランソワ・フュレ François Furet（1927-1997）とジャック・オズーフ Jacques Ozouf（1928-2006）編の *Lire et Écrire, l'alphabétisation des français de Calvin à Jules Ferry* である。原題を翻訳すれば、『読み書きの歴史―カルヴァンからジュール・フェリーまでのフランス人の識字化』となろう。同書は1977年にフランスで公刊されて1982年に英語版も出たが、日本語訳はなされていない。そこで、フュレとオズーフの識字研究について補足説明をしておこう。

　彼らは、ルイ・マッジオロ Louis Maggiolo（1811-1895）が1877年に行った識字率に関する全国調査の資料を批判的に検討しながら再利用した。マッジオロは公教育省から依頼されて、全国の教区記録簿で結婚の際になされた署名の状態を各地の小学校教員に調査させていたのである。それに基づいてフュレとオズーフは、国内全体の平均識字率を、1686-1690年に男性29％・女性14％、1786-1790年に男性47％・女性27％と算出した。1世紀の間に男性で1.5倍以上、女性では約2倍の伸びである。結婚時の署名が人びとの読み書き能力の内実は示さない点を指摘されながらも、上記の数値はアンシャン・レジーム期の識字を捉える目安として広く知られてきた。

　ただし、*Lire et Écrire* の識字研究上の意義は、全国平均値の提示よりむしろ、読み書きをめぐる状況が地域・階層・男女の間で大きく異なっていた事実を鮮やかに示した点にある。また、18世紀までは、読み書きの習得が一体ではなく、多くの人びとが文字を読むだけに止まっていた状況や、学校が無くても家族や巡回教師を通じて読み書きが学ばれていた地域の存在も判明して、学校の普及と識字の進展とに相関が認められても、前者が後者の絶対的前提ではないとも認識されるようになった。これらの成果は、フランス革命を起点とする近代公教育の構築が民衆にも識字をはじめとする知識を与えてきたという、第三共和政の下で成立した教育史観を相対化した。識字研究がフランスの教育史をイデオロギーによる呪縛から解放したとも言えるのである。

さて、ルビンジャー氏は、先述の通り、日本教育史の研究者へ向けて、1960年代アメリカにおける「教育と近代化に関する議論」の今日的有効性を示唆した。それに対して筆者は、1960年代のアメリカ近代化論は、当時の世界戦略上のイデオロギー性ゆえに夙に批判されてきたが、ドーアやパッシンによる研究は、江戸時代の教育に近代化への前提を認めた点で、1980年代以降の日本で展開された〈内発的発展論〉に通じているとも解釈できるのか、また、現代アメリカの日本研究において実際どのように評価されているのか、門外漢ながらも質問をした。ルビンジャー氏は日本の教育について、「長く積み上げてきた伝統が強靭でなかなか変えられない」という見方を述べて提案を締め括ったが、その伝統の内容を具体的に伺った上で意見を交換したかった。

2．韓龍震氏の提案に対するコメント

　韓龍震氏の提案は、「21世紀の時代診断」から始まり、教育史の新たな課題を、専門家による研究の面はもちろん、すべての人の教養の在り方とも関連付けて考察する内容であった。ポストモダンの時代状況下、ビッグ・データも活用して〈文字の歴史学〉を超える新しい研究を拓き、国家の枠に囚われない教育史を人びとへ広く提供しようと説く韓氏は、一国教育史を超える進路を二つ示した。一つは原始時代までも遡る遠大な視野での〈文明としての教育史〉であり、もう一つは身近なコミュニティを対象とする〈地域あるいは地方教育史〉である。これらの教育史が万人の教養となり、各人がそこから自分自身の教育史を創り出すこととも合わせて、未来を拓く教育史を目指す。このような構想に、筆者のみならず、聴衆の多くが共感したのではあるまいか。
　韓氏は、今後、世界へ向けて「(東)アジア教育史」が発信されることに加えて、「ユーラシア」ではなく「アジロッパ」教育史という新たなアイデアも掲げた。また、2016年に韓国教育史学会の年次大会の主題は「地球村、教育史教育の歴史」であったというのも興味深い。これまで韓国における教育史研究の動向に全く疎かった筆者は、韓氏独自の、あるいは韓国の学界に見られる、「(東)アジア教育史」や「地球村の教育史」などに関わる具体的な構想や取り組みの内容を、さらに詳しく紹介していただきたかった。そして、韓国での教育史の新たな動きの中で、西洋を対象とする研究には、どのような課題や可能性が期待されているかも伺いたかった。シンポジウムで議論を深められなかったそれらの問題について、今後も意見や情報の交換を続けていきたい。

3．辻本雅史氏の提案に対するコメント

　教育史学会が創立60周年を迎えた2016年は、辻本会員によれば、石川謙が日本教育史研究に着手してから、ちょうど100年となる。また、石川謙、高橋俊乗、乙竹岩造の3名がそれぞれの著書を上梓した1929年を辻本会員は「日本教育史学の成立」の年と見なしており、そこからは87年目が経った。ちなみに1929年は、フランスで社会史研究の出発点となった『経済・社会史年報』*Annales d'histoire économique et sociale*（『アナール』誌）が創刊された年でもある。
　シンポジウムの趣旨説明文によれば、「教育史研究の深化と学際化・複合化との並立」を追求するのは、60年前の学会創設時の理念であった。ゆえに辻本会員は、なぜ教育史に学際化が必要かを問うのは「愚問」と指摘しつつも、学際化を「他の学問領域と対話可能な主題の設定」と言い換え、その必要性を「教育の問題は、教育の世界だけでは解決しない」という表現で説明した。そうした学際化の必要性について異存は全くないが、辻本会員は〈教育の世界〉と呼ぶものをどのように考えているのかについても、筆者は詳しく伺いたかった。

本学会の設立当初から求められてきた教育史研究の深化と学際化・複合化が、現在では、一般市民も日常生活の中で実感する国際化の中で追究されなければならなくなっている。この数年間、台湾に活動の拠点を移している辻本会員が、研究を自ら遂行し発信する面でも、研究を指導する面でも、国際化がもたらす課題に最前線で取り組んでいる様子が提案から実に良く伝わってきた。台湾的文脈における日本研究の指導と英語版日本教育史の出版とは、氏にとって日本の教育史研究を「外部からの目」で点検する作業であり、その相対化と比較を促される機会であったという。そうした点検・相対化・比較を通じて、辻本会員の日本近世教育思想の研究や、そこから展開された教育のメディア史研究に、具体的にはどのような新たな進展がもたらされているのだろうか。筆者が一番知りたかったのは、その点である。

辻本会員の結論の通り、日本の教育史学の成果を〈国と言語と文化を超えた他者〉へ向けて発信していくことは学会員共通の今後の課題であり、まさにそのための国際シンポジウムであった。ただし、日本国内に住み、日本語を用い、いわゆる日本文化の中で暮らしている人びとの間でも、生育環境や保護者の経済力、学校や社会教育制度との関わり方などから捉えれば、それぞれの所与・経験・記憶は実に多様である。この意味で日本教育の複雑なリアリティを歴史的に解明する研究は、〈同じ国と言語と文化の下にある他者〉に対しても求められている。

4．新航路としてのリテラシー研究

「教育史研究の新たな船出」の航路を3提案から考えれば、その一つにはルビンジャー氏が唱えたリテラシー研究を挙げられるだろう。これは「新発見」の航路とは呼べないけれども、literacyの概念を語義に従って文字の読み書き能力に狭く限定せず、情報を獲得したり発信したりする力や、社会生活・職業世界・文化活動などに参加していく姿勢も含めて広く捉えることにより、リテラシー研究は長らく学校教育に焦点を当ててきた教育史を変えていけるかもしれない。

ここでフランスの文献を参照すると、識字研究は、フュレとオズーフの *Lire et Écrire* 以降、一定地域の住民の識字率を示す数量史から、一人物が読むことや書くことに通じていく多様な姿を描き出す、ミクロストリアに似た手法へ転換してきた（Boris Nogués, Alphabétisation, *Dictionnaire de l'historien*, PUF, 2015, pp.10-12）。その展開は、シンポジウムで韓氏が唱えた、プロシューマーの時代における「自分自身の個人的経験に基づいた教育史」へ向う構想とも重なると思われる。

10年前、教育史学会50周年記念に出版された『教育史研究の最前線』（日本図書センター、2007）は「識字と読書」に一章を充てていたが、近年、日本ではリテラシーをテーマとする歴史研究の成果が相次いで発表されている。それらは教育史研究者と歴史学や文学などの研究者との共同作業によるものである。リテラシー研究は、辻本会員が言う「他の学問領域と対話可能な主題」であり、教育史の学際化を促している。

さらに教育史には、リテラシー研究により、教育学の領域において、発展途上国の教育問題を対象とする研究や、日本国内で困難を抱える若年者の「低学力」問題に関する研究などとの間で、航路を更新していくことも期待されるだろう（前者の例として、中村雄祐『生きるための読み書き―発展途上国のリテラシー問題』みすず書房、2009。後者の例として、岩槻知也編著『社会的困難を生きる若者と学習支援―リテラシーを育む基礎教育の保障に向けて』明石書店、2016）。

（注）上記4の内容は、シンポジウム全体を振り返り筆者のコメントを補足したものである。

教育史研究の「新たな船出」を妨げる言葉

VAN STEENPAAL Niels（京都大学）

　「教育史研究はどこに向かうべきか」というテーマに対して、各報告者が有用な方向性を提起した。具体的には、「一国史」と「学校史」として展開されてきた従来の教育史の枠組みから脱する必要があるという共通の問題認識のもと、それぞれの報告者が、リテラシー研究や、デジタル・ヒューマニティーズ、学際化、国際化、複合化等、様々な対策を挙げた。この対策一個一個が、非常に重要で、一刻も早く着手することが望まれる。むしろ、本格的に着手されていないことが不思議なくらいである。というのも、「一国史」と「学校史」という枠組みから脱するべきであるという問題意識も、それに対するこれらの対策も、今日のような綺麗に整理された形ではなくても、以前からある程度には俎上に上がっていた。こうした実態は、以下二つのことを物語っていると言える。

①今後の方向性について、すでにある程度の共通認識が存在し、それを模索する段階はもしかして、既に終わりかけていること。
②それにもかかわらず、実行に移る段階になかなか至っていないという事実は、その実行を妨げている「何か」が想定されること。

　では、邪魔している、その「何か」はどういうことかといえば、これはいろいろ考えられるが、今日の討論において着目したいのは、「ことば」という要素の役割である。三報告で私が引っかかった言葉をそれぞれ一つずつ取り上げて、それが孕む問題を指摘することで、私のコメントに代えさせていただきたい。

ルビンジャー氏報告に対して―「リテラシー」

　最初はルビンジャー氏が取り上げた「リテラシー」についてコメントしたい。確かに、ルビンジャー氏が指摘したように、「リテラシー」観念の強みとして、「学校が義務化される以前、学校に通えなかった」、いわば「下級層の人々」の記録も研究対象にできることがある。しかし、「リテラシー」という「ことば」として、次のような、三つの弱みも指摘することができる。

　第一に、「リテラシー」観念は「文字」を前提としていることである。「literacy」の語源はラテン語の「litera」、すなわち「文字」か「文章」にあり、その根本的意味は「文字」を知ること、もしくは「文字」を知るものでる。たしかに、「教養」としての意味合いもあるが、その由来も「書物を多く読んだことによって蓄えた教養」というように、「文字」を前提としている。

　しかし、人間の「教養」が「文字」を通じて得た知識に限るとは到底思えない。耳から入った情報、体を通じて覚えたスキルや、画像や表を通じてひらめいたこと、さまざまな要素が「教養」を構成していると考えられる。それは過去もそうであったし、現代のメディア社会においてはなおさら、文字と比べ、画像や動画に接する機会がより大きくなってきている風潮から考えると、もはや「文字」を優先する「リテラシー」観念は適していないとも考えられる。

　第二に、「文字」を優先する「リテラシー」観念は、結局「学校」の役割を相対化するよりも、その重大性の再確認で終わってしまうことである。「リテラシー」観念は確かに学校に通えなかった「下級層の人々」を視野に入れることができるメリットはあるが、その視点が「文字」を前提

としている限り、それが多くの場合、その「下級層の人々」の能力を結局低く見積もる評価をおのずから導いてしまうこととなる。その低評価は、もとの思惑とは裏腹に、また「学校」の高評価に結ばれてしまうのではないだろうか。

　第三に、「リテラシー」は能力自体を表す観念として、その能力を習得するプロセスや、それを発揮する行為を問わないことである。極端的にいえば、その観念を追及した果てには、読み書き能力を表す数字しかなく、実践が見えてこない。この数字を知ることは様々な意味において重要であるが、「教育」という枠組みの中で考えた時に、それよりも気になるのは、その数字の背景にある学びのプロセスである。

　以上を踏まえて、ルビンジャー氏には次の質問をしたい。この三点を討論者と同じく「リテラシー」観念の「弱み」として考えていらっしゃるのでしょうか。もし、そうならば、それをいかに乗り越えるべきだとお考えでしょうか。

韓氏報告に対して――「大航海時代」

　続いて俎上に挙げるのは、韓氏が報告の冒頭に、教育史学が直面している課題を「大航海時代」に例えたことの妥当性についてコメントしたい。その比喩は、もちろん、今回シンポジウムのタイトルに出ている「新たな船出」に合わせてくださったものなので、そういう意味において、親切なレトリックである。しかし、韓氏が、報告内で詳細に描写している、実態としての教育史学の課題は、あまりにもこの比喩と相いれないものなので、敢えて取り上げてみたい。

　まず、ヨーロッパの「大航海時代」の歴史的背景について、ご存じのように、そのきっかけとなったのは、従来アジアの商品とスパイスが流れてきたシルクロードが、オスマン帝国の拡大によって塞がれたことにあった。ヨーロッパの欲しいモノが入手困難な状況となったため、その欲しいモノを手に入れるため、新な道の模索、いわば「新たな船出」が必要になったのである。

　しかし、その当時と比較して、現在日本の教育史学の状況は次の二点において大きく異なっている。

　第一に、当時ヨーロッパの出航の目的（スパイス）と目的地（アジア）は、はっきりしていたため、新たな路線を模索することが可能であった。しかし、韓氏が指摘するように、教育史学の「目的やあり方を考え直す必要がある」とするならば、我らが直面している課題は、新たな路線の模索よりも先に、新たな目的地を設定することが急務である。

　第二に、当時ヨーロッパは、欲しいものと切り離されたことを悩んだが、現在の教育史学における問題は、次々と、絶えずに寄せてくる新なモノや現象にどう対応するか、ということにあると思う。韓氏が報告に触れたスマホや、プロシューマーなどはそういった新たなモノと現象の事例となる。

　以上から考えると、韓氏は、教育史学の現状を「大航海時代」のヨーロッパに例えたが、描写している実態は、その正反対ともいえる。ヨーロッパの「大航海時代」より、幕末期の日本のほうが、その実態をよく捉える比喩であるとも思われる。そして、その比喩に従っていえば、そこに現れる問題提起は新たな「船出」ではなく、むしろ「開港」なのではないだろうか。

　以上を踏まえて、韓氏に次のことを問いかけてみたいと思う。「船出」か「開港」のどちらが、現在の教育史学の課題をもっともよく表す比喩だとお考えでしょうか。また、この二つの課題は、相互排他的なものか、それとも補助的なものとなりうるのでしょうか。

辻本会員報告に対して―「国際」

　最後に、辻本会員がその発表の後半に提起した「国際日本学」という言葉である。もちろん、この言葉の背景にある理想、つまり、日本人による、日本人のための、一枚岩的な日本研究を打破する必要性があるという意味合いには、何の異論もない。一つの研究対象を極めるには、一つのアプローチより、複数の視点から見た方が望ましい。しかし、このような理想像を、「国際日本学」という言葉で表すことは、その理想に反する逆効果があると私は考える。

　実は、近年「国際日本学」ということが一つのキーフレーズになっており、多くの大学にも「国際日本学」もしくは「国際日本研究」と名付けるコースが設置されてきている。一見、日本学の「国際化」として、喜ばしい現象としても見受けられるが、私はこの風潮をむしろ悲願的に見届けている。なぜかといえば、「国際日本学」という言葉は、いわば「内」と「外」の視点を設置することで、その間の生産的な交流を塞いでいるからである。つまり、「内」なる日本研究と、「外」なる日本研究に異なる課題・方法・存在意義を認めると、それらが別次元、もしくは同時並行に走る二系統に分かれることとなる。しかし、「外」の視点というものは、単に「内」を考え直すための刺激ではなく、「内」に不可欠、不可避、そして不可分のものであると考える。

　さらに言えば、「国際」という言葉の厄介な点は、このように「内」と「外」の枠組みを設置しているだけではなく、その「内」と「外」を、そのまま「国内」と「国外」という観念に当てはめていることである。しかし、「国内」に「外」の視点を持つ研究者、もしくは「国外」に「内」なる視点を持つ研究者も大勢いる。「国際」という言葉は、そうした多様性を隠蔽してしまう危険性を孕んでいるのである。

　実際、これは潜在的な危険性を語ったものではなく、その危険性がすでに十分現実となっている。たとえば、近年、某大学に設置された「国際日本学」コースのウエブサイトには、その達成目標として、次のようなことが挙げられている。「学生の教養日本力を高め、世界で日本を代表できる日本人を養成します」。あるいは、「グローバル化に伴い、（中略）「語学力」だけでなく、日本人としての「品位」や「教養」が試される（中略）授業では、幅広い領域においてグローバルに活躍する日本人がもつべき倫理や行動規範について考える」。

　つまり、「国際日本学」という一見コスモポリタンに響く言葉は、このように、代表的な日本人を養成することを目的とする、きわめて「一国」的なものとして展開しているのである。もちろん、すべての使用はそのような意味合ではないにしても、そのような危険性をはらむ言葉として、もう使わない方がいいとさえ私は考えている。

　以上を踏まえて、辻本会員にはこの質問をさせていただきたい。討論者が「国際」という言葉に感じる以上の危険性を、どうお考えでしょうか。今後、教育史学会として「国際」化を追及しながらも、「国際」の言葉が孕む「一国」性をどうやって避けることができるのでしょうか。

Ⅱ 教育史学会第60回大会記録

討論のまとめ

一見　真理子（国立教育政策研究所）

はじめに―指定討論者からの問題提起―

　シンポジウム後半の部は、リチャード・ルビンジャー海外特別会員、韓龍震海外特別会員（以下ともに会員と略称）、辻本雅史会員の提案に対する、越水雄二会員、ニールス・ファンステーンパール会員の指定討論から始まった。越水会員のコメントは、各提案の要点をフランス教育史研究の立場から敷衍し、聞きどころを見定め、もう一歩踏み込んだ説明を促すものであった。一方、ファンステーンパール会員は、3提案が教育史研究の進むべき方向として「一国教育史および学校偏重からの脱却」を共通に認識しているものの、なぜそれがいまだに乗り越えられないのかを考察した結果「言葉」の問題に行き着き、各人の報告について「リテラシー」「大航海時代」「国際（化）」を取り上げた。両会員からの討論を、各提案者は概略以下のように受け止め、応答された。（要約の文責は筆者にあることをおことわりしておく。）

1．ルビンジャー会員による応答

　「このような難しい質問に対し、私は日本語よりも英語のほうが能力が高いので、皆さんの国際交流の能力向上のためも英語でお答えしたい」とユーモラスに口火を切られ、以下3点を母語で論じられた。1. ドーア、パッシン、キーンほか1960年代に一派をなした近代化論者は、当時のアメリカの世界戦略を正当化するものとして批判を一身に浴びたが、近代化論に基づく日本研究には良い点もあった。それはアメリカの大学にこれまでなかった日本学研究のコースが導入され、日本への知的関心を持つ次世代を育てたことである。2. 確かにリテラシーの概念は一筋縄ではいかない。例をあげると平（片）仮名や漢字を使う日本で事情はより複雑である。例えば、江戸時代に幕府が把握していた大名の識字率は50％でしかなかった。これは当時のリテラシーの判定基準が漢文の読み書き能力に置かれていたためである。3. 社会制度比較研究の中で「教育文化」は重要な指標といえ、研究する意味がある。そこからは社会の規範や伝統となるコアな（なかなか変わらない）部分が見えてくる。例えば、日本ほど集権的に全児童に一定水準の学力をつけさせた国はないが、アメリカでは集権化を拒み各人の個性や創造性を重視するので、教育水準を一定に保つことは今なおむずかしい。こうした問題に、私自身も関心をもち、日本の歴代の研究者たちにも啓発されともに追究してきたところである。これからもこのような研究が深まり、進展することを望んでいる。

2．韓龍震会員による応答

　越水会員にまずお答えする。韓国での教育史研究は、第2次世界大戦後に始まったため、比較的歴史が浅く研究者も少ない。戦後韓国の教育学は、主にアメリカ留学帰国者によって担われ、教育史研究は留学組と無縁であったことから主流でないイメージがつきまとった。また近年では漢

字の読めない世代が史料を敬遠しがちな事情もあり、学会も大きくはない。私自身は、比較教育学を専攻したこともあり、比較教育文化史的なマクロな教育研究に関心がある。提案した「東アジア教育史」については漢字文化圏であることがまず取り上げられるべきだと考える。「アジロッパ」という造語は、「ユーラシア」という言葉には福沢諭吉の脱亜入欧的な響きを感じるのと、人類文明の発祥地はそもそもアジアにあったことにちなみ語順を逆転させてみたものである。それゆえ、アジロッパ教育史では何よりも宗教という人間文化の教育史的探究から着手すべきと考える。ファンステーンパール会員から指摘のあった「大航海時代」という比喩だが、今の時代は情報の大海の中で一人一人が必要な知識内容を編集しなければならないことにも由来している。16世紀ヨーロッパの航海者は、目的（スパイスの獲得）も目的地（アジア）も明確だったかもしれないが、慣れた地中海から初めて大西洋に出たときには大きな不安感があった筈である。今の時代の情報入手手段に恵まれた個々人は、逆に強い不安感を抱き羅針盤にあたるものを必要としている。代案として出された「開港」という言葉は、アジア人にとって西欧世界からの圧力でそれを強制された歴史があるので、やはり自らの意思で出帆する「出航」のほうが、教育史研究の新たな出発にはふさわしく思うことをご了承願いたい。

3．辻本雅史会員からの応答

報告の中で日本教育史「研究」の出発点であると規定した1929年が、越水会員のコメントから奇しくもフランスにおけるアナール誌の創刊年でもあることを知り、感動するとともに意を強くした。また「教育は教育の世界で終わらない」だが、大状況から切り離された教育は元来ありえないということを言いたかったことに尽きるので多言を要しないだろう。前述のように、台湾での授業経験や、英語で発想・発信する日本教育史の共同出版といった新たな経験は、ドメスティックな（国内で前提を問うことなくなされている）日本教育史研究を外の世界に晒す機会を与えてくれた。これが自分自身の研究にどんな進展をもたらすのかはまだ語る段階ではないが、台湾での講義4年目にして全く無縁だと思っていた優秀教師賞などという賞を授与されたので、日本とは全く異なった複雑な歴史文脈の中にいる台湾の学生たちにも通じる日本史講義が何とか可能になったのだろうと考えている。教育史はメディア（知の伝達）史であるべきとの年来の着想も、台湾での国際・学際的な対話の中で有効性を検証することができた。本日、ファンステーンパール会員から「国際（化）」という言葉の陥穽についての指摘があったが、自国中心史（一国史）からの脱却のためには、日本教育史を専攻する日本人研究者も、他国の日本研究者のように地域研究（エリアスタディ）をしていることの自覚、もしくは相対化された観点をもつ必要があると痛感している。

4．指定討論者からの補足コメント

以上の応答を踏まえ越水会員は、日本語で国際シンポのできるこの企画に感謝しつつ、「国際化」のもう一つの落とし穴として、グローバリゼーションに伴い英語のみが圧倒的に優位になっている傾向を指摘し、日本教育史もしくは日本の教育史学の成果発信は、英語以外のフランス語はじめ多言語で進められてもよいのではないかと指摘した。またファンステーンパール会員は、言葉についてここまで執拗にコメントした意図は、語源や語の含意を丁寧にさぐり、突き詰めていく作業をすることによって何かが見えてくることが多いので、この機会に多くの方々との思考

実験を行ってみたかったことにあると種明かしした。また、船の比喩で行くなら、教育史研究という船は「どんな船体」が「どこに」「どれだけ」あり、それらに「どんな船長」が「何を載せて」「どこへ向かうか」を具体的に考えてみることも面白い作業になる筈だ、とも提案した。

5．フロアとのやりとり（1）―教職のための教育史をどう豊かに―

司会者のほうに「教職課程の教員として、学生が教育史（学校の歴史）を履修したがらない。また教員採用試験に教育史の適切な出題のないことも問題だと思うが、どうお考えか？」「専門職としての教職にとって必要な教育史と一般教養の教育史は同じかどうか？」という質問紙が寄せられた。

これに対し辻本会員からは、「学校自体は今後も存続する以上、教職課程の教育史は大切にすべきである。問題は若い世代の歴史認識の鈍化で、自分としては教材のビジュアル化や今現在と歴史を絶えず結びつけて考える教育方法をとっている。また採用試験を出題する各都道府県の教育委員会側も歴史認識を豊かにすべきだ」との応答があった。

韓会員からは、韓国の教育大学院には2つのミッションとコース（現職再教育と教員養成）があり、両者の教育史の授業内容も当然ながら異なっていること、さらに韓国の教育史学会は、「地球村（グローバル時代）の教育史教育」を前大会のテーマとして模索しており、教育史教育のあり方への関心の高いことが述べられた。

6．フロアとのやりとり（2）―「近代化の達成」から「近代の超克」へ―

教育史研究をロングスパンでとらえようと、教育関係の歴史人類学的構想を長年にわたり提唱してきた宮澤康人会員からは、感想として国家単位の近代教育史研究から「近代を超克する」教育史研究（注：これについて司会の大戸会員から戦時下京都学派の「近代の超克」論を意味するのではないことへの確認あり）に向かうべきなのは今ここ（日本）からではないかとの発言があった。「日本から」というのは、地球上の位置からも無論、後発近代化国家として発展した末に近隣諸国を戦禍に巻き込み、人類史上初の原爆被害国になった過去のある国民としての使命であるとの補足説明があった。なお、前近代を含むより長期的な視野と展望をもつ教育史研究については、司会の大戸会員から「本学会だけをみると近代前の研究は心もとない状況ながら、学際的には研究は相当程度に活性化している」と補足説明された。

7．フロアとのやりとり（3）―近代化の理想も学校教育も、むしろ今こそ大切ではないのか―

より現実的な教育政策・ガバナンスの観点からの質問が、討論時間の最後に羽田貴史会員から出された。格差や貧困が広がる21世紀には、学校こそがむしろ社会紐帯の中心として機能すべきだとの議論がある中で、教育史学はこのこととどう関わったらよいのかを問いただす質問があった。以上については時間の関係で十分な結論の見出されぬまま、会場校によって用意された延長戦会場へと持ち越される形となった。ただ、この質問に対する提案者の最後の発言の中にも以下のとおり傾聴すべきコメントがあったので記録しておきたい。まず、ルビンジャー会員は、アメリカでの学校教育の発展は19-20世紀にみられた現象で、21世紀にはICTが従来のスクーリングのあり方を確かに一変させていると語り、テクノロジーが個々の学習権保障や社会のサステナビ

リティにいかに貢献するかが新たなチャレンジであると指摘した。同様に、辻本会員も学校には格差の是正にも拡大にも関わる両面の歴史があり、現在の学校が危機に瀕していることを生涯学習やメディアの状況にも注目しながら見てくべきと発言し、韓会員からも地域の学力格差を学校の中から改善するローカルな取り組みには比較教育史研究者として無関心ではいられない旨の発言があった。それらはともに歴史とは現在と過去とのつきせぬ対話であると同時に未来との対話でもあるということを想起させるものであった。6と7は矛盾する問題か繋がる問題か、が残された最後の問いとなった。

むすびにかえて

　以上はまさに今回出された暗喩「教育史研究の船は、何を載せ、どこへ行くのか」に再帰着する幕切れといえた。グローバリゼーションの中で各国の内向きナショナリズムの潮流も際立ってきた現在、国際化を標榜しつつ同時に国家機能や意識の強化をはかる状況が生じている。学としての教育史は、存在意義を問われ試される航海を余儀なくされることも予測される。

　それだけに母港としての学会には、個々の船を温かく迎え入れ、持ち寄られる財の交換が活発で補給も充分な懐の深さと魅力を備え続けていてほしい。無論、母港を魅力的にするのは個々の船や港湾関係者のミッションであろう。日本における教育史の研究水準を世界に示し世界とも対話することを夢見て学会を成立させたときく石川謙氏及び当時の先達たちの願いは、60年後にこのような形で叶ったといえただだろうか？（当日フロアで披瀝されなかった会員の参加所感は「会報」120号に掲載されているのであわせて参照願いたい。）

　なお、当日即座の通訳サポートに快く応じられた中村雅子会員に謝意を表する。

Ⅲ 海外研究情報

グローバリゼーションの下での教育史研究
―中国ウォッチャーの目からみた動向を踏まえて―

新 保 敦 子（早稲田大学）

はじめに

　本稿の課題は、グローバリゼーションが進行する中で、世界的に教育史研究にはどのような新しい動向が生まれているのかを紹介するとともに、日本における教育史研究に提言を行うことにある。

　具体的には、第一に、2015年に中国山東省で開催された国際歴史学会議への参加所感を、「歴史研究と中国」という観点から述べていく。一見真理子会員とともに、筆者は同会議に教育史学会からの派遣という形で参加し報告をした。第二は、世界的な潮流である歴史研究における資料のデジタル化と資料公開について、とりわけ中国という観点から論じていく。第三は、英語での情報発信の重要性について、経験を踏まえて述べていきたい。

　筆者は、2015年にアメリカのスタンフォード大学で、中国関係資料の収集を行った。さらに、2016年度にサバティカルを取得して、イギリス・ロンドン大学東洋アフリカ研究学院（School of Oriental and African Studies、以下SOASと略称）、中国・北京師範大学、台湾・中央研究院近代史研究所に滞在した。こうした資料収集及び各国の研究者、ライブラリアンとの交流での知見を踏まえて論じていくものとする。

　また筆者の専門は中国教育史であるため、本稿はあくまでも中国ウォッチャーの目から見た教育史研究の動向についての紹介であることを、最初におことわりしておきたい。

1．国際歴史学会議（The International Congresses of Historical Sciences）

(1) 概況

　国際歴史学会議は、世界で最大規模の歴史学会議であり、歴史学のオリンピック大会とされている。1900年に第1回大会がパリで開催され、第1次世界大戦、第2次世界大戦のため、中断していた時期もあるが、第2次世界大戦後に、再び復活を遂げた。

　これまでは同大会は、欧米が中心で開催されてきた。しかし2015年の第22回大会は、山東省済南市で開催されており、1900年にパリで開催された第1回大会以来、初めてのアジア地域での開催である。済南は孔子ゆかりの土地柄である曲阜にも近く、歴史大国と自負する中国の威信をかけての誘致であったことが、推察される。

　Marjatta Hierala会長は済南での大会開催にあたって、「今回は初めての地球的規模での歴史学者の共同体による研究大会である」とその意義を述べている。

　中国は2008年の北京オリンピック、2010年の上海万国博覧会の後、自国で開催される極めて大規模な国際会議であるという位置づけの下、山東大学を中心として、入念な準備を行ってきた。

　今次大会の参加者は、約2600名（90カ国からの参加）であり、うち中国の歴史学者の参加は1500人に上っている。大会では、テーマ別討論27、合同討論18、ラウンドテーブル19、国際歴史学会

義の17の付属組織（たとえば国際教育史学会（ISCHE, International Standing Conference for the History of Education）、社会史国際学会、人口史国際委員会、婦女史研究国際連合会など）によるセッションなど、合計で175セッションが開催された。またポスターセッションは70に上っている。

その他、エクスカーションとして、山東博物館、山東美術館の無料見学（バス送迎つき）もあった。山東博物館では、抗日戦争勝利60週年を記念して、企画展として抗日特集が組まれていた。こうした展示を世界の歴史学関係者が見学することに関して、日本人としては肩身が狭い思いもした。

同大会では希望すれば、孔子のふるさとである曲阜のツアーなども用意されていた。現在、中国は超大国を目指しての世界的な文化戦略の中で、アメリカ、イギリスなど世界各国の主要大学に孔子学院（中国語教育及び中国文化の発信基地）を設立している（ロンドン大学での開幕式には習近平主席が出席）。中国の歴史を理解し、孔子学院の正統性や意義を世界各国の著名な歴史学関係者に理解してもらう意味でも、第22回大会を山東省に誘致したことの宣伝効果は抜群であるように思われた。

さらに『中国史学与国際史学大会的百年歴程（中国の歴史学と国際歴史学会議の百年）』『国際歴史科学大会簡史（国際歴史学会議略史）』（中国史学会第22届国際歴史科学大会組織委員会・山東大学第22回国際歴史学会議準備委員会編）が出版されて、無料で配布されていた。こうした取り組みには、中国はヨーロッパから開始されてきた国際歴史学会議の正当な継承者であり、世界における歴史学研究のリーダーであるという自負が感じられた。

(2) 感想

①世界各国の研究者との交流

同大会においては、各国の多様な分野の研究者が歴史研究という共通の話題で集まっており、世界各国の研究者との交流が可能であった。とくに、日本の研究者の研究は、教育史以外の他分野においても実証的な研究が多く、日本の歴史研究のレベルの高さを再認識させられると共に、多くの学びがあった。また、こうした世界大会で日本人の研究者が情報発信することは、極めて重要なので、エックハルト・フックス（国際教育史学会（ISCHE）会長・当時）氏が貴重な機会を与えて下さったこと、本当にありがたいことだと思った。

②中国の歴史学研究の発展

従来の中国における歴史研究は枠組みを論じることが先行していて、実証性に乏しかった印象を筆者は持っている。しかしながら、アメリカやヨーロッパの大学で方法論を学んできた研究者が大量に生まれており、歴史学の水準が急速に向上していることを感じた。量的な手法を用いた歴史研究も積極的に展開されていた。

今回は中国での開催ということもあって、中国人研究者の発表が多かったが、流ちょうな英語を駆使しての発表と議論には驚かされた。また外国人研究者と中国人研究者との共同研究発表も少なからずあった。

多くの中国人研究者が英語で論文を発表したことの意義は大きく、世界の歴史研究者に、中国の歴史研究の存在感を知らしめた。つまり、歴史研究の分野で、中国が世界的にプレゼンスを増していると言えよう。

③若い院生の参加の多さ

　分科会での発表やポスターセッション、あるいは会場の参加者においても若い院生の存在が際立っていた。中国人院生（修士課程の学生も含む）、若手研究者の発表には、荒削りの議論も多かったものの、若い院生の時期から、こうした国際会議で発表をして実績を積みあげていく意欲や積極性を、謙虚に学ぶべきではないかと思われた。また、若い歴史学研究者の存在は、今後、10年後、20年後を見据えた時に、中国の歴史学の発展にとって大きな潜在的力量になるのではなかろうか。

　一方、日本からの若手研究者、院生の参加は少なかった。中国というこれほど近くで開催されながら、実にもったいないことである。

④英語をブラッシュアップする必要性

　議論の場においては、中国に関する内容であろうが、日本に関する内容であろうが、英語での議論となる。そのため、英語で議論を展開できる力を身につける必要性を痛感した。

　また、報告を聞いていて、レベルとして首を傾げざるを得ない研究も正直あった。日本の研究のレベルの高さに自信を持ち、臆せずに国際会議に参加して英語で発表することが大切なのであろう。

⑤組織的に大規模な国際会議を成功裏に実施する中国の底力

　今回の国際歴史学会議は、中国が国をあげて実施した大規模な学術シンポジウムであったが、全体として「もてなし上手」という印象を受けた。飛行場への出迎えから始まって、山東大学学長の招待宴やナイトクルーズ、大会の合間におこなわれた中国歴史学会主催の大規模で豪華な招待宴などがあった。また済南市内の街路灯に大会のエンブレムが飾られ、町中が歓迎に彩られていた他、多くの学生ボランティアが大会を裏方として支え、暖かい雰囲気に包まれていた。海外からの参加者を含めて、満足度は相当なものであったと思われる。

　こうした国際的規模でのシンポジウムを成功させる中国の経済力及び人的パワーを見せつけられた。正直な所、国家をあげて国際研究大会に取り組む中国に対して、民間研究組織や個人ベースに委ねられている日本はとてもかなわない、という印象を持った。

　中国では、現在、国際的な学術大会を積極的に誘致している（たとえば2016年8月に北京師範大学で開催された世界比較教育学会（WCCES））。こうした大規模な国際会議を開催することで、世界各国からの発言力のある研究者が中国を知る機会となっている。また、中国が世界の学問界をリードしていく、そうした戦略も感じた。

2．教育史資料・論文のデジタル化と公開

(1) アーカイブの整理・公開

　欧米の大学では、多くのアーカイブを所蔵しているが、こうしたアーカイブの整理及び公開が進んでいる。たとえば、筆者は2016年5月から8月まで、ロンドン大学SOASに滞在し、アーカイブを閲覧してきた。同アーカイブは、19世紀から20世紀にかけて、中国で宣教を行ったミッション団体のコレクションを所蔵していることで知られている。筆者は中国の少数民族関係を専門としているため、中国の内陸部で布教を行ったChina Inland Missionの資料を閲覧した。デジカメ撮影が可能であったのは、嬉しい限りであった。

ちなみに、中国関係の欧米におけるアーカイブでは、スタンフォード大学・フーバー研究所のアーカイブは資料が充実しており、整理もよくされている。たとえば中国のミッション団体、外交関係者、中国を訪問したジャーナリスト（たとえばエドガー・スノウやニム・ウェールズ）のアーカイブがあり、デジカメ撮影も可能である。

　付言すれば、ロンドン大学でも、スタンフォード大学でも筆者が訪れた時に資料を収集していたのは、中国系の研究者が多かった。筆者はかつて約20年前にスタンフォード大学に滞在し、その時には日本人の留学生、訪問研究者が多かったという印象を持っている。現在、日本人の存在感が薄れ、中国人研究者が豊富な第一次資料を活用して研究していることを感じた。

（2）テキストのデジタル化の進展と公開

　現在では、欧米ではアーカイブについて、デジタル化及びファクト・データベース（Data Base 以下 DB）の構築が進んでいる。アメリカの図書館、たとえばミシガン大学図書館では、収蔵している日本の雑誌についても、すべて写真撮影が終了しデジタル化されており、著作権が切れた段階で公開の方向にあるという。つまり、日本の出版社が、雑誌の復刻版を出版する意味が無くなるとも言える。

　これまで、こうしたテキストのデジタル化は、欧米の図書館を中心として進められてきた。しかしながら、中国においても DB の構築が進んでいる。たとえば民国時期期刊全文数拠庫（民国期定期刊行物全文DB）がある。これは、中華民国期に出版された重要な雑誌を収録しており、民国期の研究にとっては必須とも言える。さらに中国において近代史資料の最大のアーカイブを所蔵する中国第二歴史档案館は、現在、資料のデジタル化を進めている（数年後に公開予定）。

　台湾においても、中央研究院・档案館においては中国の外交部及び経済関連の貴重な資料を DB 化し、公開している。また台湾の中華民国部史のサイトでは、中国教育年鑑や中華民国教育年報、教育部公報など、基本的な第一次資料を公開している。かつてこれらの資料を、中国の中央教育研究所図書館やアメリカのスタンフォード大学フーバー研究所図書館を回って苦労しながら探し、安くは無いコピー代金を払った筆者にとっては、隔世の感がある。

　また、デジタル化の中で、口述史についても DB 化と公開化が進んでいる。たとえば、イギリスの大英図書館では、British library national oral history project の中で、一般市民の口述史の収集と公開が進んでいる。

（3）論文 DB の開発

　現在、学術論文についてのデジタル化も進み、様々な DB が開発されている。たとえば、これまで海外における学術情報の代表的な DB としては、Web of Science があった。また教育学関係では ERIC（Education Resources Information Center）がある。こうした論文 DB はアメリカを中心とする開発であった。

　しかしながら、近年、東アジア地域での DB の開発が進んでいる。たとえば中国は学術論文や博士論文に関して、CNKI（China National Knowledge Infrastructure、中国期刊全文数據庫、中国学術情報 DB）を構築している。韓国でも国家的なレベルで、情報資源のデジタル化や共同活用に取り組んでおり、KISS（Korean Studies Information Service System）といった学術情報の DB があり、近年の情報環境の進展は著しい。

　たとえば、中国関係を研究する場合に、必須なのは中国で発行されている CNKI である。ただし、CNKI に収録されるのは、中国の主要雑誌で発表された中国語の論文である。つまり、日本

の研究紀要に、中国語で論文を発表しても、CNKI には収録されないし、レファレンスとして使ってもらうことはできない。

　CNKI に収録された論文の中で、かつて日本の研究者の論文の剽窃ではないかと思われる論文を目にしたことが一度ならずあった。しかしながら、CNKI に収録されているということで、中国で発表された論文の方がオリジナルな論文として、評価されるというのが実態である。

　日本でも、CiNii があるが、アメリカの大学の東洋部門の日本人ライブラリアンに聞いた所、CiNii は、本文がダウンロードできないものが多いことが、問題という。「烈しい研究者の競争の中で寸暇も惜しんで論文を執筆しないといけない状況の下で、図書館に行って雑誌をコピーしようとする者はいない。またコピーしようと思っても、日本の雑誌が無いため、全く日本の研究は注目されない」という状況なのである。日本における歴史研究は実証的で優れた研究が多いと筆者自身は考えるが、DB 開発の立ち遅れが、日本における研究が世界的に評価されないことに繋がっているのではないか。その意味で全文検索が可能である J-STAGE の開発は喜ぶべきことである。

(4) 研究の手法の変化

　こうしたデジタル化の進展の中で、研究の手法が、DB を検索して行う方向性に移行しつつある。以前は、まず図書館に行って雑誌や資料をコピーするのが、研究の基本であった。しかし、現在では自宅から DB にアクセスし、文献をダウンロードする方式に研究が変わりつつあるといえよう。

　中国は、こうした DB の構築・販売に極めて熱心である。その場合、将来的には、例えば、日中戦争に関して、中国側の歴史的な観点に立脚した資料を収集し DB 化して販売し、それが世界の歴史の世界の定説を形成していく、という可能性も、あながち否定できないのかもしれない。事実、たとえば、中国のある大学では、東京裁判の DB を作成しているという情報もある。こうした事態の中で、むしろ日本側が積極的にファクト DB や論文 DB を構築し、公開していく必要性があるのではなかろうか。

　例えば日本の科研費を受けた研究において、DB の構築を目的とする研究もある。しかし、こうした DB は一部の研究者の内部での利用に留まるものも多い。筆者自身も、口述史を研究方法としている関係で、口述史のデータを収集している。しかしながら、プライバシーの保護の観点から、DB 化が難しいという問題もあり二の足を踏んでいる。

　アメリカの大学における東アジア部門（East Asian Studies）のライブラリアンから、科研費という税金を使いながら行われたデータの収集や DB の構築にもかかわらず、日本ではなぜ積極的な公開が進まないのかと指摘を受けた。今後検討する必要性があるのではなかろうか。

(5) 欧米の図書館での東アジア部門における日本セクションの弱体化

　たとえば北米の大学図書館における東アジア部門は、日本、中国、韓国の 3 カ国によって構成されている所が多い。従来は、図書館資料の豊富さ、予算などから、日本部門がかなりの存在感を持っていた。しかしながら、現在、日本研究のプレゼンスが下がり、さらに日本人で欧米を訪問して研究する研究者も減少している（中国人、韓国人は圧倒的に多い）。そのため図書館の予算の面でも東アジア部門の中で、日本関連の予算が削除され、中国、韓国に回される状況が生まれている。

　特に、中国、韓国では DB の開発が進んでいて、こうした DB の機関利用料が高額で予算をそ

ちらに投入せざるを得ないため、日本関係の図書予算が削除される傾向にある。また、日本関連は書籍で購入することになるが、そのため日本担当職員が、カタログづくりの業務に追われる状況もあるという。

さらに、アメリカにおいて、日本語学習者が減少しており、日本語を読める学生が減少している（その一方、中国語学習は大ブーム）。かつて、アメリカの中国研究者の中には、日本語文献を読める研究者がいた。東洋学研究において、日本語と中国語とを一緒に学ぶこともあったし、日本の東洋学研究は優れているということから、中国研究を行う上でも、日本語を読めることは必要とされていた。

しかしながら、中国人による大量の英語論文が執筆される中で、中国研究においても英語での研究がメインストリームになりつつある。日本語は中国研究においても必要とされない。その結果として日本語学習者が減少し、日本語文献も必要とされずに、東アジア部門における日本セクションの弱体化という事態が生まれている。

3．英語での論文の執筆と情報発信

今回、ヨーロッパ及び中国・台湾で研究者と交流を行う中で、論文の数よりも、論文をいかに主要雑誌に発表するか、また論文がどのくらい引用されているのかが、極めて重要であることに、改めて気づかされた。

デジタル化の潮流の中でDBに入っていない論文は使われないという傾向が生まれている。自分の論文を引用してもらうためには、主要なDBに論文が収録される必要があり、その意味でも英語での主要雑誌への発表が求められるのである。ちなみに、日本の大学紀要にいくら英文で論文を執筆しても、主要な海外学術情報DBであるWeb of Scienceには収録されない。Web of Scienceに収録されるのは、主として被引用数が多い雑誌の論文だからである。

欧米、あるいは中国・台湾では、文系においても研究費の獲得競争が極め厳しい。著名なDBへの登載は研究費獲得や昇任の上で、極めて重要となっている。

中国では、若手から中堅の研究者の中には、欧米、あるいは香港で学び、学位を取得した者が大量に生まれているが、彼ら英語で論文を量産している状況にある。たとえば欧米における中国人留学生の多さには圧倒されるものがあり、ロンドン大学でも主要カレッジの留学生の大半は中国人である。欧米の各大学では外貨獲得のために、経済力を持っている中国人留学生を歓迎している。

また、中国人留学生は、欧米の研究者との共同研究を積極的に行っている。例えば中国研究の場合でも、*East Asian Studies* といった欧米の学会誌は高く評価されるが、こうした高いハードルも、中国人の研究者は欧米の研究者と共同研究を行うことでクリアしていく。

こうした流れの中で、中国史研究、中国教育史研究についても、英語論文を引用しながら研究をしなければ、認められない状況もある。筆者が専門とする、中国教育史研究にしてもしかりである。日本では第一次資料に基づく実証的で手堅い研究が行われている。しかしながら、日本語で書かれているために欧米においては知られていない上、欧米で発表された英語論文を使っていないという理由から、残念ながら評価されていないと、知日派であるヨーロッパ人の研究者から指摘された。

さらに今回、ヨーロッパに身をおいて感じたことの一つとして、欧州というバイリンガルがあたりまえの状況の中で、中国研究においても「中国語はできるが英語はできない」、というのは通

用しないということがある。ヨーロッパは、多言語話者が多い。交流が盛んな中で、多言語でなければ生活ができないという事情もその背景にはある。たとえば、SOAS のディレクターは、イタリア人でイタリア語が母語であるが、英語で仕事もし、中国語も堪能である。ドイツ語が母語であっても、英語も、中国語も、さらに日本語も堪能という研究者もいる。研究の厳しさを感じた次第である。

おわりに

　グローバリゼーションの進行の中で、人文・社会科学の分野でも急速な勢いで、デジタル化、DB 化、英語化が進んでおり、中国が歴史学研究の分野において、急速な勢いで存在感を高めつつある。

　以前は中国における歴史研究は、立ち後れた状況であった。しかしながら、現在、中国人研究者も欧米流の方法論を学び、歴史研究の精度を高めている。また、DB 化された豊富なテキストを中国の大学図書館が持っている上、研究者を海外に派遣してアーカイブを収集する資金力も中国にはある。資料の面でも中国人研究者に有利な状況があるといえよう。さらに歴史研究に関わる多くの英語論文も発表し、国際的に中国人研究者の被引用数が多くなっている。

　こうした中で、日本人の中国教育史の研究者として、今後どのように研究の方向を見定めていけばいいのか、正直な所、筆者自身、模索のただ中にいる。

　しかしながら、日本における教育史研究に関して、教育史学会への提言として述べるのであれば、今後、英語で論文が発表でき議論ができる若手研究者の早急な育成、研究に関わる DB の構築と公開、以上は緊急の課題であり、教育史学会が組織的に取り組むべき必要性があることを痛感している。今後の日本における地道な学術研究の国際化の一翼を、わずかながらでも担うことができれば望外の幸せである。

Examination of a New Trend in the History of Education from the Eyes of a Chinese Observer

SHIMBO Atsuko (Waseda University)

The purpose of this paper is to examine a new trend in the history of education. My research field is Chinese educational history, so this paper is an introduction to trends in the history of education from the eyes of a Chinese observer.

First, I participated in the International Congress of Historical Sciences, which was held in China Shangdong in 2015. My impressions of the congress: 1. Each session is useful, and the congress is a good chance to meet historians from around the world. 2. Historical study in China is actively carried out. 3. There were many young participants at the congress, and many young Chinese researchers in particular. 4. It is important to write articles and presentations in English. Even if we are discussing Chinese educational history, we must converse in English at the international conference. 5. China can successfully hold a large-scale international conference.

Second, I discuss digitization and disclosure of historical documents. Digitization of archives is increasing in the U.S. and European countries. While the U.S. and European countries lead the construction of databases of historical archives and articles, China and South Korea are also constructing databases. Study methods are changing. When I was a graduate student, I went to the library and copied documents. However, current students and scholars access databases and download materials through the internet.

Third, I emphasized the importance of publishing articles in international academic journals.

The Japan Society for Historical Studies of Education faces two urgent tasks and must wrestle with these problems: it must work to construct and disclose databases of historical archives and articles in Japan, and it must train young scholars who can write articles and discuss in English.

IV 書　評

Ⅳ　書評

川村肇・荒井明夫 編
『就学告諭と近代教育の形成
　　　―勧奨の論理と学校創設』

田中　智子（京都大学）

　「第二次就学告諭研究会」が上梓した本書は、「第一次研究会」による『近代日本黎明期における「就学告諭」の研究』（東信堂、2008年、以下「前著」と略）の「さらなる深化」が目指された共同研究論集である。総勢15名の執筆者から成る本書の構成は、以下の通りである。

第一部　就学告諭とその論理（序文…宮坂朋幸＊）
　第一章　就学告諭とは何か―就学告諭の再定義（大間敏行）
　第二章　「告諭」という方法―筑摩県・滋賀県を中心として（宮坂朋幸＊）
　第三章　学制布告書と就学告諭の論理（川村肇）
　第四章　就学告諭にみる「立身・出世」（大矢一人）
　第五章　就学告諭における「強迫性」の考察―就学「義務」論生成序説（荒井明夫）
　第六章　就学勧奨の論理の日米比較（杉村美佳）
　第七章　オスマン帝国から眺めた学制―学制（一八七二）と公教育法（一八六九）（長谷部圭彦＊）
　　附論一　類似した就学告諭の作成契機―明治八・九年の女子教育に関する告諭から（大間敏行）
　　附論二　就学告諭中の「自由」の転回（川村肇）
　　附論三　学制研究に対する就学告諭研究の意義―竹中暉雄論文へのコメント（森田智幸＊）
第二部　地域における就学告諭と小学校設立（序文…高瀬幸恵）
　第一章　度会（府）県における学校の転回（杉浦由香里＊）
　第二章　明治初期秋田県における郷学の変容―就学告諭の地域的展開（森田智幸＊）
　第三章　飾磨県における学校設置をめぐる県と地域（池田雅則＊）
　第四章　筑摩県の権令・学区取締・学校世話役（塩原佳典＊）
　第五章　奈良県の就学告諭と学校設立の勧奨（高瀬幸恵）
　第六章　熊本県における学制周知と就学勧奨（軽部勝一郎）
　　附論一　宮崎県学務掛「説諭二則」と小学校の設置（三木一司）
　　附論二　「壬申ノ学則前文ハ不朽ノ公法ト云ヘシ」―学制布告書と福井（熊澤恵里子）
第三部　資料編

　概括するなら、告諭文そのものに注目し、理念や形態についての包括的な考察を試みたのが第一部（ただし第二章は第二部に通じる性格を有する）、就学告諭を各府県における学校設立史の流れの中で捉えるのが第二部である。前著執筆者の約半数が退き、＊を付した執筆者が新たに加わった。それと並行し、共同研究というより個別研究の性格が強まった。それは前著の「章・節」構成が「部・章」構成となり、「序章・終章」がないことに象徴されるが、今回は、各章冒頭や目次に個々の執筆者名が記されてもよかったのではないかと思えるほどである。

　前著については湯川嘉津美氏・竹中暉雄氏による書評があり（『教育学研究』第76巻第1号〔2008年〕、『日本教育史研究』第28号〔2009年〕。前者を以下「湯川書評」と略）、後者については荒井氏による応答が同時掲載されている（以下「竹中→荒井応答」と略）。これらの掲げた課題がいかにクリアされているかという点も、本書を読む上でのポイントとなろう。

　キーワード分析（言説分析）の方法を確立する必要を述べた「竹中→荒井応答」に対応するのが、編者を中心とする諸考察であるが（第一部第三～五章）、明確な方法論の提示には至っていない。だが、表層の同一性に捉われた関連付け、実り薄い数値化も世に多く、過度に字面にこだわって迷走する手前で終えて正解であろう。なお、先行研究の理解や史料読解に関わる問題を指摘した「湯川書評」が、「排他的ナショナリズム」を読み取れるかとの疑問を提示していたが、本書では前著の主張がそのまま繰り返され、追加の説明はない（同第四章）。

　一方、「竹中→荒井応答」が課題とした事例研究は、一府三県にとどまった前著より増加して全論稿

の約半数に及び、深化した。前著が述べた学制以前からの連続性が意識され、第二部はさしずめ『明治前期小学校形成史 府県別編』といったところである。宗教勢力との関係(第一・五章)、告諭不在県の分析(第六章)なども含み、「湯川書評」が述べた「共通性」に対して「多様性」の提示を実現した。さらに本書では、早くも国際比較の視点がうたわれている。共同研究としての成果と掲げるのはいささか性急に感じるが、関連論文二本が第一部に収録される(第六・七章)。

　第二部の「地域」の捉え方には、章ごとの違いが際立つ。郷学校に着目する第二章に対し、第三・四章は行政組織に自覚的である。ただ第三章は、「地域」を大区以下に限定して「県」と対立項的に捉え、かつ権令と「官吏」は区別するが、第四章は、権令から学区取締・学校世話役までを「地方官吏」と一括する。評者はどちらにも異論を有するが、これらの妥当性如何は今後の議論にまちたい。

　さて、第一部第一章は編者の執筆によらないが、本書の総論たる位置を占める。「原点ともいうべき「就学告諭とは何か」という問題が改めて議論されなくてはならない」という課題意識に基づく「精一杯の解答」として書かれた。海後宗臣以来の研究史にも触れつつ、「就学告諭」を、①明治政府発足から教育令発布までの②行政機関の官吏や地域指導者層による③人民一般に対する④士庶共学・初等教育機関への就学喚起を目的とした⑤権威的・説得的文書と規定している。

　②(作成者)の定義の是非や、④(目的)を「学校「設置」行動の喚起」とできなかったか等々、疑問はある。だが、「就学告諭」の範囲はそれぞれが研究上の視角に応じて定めればよいと開き直らず、「湯川書評」が説明不足と批判した対象時期の問題にも呼応し、はしがき(荒井)のいう「より厳密な定義付け」という困難な課題に正面から取り組んだことは評価される。

　はしがきは同時に、「(収集した就学告諭の)全部を見直し」た結果の「資料論的な到達」を成果と掲げる。そこで研究会による前著以来の資料集録方法について検討してみたい。

　まず、資料が狭義の本文部分のみの掲載となっており、資料名・発信年月日・発信者・受信者については、資料本体からはずし、冒頭にまとめて枠囲みで示す一律の様式を用いてしまったことが惜しまれる。言うまでもなく、就学告諭の研究にあたっては、狭義の本文のみならず、誰が誰宛にどのような形で出したものなのかが重要である。分量を考慮したのかもしれないが、読み手に解釈の余地を与えられるよう、資料上の元の位置にも残して掲載すべきではなかったか。枠内の年月日や発信者・受信者が考定によるものなのか、原文に記されていたのか、判別もつかなくなってしまう。

　また、「資料名」とは原文に記されていたものを指すのか、採録元の刊本が付したそれなのか、判別が困難である。「府県史料」や自治体史が資料にどのような表題を付したかということは、研究史としては興味深くもあるが、資料を読む限り、適切とはいえない表題も散見する。その場合は備考にとどめてもよいだろう。

　次に、資料編の目次の役割を兼ねている別添「資料一覧表」を含め、発信者(発信元)については資料上の文言の転記にとどまっているようで、すぐにわかるレベルの人名や役職名すら考定されていないケースが多いことも気になる。藩主・地方官は勿論、末端クラスに至るまで、可能な限りフルネームや役職名を特定して記載するべきであった。

　「資料一覧表」の「出典」欄において、一次史料と思しき資料群名が採録元の二次史料名(「府県史料」や自治体史などの刊本)に併記された項目がある。ただそれが、一次史料にまでさかのぼって確認済であるという意味なのか、採録元に記載された情報を転記したに過ぎないのか、判別できない。一次史料名の併記や充実した備考を伴う県(資料)もある一方、簡単な記載の項目もある。資料編全体として、どのような合意・分担に基づく作業が行われたのか不明だが、情報量の精粗が激しい。

　「府県史料」や自治体史とて万全ではないので、一次史料の確定と確認を徹底することがやはり必要ではないだろうか。実際、富山県のものとされ続けてきた告諭が宮崎県のものであったという本書の重大発見もある(第二部附論一)。自治体史の現場では、編纂終了とともに担当部局が消滅し、史料の所在が不明となるケースもままある。これを機に、一次史料の現存状況を確かめることも大事だろう。

　第一次研究会が収集した400余りの史料すべてを対象に、以上のような検討を施すことは大変な労苦

Ⅳ　書評

となろうが、少なくとも今回収録された「告諭らしい告諭」87点については不可能な量ではない。しかも今日、「学制布告書」をめぐってその史料的根拠を探る研究が深化し論争化していることを考えれば、むしろ研究論文は諸媒体での個々の公表に任せ、共同研究としては、おおもとの一次史料の探索と正確な翻刻（公刊本との照合）、発信者・受信者・年月日の確定という基礎作業に沈潜することも一手ではなかったかと愚考する。

なお、採録元に左右されたためか、句読点の有無にもばらつきがあるが、これも研究会あるいは会員個々人の責任において、すべて付し（直し）てしまってかまわないだろう。変体仮名は見ていて楽しいけれども、「学制布告書」のみにそれが残される必然性は不明で、普通の表記に変えても全く問題なかったと思う。

実は収録資料のうち半数以上が、「中間報告書」たる前著所収資料の再掲なのだが、以上のような再編集を通じ、付加価値が生まれたのではないか。

さて、細かい注文をつけてしまったが、ともかくも資料編は、目を通しているだけで様々な着想をもたらし膨らませてくれる。

「竹中→荒井応答」は、「事例研究の中での地方官に関する詳細な分析」の必要に言及している。本書に登場するところでいえば、飾磨県権令森岡昌純（第二部第三章）、筑摩県権令永山盛輝（同第四章）などがそれにあたる。同じく小学校設立に熱心でも、両章曰く、森岡は「干渉主義的啓蒙官僚」と称され、永山は「開明」派として名高い。これらの地方官イメージは、学事以外の施政によってきたるところでもあろう。大阪と山梨で類似の告諭が作成された背景には、異動した藤村紫朗の存在があるが（前著・第三章第一節〔大間執筆〕）、例えばキリスト教勢力を排したい森岡、理解ある藤村といった個性の相違も想起される。本書はむしろ、地方官以外（以下）の学事の担い手を析出・意義付けする傾向が強いのだが、地方官研究という視角からすれば、今後も就学告諭は格好の素材となろう。

青森・秋田・若松県における管内宛告諭は、「神州之北陲」「東北ノ一隅」「戊辰之兵乱」といった地理的歴史的条件とともに、学術智識面において後進県である旨を説いている。他所から赴任した青森・秋田県令の意向のほどはここで論証できないが、強い愚民観があらわれ、初期沖縄県における県令の巡視記録を思い起こさせる。青森では、諭された後進性と、学制により第八大区大学本部設置地に設定されたこととが、どのように折り合って捉えられたのであろうか。

収録された告諭の多くは、要するに学校設立のための支出を促す文書である。時代は下るが、1886年の中学校令に基づく高等中学校設立の際の趣意書が想起される。例えば同じ東北の宮城県では、歴史を遡り、旧藩時代の教育の先取性や維新以来の実績を強調することで寄附が促されていた。年代の違い、校種の違い（初等教育か高度な教育か）、県の違い（東北中心県宮城かその他か）はもちろん考慮しなくてはならないが、地域的アイデンティティを喚起して学校設立費用の醸出が説得される際、劣等感をバネにさせるレトリックと、優越感に訴えかけるレトリックが存在したことがおもしろい。

本稿では、本書の収録史料すなわち第三部の資料編こそが、共同研究成果としての本質であると捉え、やや異例ながら、編集の問題点、および史料内容に誘引されての連想を中心に記し、書評に代えた。紙幅の都合もあり、各章についての要約や論評を列挙せず、行論に沿った言及にとどめたことをおわびする。

共同研究とはまことに難しきもの、互いの主張や方法・姿勢への違和感を禁じ得ないときもあれば、互いのオリジナリティの線引きが甘くなることもある。そのような中、史料にまつわる地道かつ勤勉な作業（収集・解読・考定）が核となる研究会であれば、種々の対立を超えた協同が成り立ちやすいと評者は痛感してきた。もし引き続き研究会が組織されるのであれば、一人では困難な、資料編全体のグレードアップを期待したい。論考という派手な形をとらずとも、「資料をどう読んだか」を確実に示せるはずである。

広範な読者、とりわけ今回は執筆者とならなかった第一次研究会員による本書への評価が待たれる。とともに、評者を含めた読者自身が前著・本書を起爆剤とし、それぞれに研究を深めていく道が開かれたと実感する。

（東京大学出版会、2016年2月、576＋8頁、12,000円）

永井優美 著
『近代日本保育者養成史の研究
　　―キリスト教系保姆養成機関を中心に』

髙田　文子（白梅学園大学）

　本書は、著者が2013年に東京学芸大学に提出した学位論文「近代日本キリスト教系保姆養成史―アメリカ式保姆養成の導入と展開―」に加筆修正を行ったものである。著者は、現代に至る保育者養成を「理論よりも技術を重視した」、「速成養成が主流」であるとし、その一因は、保育者が「専門職と見なされず、政府の積極的な養成政策もなされなかったこと」にあるとみている。そして、そのことが現代における保育者の社会的地位の低さにもつながっているという課題意識を根底に有している。

　近代日本の保姆養成には、官立の東京女子師範学校（後の東京女子高等師範学校）とその流れを汲む養成と、宣教師によるアメリカの影響を直接的に受けたキリスト教系保姆養成機関における養成の二系統がある。(15頁) 前者についての研究は蓄積されているが、キリスト教保姆養成機関も前者に並んで日本の保育界を支えてきたにもかかわらず、その養成史の「本格的な研究」は着手されていない上に個別養成機関の「特質が明らかにされておらず、全体の評価も適当であるとは言えない」（5頁）と著者は指摘する。よって本研究の目的を「近代日本においていかなる保姆養成が行われていたのかを、キリスト教系保姆養成機関における養成を中心に明らかにすること」と据えている。

　本書の構成は以下の通りである。

序章
第1章　近代日本における保姆養成の概況
第2章　桜井女学校幼稚保育科における保姆養成の特質
第3章　頌栄保姆伝習所における保姆養成の特質
第4章　広島女学校保姆師範科における保姆養成の特質
第5章　日本幼稚園連盟（JKU）の保姆養成に果たした役割
結章

　第1章では、近代日本における保姆養成の概況の整理をめざした上でキリスト教系保姆養成の概要を示している。日本における保姆養成は、官立の東京女子師範学校によって1878年に制度的なスタートを切るものの、2年後に廃止されたため、その後は小学校教員養成に組み込まれて二次的に行われていた。さらに保姆不足を補うために、東京女子師範学校での保姆養成を範とした幼稚園での見習制（体系的に行っていた例もあるが詳細は不明）や、講習形式による速成養成が行われてきた。しかし、これらは数的需要に応えようとするものであり、「幼稚園教育の独自性や保姆の専門性が十分に保証されたものではなかった」（36頁）という。そのような状況のもと、著者は「実質的にはキリスト教系保姆養成機関が日本の保姆養成を主導していたと言える」（37頁）とし、以下の章でその内実に迫ろうとしている。

　第2章から第4章では、それぞれ桜井女学校幼稚保育科と頌栄保姆伝習所、広島女学校保姆師範科を取り上げて保姆養成の特質について具体的に検討し、共通した特質としては、2年制を基本とした課程が設置されたこと、そのカリキュラムはフレーベル教育理論と実践の双方が重視されたこと、アメリカの影響を受けながら福祉的側面が幼稚園の機能に取り入れられていたことの三点を指摘している。

　第2章でとりあげた桜井女学校幼稚保育科は、キリスト教系保姆養成機関としては初めて開設（1884年）されたものである。その存在期間は15年間であったが、「草創期にあって多くの保姆を幼稚園現場に送り出し、各地の幼稚園設立にも貢献して」（41頁）いたという。この幼稚保育科は、女学校の中に一専攻として位置づけられ、通常は1年で修了するシステムであった。そこではフレーベル主義の「理論」と「実地」という課程があり、学生は「広く西洋教育思想を学んだ上でフレーベルの幼稚園教育理論を修得し保育実習を行った」（111頁）ことが示されている。

　著者は1887年7月に幼稚保育科を卒業した亀山貞子の卒業論文をもとに同校における教育内容水準を読み取ろうとしている。それによると、学生が「キリスト教思想やフレーベルによる幼稚園教育の理念を理解して」おり、「保姆には小学校以上の教師とは異なる独自の資質が必要である」と認識していたこと、「理論と実践の双方が保姆養成に不可欠である

と考えて」いたことなどが示されている。(83頁)「水準」としての総括はされていないが、ローマの教育家クインティリアヌスや直接教授法の先駆者ラトケの言葉や、批評家として名高いコウルリッジの英詩を引用するなどの内容確認が丁寧に行われていることから、それが高水準であったことは否めない。

著者が把握した48名の幼稚保育科卒業生は、宣教師や英語文献を通して幼児教育情報を取得し、各地のキリスト教保育の草分けとしてアメリカ式の保育実践を生み出していった。

第3章では、これまでの通史研究において日本における初期のキリスト教系保姆養成機関の中核として位置づけられてきた神戸の頌栄保姆伝習所をとりあげ、その「専門的な」保姆養成がいかに行われたのかを考察している。特に創設者であるA.L.ハウは、幼児教育の専門家として国内外に「名声を博していた」というが、その根拠ともいえる功績について詳しく取り上げられている。1893年9月には普通科（2年課程）の上に高等科（2年課程）が設置された。著者が詳述しているそのカリキュラムの中から保育法（保育学）を取り出してみると、保育方法と恩物用法の二つに分類され、「保育実践に必要な知識と特に恩物教育に関する理論を学び、それを保育現場で応用できる力を座学でつけさせてから、実地保育にあたらせるという養成方法が採られていた」(139頁)という。ハウは「多様な知識」を得て、「それらが幼稚園教育に応用」され、「保育実践に適用されるべきである」と考えており、その実現のためのカリキュラムであったという著者の考察(139頁)に首肯する。また、ハウは児童研究や自然科学の領域強化のために、アメリカより応用心理学の論文や理科の専門的な学術書などを入手して「最新の研究動向を把握し」、「高度な教育を行いたいと考えていた」こと、フレーベルの二大主著（『人間の教育』と『母の歌と愛撫の歌』）のみならず「系統的理科教育」(E.G.ハウ)など多くの翻訳を手がけたことなどが示されている。

進歩主義的幼稚園理論との論争の渦中にあっても、ハウは「フレーベルの原理を基盤としつつも、新しい学説などを吟味して、よりよい養成を志向し続ける態度であった」(154頁)という。ハウの考えた「専門的な」保姆養成とは、目の前の児童を家庭の状態も含めてよく研究すること、世界水準の新思想・新学説を読み込み研究し続けることによって、自己を向上させて、新たな思想等を取捨できる判断力を修得する保姆を育成することであろう。(152頁ハウ書簡) ハウ自身がその考えにそった養成を具現化していたことは、著者が詳しく分析している同校の卒業論文においても示されている。また、ハウが提唱した「霊魂学教授」とは、子どもが成長することを目指す全ての要素の「統一」を育むことであり、それはフレーベルの教育方法をもって成し遂げられるという。(183頁)

教育の質的水準を問うたときに、エビデンスをもって論証していくことは容易ではないが、著者はその問題に卒業論文を分析するという手法でアプローチしている。一般には「フレーベル主義幼稚園教育の理論がほとんど理解されていなかった時代」に、学生たちは、彼の二大主著を通じて家庭教育や宗教教育との関連からその思想を理解していたこと、さらに「実地調査や文献研究方法を一通り身に付け」、教育史や福祉分野などの多面的な視点から幼児教育研究を行うことによって、「研究的精神と研究能力を獲得」していったという。(195頁) また、その水準は、量的な調査や「日本二於ケル児童労働ノ概況」などの実証的な研究についても、「日本における最高水準の幼児教育研究であったといっても過言ではない」(194頁)と高く評価している。

第4章では、広島女学校保姆師範科と移転先のランバス女学院保育専修部における保姆養成の実態を明らかにしようとしている。同校では、1916年に最高教育機関（師範科）として保姆養成課程が位置づけられることになり、使用教科書を根拠として、「同年代のアメリカにおける保姆養成の中でも高度な養成課程の基準に準じていたことが明らかである」(221頁)と分析している。また、附属幼稚園や保姆師範科での実践については、アメリカの保育カリキュラムの特徴を分析することにより、「カリキュラム構成の基本的枠組みは、アメリカで開発された中心統合主義の理論と方法が適用されたもの」であり、「単なる方法的模倣の次元を超えて、目の前の子どもに合わせて、経験や活動の組織化を図ったものであった」(233頁)と特徴づけている。長期にわたって同校の保姆養成を主導したM.M.クックを初めとして同校に派遣された宣教師はいずれも進歩主義教育を支持する立場であったため、アメリカにお

ける保育界の動きを即時的に取り入れながら、フレーベルの文献の批判的検討やモンテッソーリ・メソッドの導入がなされていた。

第5章では、「保姆の専門性の確立を目指すために設けられた」(318頁)国際幼稚園連盟(IKU)の海外支部として1906年に創設された日本幼稚園連盟(JKU)の保姆養成施策を分析することで、同団体(JKU)の果たした役割を明確にしようとしている。著者は、「国際的な幼稚園教育啓蒙団体」と捉えたIKUの保姆養成について、まず歴史的な展開を整理した上で、1913年以降関心が集まった「保姆養成の標準化」についての議論の到達点として同団体が作成した保姆養成のカリキュラムモデルを分析している。その結果、フレーベルの幼稚園教育理念を基礎に据え、「観察、児童研究、心理学という新しい科目」を併置しながら、「象徴主義から科学主義へとその手法を転換させたものであったと考えられる」(340頁)と述べている。また、その特徴は「2年制の実現可能な養成基準に設定され、その底上げが目指されたこと」(341頁)にあったが、JKUもこれと同様に「全国的に一定の保姆養成レベルを確保する努力」をしていたために、ハウが強調したように「超教派」の性格を有し、「啓蒙的役割を担っていたと言える」という。日本のキリスト教系保姆養成は、このIKUやアメリカの養成機関とJKUを介してつながっていたため、JKUは「アメリカ式の幼稚園教育・保姆養成の傾向を直接的に反映していた」(343頁)と総括している。

本書の特徴は、これまでのキリスト教系保姆養成機関についての個別研究は「所属宣教師を賞賛する傾向にあり、より客観的な視点が必要」であるという著者の認識から、一貫して教育学的観点からの検討を試みていること、「公文書、私信およびミッションレポートなどを読み解き」、「卒業生の回想や卒業論文なども用い」ながら保姆養成の「意識や養成の成果」についても掘り下げることを目指したことである。日本の保育者養成史において制度的に「傍流」であったキリスト教系保姆養成機関において、いかに高度な保姆養成が行われていたかということの具体的論証には説得力がある。

最後に、いくつかの気付きを述べたい。

JKUはハウが初代会長であり、精神的支柱として牽引する立場であったために発言権を有しており、団体の方針をも示していたのは理解できるが、それゆえに3章で詳述されている保姆養成についてのハウの考え方(研究的志向を持つこと、幼稚園理論を研究すること、そのために教育学、教育史、哲学、心理学、文学、社会学、科学、芸術などの視点を獲得することなど)が当然ながらJKUにおいてもほぼ同様に繰り返されているように見受けられる。本文には、第13年報の内容から頌栄保姆伝習所と広島女学校の二大養成校の存在感は指摘されているものの、第3章、第4章との関係はいかなるものであったのだろうか。

また、JKUにおいては、IKUと異なり宣教師によって構成されていたため、「保姆の専門性として母親教育の力量も強調されていた」(317頁)と述べているが、それは保姆の専門性といえるのだろうか。「宣教師たる使命」に追随した資質とはいえないだろうか。この点に関連して、JKU内での「保姆の資質能力」と「保姆の専門性」とが混同して記述されているように見受けられた。309頁では両者を区別した記述をしている(専門性についても記述があるが、ここでは資質能力に着目すると述べている)が、本文においては混同が見られ(専門性についての引用など)、同項目のまとめ部分(317頁)では「上述したような保姆の専門性を提唱し、保姆像の共有化を図っていた」とした上で、「このような資質能力を育成するために」と、専門性と保姆像、資質能力がほぼ同意味に扱われている。

本書は間違いなくキリスト教系保姆養成史の本格的研究の礎となったが、すでに著者は次なる課題をいくつも掲げている。さらなる展開を期待したい。

(風間書房、2016年2月、370頁、10,500円)

田嶋　一 著
『〈少年〉と〈青年〉の近代日本
　　　―人間形成と教育の社会史』

菅原　亮芳(高崎商科大学)

本書は、子どもの習俗・子ども概念・青年期概念の社会史的研究を志向した著名な教育史(教育文化史)研究者、田嶋一の約40年に亘る研究成果である。

Ⅳ 書評

田島がこのような研究に向かった動機は、教育学が取り扱ってきた伝統的な日本教育史研究に限界を覚え、また日本青年期教育論の研究水準に不満を抱き、それに「近代批判」、「近代教育批判」を加え、従来の日本教育史研究の再構築に迫ろうとしたことにある。

では、筆者田島はいかなる問題意識を抱き、何を解明しようとしたのか。浅学非才の身を顧みず、将又誤読を懼れずに記せば、筆者田島は、主に教育学者・中内敏夫の教育に関する考え方（＝「〈教育〉の概念」）を参考にしつつ、青年や若者の発達や形成を巡る問題（＝青年期の問題）にフォーカスし、「日本社会の次世代養育システムが前近代社会的なものから近代社会的なものに移行する過程とその特徴」（はじめに・ⅰ）を社会史的な視点を加えつつ歴史的に解明しようと試みた、と要約したい。もう少し平易に言えば、「青年が自立（〈一人前〉になる人間形成の営為）するとはどういうことか」という〈問い〉に対し、日本の近世から第2次世界大戦の敗戦直後までを時期対象とし、「青年の自立をサポートする教育的環境、社会的環境、文化的環境」（＝「次世代養育システム」・評者の解釈・「日本教育史学会報」第618号【発表者のプロフィール】より）とはいかなる特徴を有していたかについて社会史的に回答を出した。その作業を通して「青年の自立と自己形成」の問題に一石を投じようとしたのである。

主な構成の概略は、以下の通りである。

はじめに
　序　章　近代日本における〈教育〉と〈青年〉の概念
第一部　〈一人前〉に向けて—近世共同体社会の人間形成
　第1章　民衆の子育ての習俗とその思想
　第2章　近世社会の家族と子育て
　第3章　若者の形成と若者組
第二部　〈若者〉と〈青年〉の社会史—近世から近代へ
　第1章　共同体の解体と〈青年〉の出現
　第2章　〈青年〉の社会史—山本滝之助の場合
　第3章　〈修養〉の成立と展開
　第4章　〈修養〉の大衆化—野間清治と講談社の出版事業
第三部　近代化の進行と教育文化
　第1章　〈少年〉概念の成立と少年期の出現—雑誌『少年世界』の分析を通して
　第2章　一九二〇－三〇年代における児童文化論・児童文化運動の展開
　第3章　青少年の自己形成と学校文化

「はじめに」と「序章」には、本書の全体像とそのねらいを見て取ることができる。特に「はじめに」において筆者田島は、人間形成の装置として「次世代養育システム」というフレームから「近代化」の人間形成の諸相を解明することを提案した。

「序章」では、後の章のキーワードとなる「教育」「形成」「少年」「青年」をピックアップし、それらを歴史的概念として捉え、近代日本におけるそれらの概念の成立（来歴）過程を総覧的に概観（俯瞰）している。そして戦後日本における青年を「新しい青少年」と捉え、「人」から「人間」となるプロセス（青年が自立するとはどういうことか）の諸相を解明しつつ、「近代日本」とは何であったかを問うた。

「第一部」・「第1章」論文（1979年の初出）は、学界から高評価を得ているものである。民衆史研究、民俗学研究の研究蓄積に学び、教育史として、共同体において子どもを育てる際の習俗の歴史を、あるいはしつけの歴史を、「子育て」という概念を用いて検証した画期的な研究である。この研究は、当時異彩を放ち、今では、この種の分野の研究の古典となっている（現在常用している「子育て」という言葉は当時は馴染みがなかった）。ここでは、更に共同体における「子ども概念の社会史的」研究を志向する上で、例えば「間引き」「子捨て」「こやらい」などを分析概念として抽出し、日本の近世の共同体における「子育て」の習俗という観点から、現代の「子育て」との原理的差異を解明している。この作業の上に、共同体における民衆の「子育て」の習俗を教育学者・大田堯の言葉、即ち「種の持続」の営みを援用しつつ結論づけ、近世以前の共同体における「子育て」の習俗を積極的に、肯定的に捉えている。「第2章」論文は、後に「家」や共同体における家族と産育と「子育て」（＝「教育」）の歴史的研究の発展を牽引した、重要な論文の一つである。近世の「農書」や「育児書」などが提供する言説を素材として、民衆の家族意識・形態や家族の身代（「家産」）

に関する考え方の変容過程を明らかにした。更に商品経済社会の成立に伴う、文字の必要性を求める学習や養育要求の変化を追究している。子どもは単に「家」の子どもというだけでなく、村の子どもとして共同体が育てるという「子育ての習俗」の肯定的側面も解明した。「第3章」論文は、制度化されていない組織の人間形成機能を解明する教育史研究の重要性に先見性を示した貴重な論攷である。具体的には、近世村落共同体においてつくられた若者集団、若者仲間集団、即ち若者組を「村落共同体が作り出した世代交代システム」と定義し、共同体における「次世代形成（しつけ）機能」の変容過程とその特徴を検証した。ここでは若者組の「次世代形成（しつけ）機能」を教育的価値あるものと諒解し、積極的に肯定的に活写し、柳田国男の言説を引き、「群教育」の再構築をも提案している。

「第二部」は、「青年は近代の産物である」という仮説のもとに、青年の社会史を丁寧に描いている。「第1章」では、「近代化」を伝統的な共同体の衰弱と崩壊、都市化と近代産業社会（都市型産業社会）への移行過程と捉えた。そこでの、伝統的な若者文化の一部を残存させながら、労働から遊離される自我に覚醒した「青年」の出現と、近代青年の自立のプロセスとその社会化システムの変化を検討している。従来の青年期教育史研究は「青年期の二重構造」の解明に向けられていたが、田島は政策的レベルではなく、新たに社会史的な視点を加えて日本の青年期の特徴を捉え直し、男子青年に属している者たちと限定しつつ「三層青年群」という視座を提示した。即ち「第一層　共同体の解体の中から現れ、新たに国家によって創出された中等、高等教育機関に在籍し、やがて新中間層の上層部を形成することになる者たちとその子弟、および旧中間層の子弟たちの一群。…第二層　青年でありたいと願い、青年期を求めて共同体から都市社会への脱出を試みて、成功したり成功しなかったりする者たちの一群。…第三層　共同体の内部に閉じ込められ、人格や行動の中に若者や娘の特性を色濃く残している者たちの一群。」（128〜130頁）である。また「女子の青年期」の問題をも素描している。「第2章」は「第二層」にとどまった「青年団運動の父」と称される山本滝之助を研究対象に、彼の自己形成の履歴を「日記」などを素材とし、共同体での役割とは違う自己形成が求められ、日本の近代化との狭間の中で葛藤する姿を描きつつ、青年の志と意欲が国家に吸い取られていくプロセスを解明している。「第3章」は、「近代学校批判」を問題意識に抱いた「修養」の社会史的研究である。アモルファスな人間形成概念としての修養概念の歴史的展開過程（明治から戦後まで）を多くの先行研究を整理しつつ、その概念の複雑さを成立・分岐・統合・変貌・消失・再生という観点から眺望した。「心身二元論」や「心身一元論」などの対立概念を教育学概念や心理学概念を織り交ぜながら解説し、修養概念の全体の地図を描き出している圧巻な論文である。「第4章」は、「第3章」の研究を基盤として教養主義に対する修養の大衆化を社会史的に検討した。大日本雄辯会講談社の出版事業を、大正期から昭和初期にかけて修養論を普及・拡大させるために大きな役割を果たしたと位置づけ、創業者野間清治の言説や出版物・雑誌メディアと講談社の少年部の活動などが提供しようとした修養論の特質を描き出し、「修養の思想」の豊穣さを積極的に肯定している。

「第三部」・「第1章」論文では、青年だけでなく、少年・少女概念も近代が創出したものであるという立場に立ち、その形成過程を明らかにした。特に青少年向け雑誌『少年世界』（博文館）を素材に、そこで提供される学校選択情報などを検討し、近代的な少年概念が近代日本の「学校化」過程で成立していく経緯を解明した。「第2章」論文は、1930年代の児童文化論の系譜を辿りながら、日本の児童概念、児童研究、児童の発達研究の理論化（レンシェン心理学の提案など）への動向を解明し、文化と児童の発達との関係を見極めた好筒な論攷である。「第3章」論文では、戦前日本中等教育史、就中、中学校と高等女学校での学びを自伝などを素材とし、近代教育批判を加えつつ相対化し、「戦後新教育は、青少年に新しい自己形成のみちすじを用意することになった」（440頁）と結論づけ、青少年の自立とは何かという問いに一つの答えを見出している。

ところで、望蜀を述べることを許されるならば、評者は、子ども・若者・青年の社会史的研究水準（例えば、アリエス〈Aries, Ph〉の研究は欧州では1960年代から70年代、日本では1980年代以降に注目され、伝統的な歴史像の再構築が志向された）の整理と、それに対する本研究の位置づけを知りたかっ

Ⅳ 書評

た。また筆者が提示する「次世代養育システム」の概念規定を明確にしていただき、そのフレームから見えてくる時代時代の変化についても描いていただきたかった。もし「結章」が設定されていたならば、今後この種の研究により大きな示唆を呈示することになったのではないかとも思った。

しかし、それ以上に評者は学ぶことが多かった。例えば、子どもとは何か、若者とは何か、青年とは何かという問いに答えを出すときの重要な鍵概念は、歴史によって創出された「像」（ビルト）という言葉ではないかということである。その理由は、子ども・青年像は、それらの理想の姿や実態、イメージをリアルに表現でき、また子ども・青年像を創出したプロセスの論理と矛盾を解明できると考えるからである。「像」を作り出す長いプロセスにおいて従来自明視されていた事象の何をピックアップし（形）、何を捨象したのか（影）、何故その選択をしたのかという疑問を持ちながら形と影が相伴う社会と教育の関係を見極め、その作業の上に考察していかなければならないことを学んだ。もう一つは史（資）料についてである。注目されるのは、筆者田島が用いた雑誌メディアである。「あとがき」で御尊父様が戦時中の青少年向け雑誌『少年倶楽部』に影響され、孤独と困難を乗り越え、間断ない学びと技術の獲得を通して自己の「生」を全うされたと記している。雑誌研究は、長いスパンで情報の変化とその特質を解明する。社会変動や状況を見極め、そこに編集の意図や読者層の変化などの書誌的検討を加味しながら検証していくことの大切さを再認識した。更には特に近代においては法整備と子ども概念との関係の特質とその変化を明らかにすることも重要ではないかと学んだ。

いずれにせよ、本書は、研究上の「怒り」と教育学者としての「願い」が結実した「新しい教育史」として大きく一歩を踏み出した論文集と言える。また、現在日本において、若者文化論、青年論、世代論などに関する著作の多くのものは心理学や社会学や精神医学などからの接近である。子どもや青年の発達や形成を軸とし、歴史的展望に立って行われた研究は本格化していない。日本教育史研究分野に眼を転じてみても、今なお同様のことが指摘できよう。このような研究状況の空白を埋めるかのごとく、筆者田島一は、独自の観点、素材、論理により

「日本の〈少年〉と〈青年〉の社会史」ないしは「日本青年期教育史」を著した。本書は、研究書として浩瀚な書籍であり、学界へ大きく寄与する著作である。本書の出版を心より慶びたい。

（東京大学出版会、2016年3月、450＋8頁、8,800円）

田中千賀子 著
『近代日本における学校園の成立と展開』

川口　仁志（松山大学）

本書は、近代日本における学校園の概念を明らかにするために、1905年の学校園施設通牒のもとで成立する学校園を検討の中心に据え、明治期から大正期までの時期にみられる学校園や関連施設の展開を明らかにしようとするものである。ここでいう学校園施設通牒とは、1905年11月1日、文部省の普通学務局と実業学務局の両学務局長によって各地方長官に出されたもので、1905年の11月8日の『官報』においては「学校園ノ施設ニ関スル通牒」と題され、『文部省例規類纂』では「学校児童生徒ノ自然物観察研究及品性陶冶養成ノ為学校園施設方」と題されて集録されているもののことである。用いられている主な資料は、学校園施設通牒本文を中心に、公文書、学校文書、教育関係雑誌などの文書資料である。そして本書では、具体的な課題として次の5点が設定され、それらの課題に対して明らかになったことが全9章にわたって論じられている。

第一の課題は、学校園施設通牒以前の、関連する屋外施設の系譜を整理することであり、そのために学制期以降の状況が概観される。第1章の「明治初期における学校の施設」では、近代教育普及の過程にあって、小学校の校舎の整備が優先されるなか、屋外の施設に対する関心が低かったことが確認される。小学校にたとえ樹木や庭園があったとしても、のちに学校園施設通牒において構想されるような、自然物による学校教育上の効果をふまえた、意図的な整備はみられなかったのである。第2章の「学校園につながる屋外施設の系譜」では、1880年以降、農業教育の振興のために、小学校の校地の一部に「実業園」などが整備された例が確認される。そし

て、1890年の小学校令において「体操場」や「農業練習場」が規定されるなかで、理科教育や農業教育のための施設として、主に知識教授の目的が強調されたこと、さらに「植物園」や「庭園」といった施設では、品性の陶冶という目的が掲げられたことが明らかにされる。

第二の課題は、学校園施設通牒に直接関連する事例において、実際に期待された役割と機能や形態を検討することである。そのために、学校園の推進を中心的に担った、文部省実業学務局の針塚長太郎と、東京高等師範学校の棚橋源太郎が取り上げられる。針塚は学校園施設通牒と同時に出された参考書である『学校園』を執筆した人物であるが、針塚が注目した実践に、兵庫県立農学校の辻川巳之介による実践がある。第3章の「初等教育における「農業ノ趣味」と学校園―兵庫県立農学校の辻川巳之介による実践から―」では、辻川巳之介による実践が検討され、農業教育のための施設の系譜が確認される。辻川は、兵庫県加古郡という農村部における現実の教育課題に対応しながら、報徳思想にもとづく農業教育を振興し、学校園を推進した人物であった。そこには、農業の知識や技能の習得だけでなく、意欲、関心、態度といった道徳性の涵養を、学校園の美的な要素によってはかろうとする意図がみられた。第4章の「東京高等師範学校附属小学校における棚橋源太郎の「学校植物園」」では、棚橋の研究を取り上げ、理科教授の材料を提供するための学校園の系譜が確認される。棚橋は直観教授の研究に取り組み、教科教育法の進展に寄与した人物であり、この研究は学校園普及の要因ともなるが、棚橋の学校園の構想はそれだけではなく、国際社会において活躍できる性格の養成という、道徳教育に関わる意義をもつものであった。また、棚橋の学校園研究には、全国的に有用であることが求められ、理科教育のための施設としての意義だけでなく、農村部での活用も視野に入れて、学校園の内容や方法を提示することが要請されていた。

第三の課題は、学校園施設通牒のもとで成立する学校園の概念を明らかにすることである。第5章の「一九〇五年の学校園施設通牒における学校園の成立」では、学校園施設通牒本文と、これと同時に送付された参考書の検討がおこなわれている。通牒本文において主に論じられていたのは、品性の陶冶という広義の道徳教育の方法としての学校園の有効性であった。こうして学校園は、教科教育と道徳教育の目的を総合的に含み込んで、学校教育の効果を高めることができる施設として構想されることになる。また、学校園を推進した針塚長太郎や棚橋源太郎の構想と実践や思想的背景にも着目し、学校園に期待された役割と機能が明らかにされている。

第四の課題は、学校園施設通牒後の学校園の展開を明らかにするために、大正期の学校園を検討することである。そのために、新教育と関わりが深い個別事例に対する位置づけを明確にしつつ、具体的な事例が検討される。第6章の「東京高等師範学校附属小学校における学校園」では、同校の学校園について、学校園施設通牒以前の同校の取り組みと比較するかたちで、学校園施設通牒後におけるその影響が考察されている。第7章の「東京女子高等師範学校附属小学校の作業教育と学校園」では、同校の学校園の取り組みが検討され、それが「理科生活の場所」として、作業を通して実験的な思考を身につけさせると同時に、飼育栽培の体験によって自然愛を養成しようとする施設であったことが明らかにされる。また、同校の学校園の特徴は、合科的な体験学習をおこなうための施設であったことであり、そこでの作業においては、児童の知的好奇心が重視され、自由な活動が認められていたことも確認される。第8章の「関東大震災復興事業における小公園と東京市公立小学校の学校園」では、東京市の公立小学校での学校園の展開が検討される。東京市では、地方の模範となるような東京市民としての素養を養成するための方法が模索され、理科教育の振興とも関わりをもちながら、高尚な趣味を助長するという学校園の効果が注目されていた。

第五の課題は、学校園と周辺地域の関係性に焦点を当て、現在の屋外施設につながる要素を明らかにすることである。第8章第2節からは、東京市の公立小学校の学校園と、関東大震災以降の復興事業における小公園との関係が検討される。東京市では、学校園を校地において拡充するのではなく、都市計画上の要求と学校教育上の要求を一致させ、校地の外の小公園に学校園の機能を代行させながら、小学校教育に必要な施設として位置づけていった。第9章の「公園・緑地計画における学校園」では、東京の公園・緑地計画と学校園との関係が検討される。

小公園には学校園の教材提供の場としての機能が見出され、公園計画に学校園が組み込まれ、また、造園学の体系化のなかで、主に林学系の造園家による公園論において、学校園は公園の一部に位置づけられた。東京緑地計画においては、学校園は緑地の一部として位置づけられ、都市の空地としての機能が重視され、都市計画上の学校園の意義が意識されている。

さて、著者によれば、学校園施設通牒の出された1905年は、理科教育や、農業教育をはじめとする実業教育、さらには道徳教育までを含み込んだ教育目的のために、新たな教育方法が求められた時期であり、それが土台となって「教育方法としての学校園」が普及したという。学校園は、産業経済の発展を志向する社会情勢をうけて新たな教育課題が登場する時代に、初等教育段階において実業思想を養成するために構想された施設であった。また、帝国主義的要請のもとで「優秀民族」としての道徳性の育成が学校教育の課題として浮上し、これに応じた人間形成の方法が模索され、学校生活全体をとおして道徳教育をおこなう方法が構想されるなか、学校園の設置が推奨された。学校園は、学校園施設通牒の本文にあるように、「自然物ノ観察研究ト品性ノ陶冶養成ニ資シ教育ノ効果ヲ円満ナラシメ」るための施設であり、「自然物観察」と「品性陶冶養成」という目的をあわせもった施設として構想された。学校園施設通牒以前の屋外施設においても、理科教育のための施設や、農業教育のための施設があり、そこでは知識を教授するという目的が強調されており、また、「品性陶冶養成」という広義の道徳教育の目的をもつ施設もあった。しかし、それぞれの目的を強調するかたちで個々の施設が存在する状況でしかなく、学校園施設通牒では、それらを総合した「学校園」という概念が提示されたのである。

このことからわかるように、本書が論じている「学校園」という研究対象は、理科教育史、農業教育史、それを含んだ実業教育史、さらには道徳教育史という分野が、重なりあうところに位置する研究テーマであるといえる。棚橋源太郎は理科を中心とする実科の取り組みのなかで、「活動を通して事実を直接に観察する」方法を重視し、学校園施設通牒以前から理科教育のための施設を整備しており、それが学校施設通牒と結びついていくことになる。辻川巳之介は学校園の普及に尽力した人物であるが、農村部における農業離れという現実のなか、農作業に対するマイナスイメージを払拭し、農業に対する興味・関心を高めるという教育課題に応えうるものとして学校園をとらえていた。また、新たな道徳教育の潮流のなか、学校生活全体に道徳教育の機会を広げるという課題に応じて、実業思想の養成、公徳心の養成、美的観念の養成などといった、新たな道徳教育の目的に寄与する施設が、まさに学校園であった。

学校史研究においては、校地や校舎や校具などの学校施設についての歴史研究が進められつつあるが、学校園という具体的な施設を研究対象とする本書も、そうした研究のひとつとして位置づけることができるだろう。ここで評者が重要であると考えるのは、本書が単なる学校施設の歴史としてだけではなく、教育方法論や目的論の歴史として読むことができるという点である。たとえば評者にとって興味深いのは、学校園とヘルバルト教育学との関連が指摘されていることである。学校園施設通牒には、学校園の目的として「高尚ナル趣味ノ助長」、「品性ノ陶冶」、「美的観念ノ発暢」、「労働勤勉ノ習性」の4つがあげられており、とりわけ「品性」はヘルバルト教育学において主要な課題とされた道徳性の陶冶に関わる重要な概念である。また、学校園施設通牒には参考書として具体的な著書名が明記されており、そのひとつは「ライン氏教育百科全書中学校園ニ関スル部分ノ抄訳」であるが、W・ラインはヘルバルト派の代表的な人物である。当時、ヘルバルト教育学は広範な影響力をもち、学校園施設通牒でもヘルバルト派の教育学が参考とされていたという。一方で本書では、日本におけるヘルバルト教育学が、徳育重視の風潮のもとで、ヘルバルトの理論から離れてその合理化として援用されていたことについても触れられている。ヘルバルト教育学が日本に受容されていく過程のなかで、どのような取捨選択が起こり、それがいかなる文脈のなかで起こったのかは、近代教育史における重要なテーマであるが、今後、ヘルバルト教育学の受容という視点から、学校園が成立する過程について、さらに詳細に解明されることを期待したい。

日独関係史という視点から、もうひとつ興味深い点をあげるとするならば、ドイツのシュールガルテ

ンを参考にして日本の学校園が成立したという本書の指摘である。棚橋源太郎は、自身のテーマである学校園についての研究のなかで「ドイツのシュールガルテンに関する色々の参考書を見」たという。そして著者は、「学校園の参考として掲げられたのは、近世の大名庭園でも、農村部の田畑でもなく、ドイツの Shulgarten であった」と指摘する。ドイツのシュールガルテンと、それを参考にしながら成立してきた日本の学校園について、今後さらなる比較研究が進み、両国がおかれていた歴史的文脈や、両国の学校観や道徳教育観の違いなどの視点から、学校園の研究が進展することを期待したい。

著者は、自然環境の保全などが学校教育の課題となるなかで、現在の実践を客観的に評価し、理論的に支えるためにも、学校園のような過去の施設の意義や目的を明確にし、それが定着してきた歴史をふまえる必要があるという。生命を尊び、自然を大切にする態度や、豊かな情操と道徳心を培うことが教育の目標に掲げられる今日の日本にあって、学校園の研究は多くの示唆を与えてくれるといえるだろう。

（風間書房、2015年8月、277頁、8,000円）

奥平康照 著
『「山びこ学校」のゆくえ
　―戦後日本の教育思想を見直す』

太郎良　信（文教大学）

はじめに

奥平康照著『「山びこ学校」のゆくえ―戦後日本の教育思想を見直す』のタイトルに含まれる「山びこ学校」とは、無着成恭編『山びこ学校―山形県山元村中学校生徒の生活記録』（1951年、青銅社）と無着成恭（1927-）の生活綴方実践とを意味している。

無着は1948年に山形県師範学校を卒業して、新卒で山形県の山村にある山元中学校に赴任し、1年生の担任となった。同校は各学年とも1学級という小規模校であったため、教員免許のある国語と社会に加えて、数学・理科・体育・英語も担当した（無着『無着成恭の昭和教育論』太郎次郎社、1989年、p.65

および p.105参照）。結局のところ、無着は担任学級のほとんどの教科の授業を担当しつつ、12月頃から社会科の授業で「生活を勉強するための、ほんものの社会科をするための綴方を書くようになった」（無着「あとがき―子供と共に生活して」『山びこ学校』p.212）。翌年、持ち上がった2年生の7月から学級文集『きかんしゃ』を作り始めた。そこには、生活を見つめてありのままに書いた生活綴方が掲載されるようになった。そうした『きかんしゃ』をもとに編集されたのが『山びこ学校』であった。

『山びこ学校』は、教育界内外にわたって大きな反響を呼んだ。数か月のうちに増補版が出されたり、須藤克三編『山びこ学校から何を学ぶか―その人間教育の一般化のために』（青銅社、1951年）が出されたり、今井正監督の映画『山びこ学校』（八木プロ、1952年）が作られたりしたほどであった。

しかし、1950年代後半には、『山びこ学校』への関心は急速に失われていくこととなる。それはなぜなのか、『山びこ学校』が持っていた教育思想はどこへ行ったのかということの検討に取り組んだのが本書である。

1．本書の構成

本書の構成は以下のとおりである。各章に節と項もあるが、ここでは章のタイトルまでとする。

序　章　「山びこ学校」と戦後教育学―「山びこ学校」実践とその思想は、どこへ消えたか

第Ⅰ部　「山びこ学校」実践と無着成恭―教育における「子ども」と「社会」の拡張と縮減―

第1章　「山びこ学校」と社会・生活実践主体づくりの教育

第2章　「山びこ学校」理念の迷走―子ども社会の変貌と教育実践の混乱

第3章　『山びこ学校』を離れ、『続・山びこ学校』へ―「子ども」と「社会」の縮減

第Ⅱ部　戦後日本の教育思想と生活綴方―社会的統制としての教育と子どもの自由―

第4章　教科指導論と生活指導論への重点移行と生活綴方の縁辺化

第5章　戦後教育学と生活綴方教育の意味の探究

第6章　「山びこ学校」と戦後日本の社会的実践主体形成論

Ⅳ　書評

あとがき ―「山びこ」実践から生れた課題をふり
　　　　　かえる

2．本書の内容

　本書では『山びこ学校』を始めとする無着の教育実践の検討、そして『山びこ学校』や戦後生活綴方の継承発展の試みについての検討がおこなわれている。

　奥平は、教育という営みと学習者との関係について、次のようなとらえ方をしている。
「教育という営みは疑いもなく子どもを既成文化の枠組みの中に取り込むことである。しかし教育の成功によって既成文化に取り込まれた子どもたちは、他方ではその既成文化の改革者になるように期待されてきた。（中略）支配的文化に悪の浸透する危険がある社会においては、文化伝承と文化批判・抵抗・革新との転換あるいは関係の実践は、教育的計画として構想されなければならない」（p.18）

　ここには、奥平が、教育学研究の課題を、学習者の主体形成のありように置いていることが示されている。その立場から、教育界において『山びこ学校』や戦後生活綴方への関心は失われてくるなかで、検討対象として「多勢に抗して『山びこ』実践とその生活綴方思想を発展させようと努力した思想と理論」（p.18）を取り上げている。

　第Ⅰ部「『山びこ学校』実践と無着成恭―教育における『子ども』と『社会』の拡張と縮減―」においては、山元中学校の時期から東京の明星学園の時期までの無着の教育実践の推移が論じられている。

　サブタイトルにある「子ども」と「社会」とは、まず、「実践者と研究者が、その教育システムを構成する『子ども』と『社会』が、現実の子どもと社会の一部だということに意識的であること」（p.159）、換言すれば、教師や研究者は、学校にいる児童生徒、そして学校からみた社会というのは現実そのものではなく一部にすぎないということに自覚的でなければならないということである。そして、「子ども」と「社会」が「縮減」されること自体は必要な面もあるが、現実の子どもや社会に近づける「拡張」も必要とみる。奥平は、「現実の子どもと社会への帰還のルート」をもつものを「解放制教育実践システム」、そうでないものを「閉鎖制教育実践システム」と呼んでいる（p.159）。「山びこ」実践は前者、明星学園での教科中心の実践は後者だが、無着は意識しないままであったと奥平はみている。

　第Ⅱ部「戦後日本の教育思想と生活綴方―社会的統制としての教育と子どもの自由―」においては、『山びこ学校』は教師や教育学者たちに生活綴方への関心を促したものの1950年代半ば以降には経済成長に伴う社会の変化等により、生活綴方は「縁辺化」した、それでも生活綴方を継承発展しようとする努力が重ねられたことが検討されている。

　教育学者としては、小川太郎・大田堯・勝田守一・宮坂哲文による生活綴方の理論的把握の試みがあった。小川は、「生活綴方を通しての教育と実生活との結合」（p.211）の可能性を見た。大田は「生活綴方は教科学習の基礎」（p.222、奥平のまとめ）、勝田は「教科の学習に生活綴方の方法が浸透することが教科を生活的にする基盤である」（p.236）、宮坂は「学校教育は歴史的社会的実践の一環…。（中略）生活綴方によって子どもの学校生活は、具体的現実的実践全体の一環としての位置を得る」（p.251、奥平のまとめ）などと、それぞれの観点からとらえられた。教育学者以外では、思想の科学研究会の鶴見俊輔・上原専禄・鶴見和子による、社会的実践主体形成における生活綴方の意義を把握する試みが重ねられたことが記されている。

　最後には、「あとがき―『山びこ』実践から生れた課題をふりかえる」が置かれている。「学習者の主体性を主導的性格とする教育実践と教育理論」（p.336）を求める教育思想の系譜があったことを確認していく研究作業の結果として、次のような5点の課題が挙げられている。

1．教育は子どもの生活とともに進行する
2．生活変革的実践の一環としての綴方
3．「人間を通して教育する」
4．道徳教育と教科教育を統一する
5．子どもの生活を歴史的社会的主体的なものとして把握する

　ここに示されたことは、「山びこ」実践や生活綴方が実際に（あるいは可能性として）もっている教育観ということとなる。ここに示された教育観をもとに、あらためて「山びこ」実践や生活綴方実践を検証することで、生活綴方の教育的な価値を再確認することにつながるであろう。

3．残された課題

『山びこ学校』の継承発展ということを考えるとき、その反面に、当事者の無着や理解者であったはずの国分一太郎が率先して『山びこ学校』について消極的な評価の立場に移行していったということも見逃せない。その意味で、奥平の研究で軽視されているとみられるものに、国分の生活綴方観の検討という課題がある。

無着は、『山びこ学校』の出版が「全国数百人の生活綴方運動の仲間たちの実践と協力」（「あとがき」『山びこ学校』p.192）に負っていることを記しつつ、生活綴方運動の一環であると見ている。また、出版にあたって国分の尽力があったとしている（同前p.210）。その国分は、1951年の時点で、「『山びこ学校』は生活綴方運動の系譜につながるべきもの」（国分「『綴方教室』から『山びこ学校』まで」須藤編、前出書、p.87）、「『生活綴方』の歴史にそってこそ、『山びこ学校』は評価され、高く位置づけられる」（同前）として、戦前以来の生活綴方の歴史に位置づけた評価をしている。つまり、『山びこ学校』は、無着や国分によって、生活綴方の歴史と運動に位置づけられていた。

しかしながら、国分は、同じ論文において生活綴方の歴史を概括した際には「最後の結論としては、強烈な『生活意欲』とともに、正しい『生活知性』を育てるものは、たんに綴方というせまい分野にとどまるべきではなくて、他のすべての教科のよりいっそう生活的・科学的な建設の必要を反省した」（同前、p.81、下線は引用者、以下同様）ことを「結論」として記している。ここでは、「綴方」の意味や役割ではなく、教科教育の充実こそが重要であるとする「反省」に重点がおかれている。

奥平は「戦前において生活綴方についての論争があった（第5章第1節参照）けれども、その論争についての総括なしに、生活綴方についての評価を曖昧にしたままで戦後まできてしまった」（p.122）と記し、そのことが「『山びこ』実践の生活綴方が戦前の生活綴方とどこがちがうのか、その点に関心をよせて論じられることも少なかった」（同前）ことにも関連していると判断していた。奥平が言う「論争」とは、1937年以降の雑誌『教育』や雑誌『生活学校』等における生活綴方批判をめぐるものである。

その批判について、国分は、『山びこ学校』出版とまったく同時期に（奥付は『山びこ学校』の3月5日より5日だけ早い2月28日）、『生活学校』からは「平易な文章を、おもいのままかける子どもや青年をつくる、単純な綴方指導に移りかわれと勧告」（国分『新しい綴方教室』日本評論社、1951年、p.301）があり、『教育』や教育科学研究会からは「「綴方の正常化」＝『文章表現技術の最低限度の充足のための綴方指導への復帰』の勧告」（同前）があったことを肯定的に記している。そのうえで、「敗戦後の今日、ようやく綴方復興のきざしが見えると同時に綴方＝作文教育を、ごく普通の文筆活動の指導、あるいは社会生活と学習の必要にともなうより多角的な文章表現技術の指導に定位させようとする、思慮ぶかい人々の意見には、なんの反対もなく、同意できる」（同前書p.302）と断言している。

1934年頃の国分は、その実践記録「調べる綴り方への出発とその後」（千葉春雄編『調べる綴り方の理論と指導実践工作』東宛書房、1934年）に見られるように、調べる綴方等を主張し実践していたのであった。ところが、1936年半ばから自らの実践を「反省」して、綴方教育を文章表現技術指導に限定することを率先して主張し実践した（太郎良信「国分一太郎による生活綴方教育批判の検討」『文教大学教育学部紀要』第45集、2011年、参照）。この「反省」は、『教育』などにおける批判より1年以上も前のことであった。

他方、『山びこ学校』は、無着が千葉春雄編の前掲書から学んだとも述べているように（無着『無着成恭の昭和教育論』前出、p.108参照）、調べる綴方等を継承するものであった。

こうしてみると、『山びこ学校』は、国分のとらえる生活綴方の歴史においては「反省」や「批判」の対象に他ならなかったことになる。国分は、生活綴方の歴史に位置づけて評価したが、それは、文章表現技術指導に限定されていくまでの過渡的形態としての評価であったとみるほかはない。

もちろん、奥平も、国分の1975年の論文に即して「国分は『山びこ学校』そして生活綴方の価値を、明瞭に見出すことができなかった」（p.175）と見ていた。そこに至る過程についても「国分は50年代初期から生活綴方的教育方法の部分限定論の立場だった」（p.276）、「(1961年頃には) 国分は綴方指導と教科の体系的教授との両輪論から、後者主軸の綴方役

- 153 -

割限定従属論になっていた」(p.277) というように推移を確認している。奥平によれば、時間をかけて段階的に文章表現技術指導に限定されていったことになるが、その方向は1951年には既定のものであった。

そして、すでに見たように、国分が調べる綴方のような生活綴方を「反省」したのは1936年半ばであった。したがって、国分の戦後における生活綴方観は1936年半ば以来のものでもあるということとなる。

こうなってくると、1930年代半ばにおいて国分も実践を展開した、調べる綴方など戦前生活綴方の再検討が求められる。そこには『山びこ学校』の評価をめぐる論議の原型となる論点が見いだされるとみられるからである。これは、評者の課題でもある。

(学術出版会、2016年2月、344頁、4,600円)

山本和行 著
『自由・平等・植民地性
——台湾における植民地教育制度の形成』

白石 崇人（広島文教女子大学）

本書は、2012年3月に京都大学大学院教育学研究科に提出した学位論文に加筆修正をしたものである。その内容は、本学会や日本教育学会、日本教育史研究会、台湾史研究会、京都大学・天理大学の研究紀要に掲載された諸論文をもとに構成されている。教育学・教育史に限らず、台湾史研究においても一定の評価を得ることのできる研究書である。

本書は、台湾の近代的教育制度が、どのような歴史的条件に規定されて、「植民地性」を帯びたものとして形成されるに至ったかを明らかにしようとした研究書である。本書の構成は以下の通りである。

序　論
第1章　1890年全国教育者大集会の議論と国家教育社の結成
第2章　国家教育社の活動とその変遷
第3章　地域における「国家教育」をめぐる動向
　　　——宮城県と石川県を中心に——
第4章　1895年の台湾領有と「新領土」への関心
　　　——国家教育社員の渡台——
第5章　台湾における教育制度の形成——学校設置政策を中心に——
第6章　台湾への教育勅語の導入
第7章　台湾総督府による教育制度形成に対する台湾住民の「受容」
結　論

まず、各章を要約しておこう。

第1章では、全国教育者大集会における「国家教育」論を通して、大集会に参加した教員間にどのような認識の幅があったかを分析している。この章では、「国家教育」概念の意味する国家・教育のありようは、各地域の様々な教育事情、とくに就学率と教育費をめぐる地域間格差に規定されて多様であったことや、「国家教育」の主導的論者を出した石川県では、教育費の市町村負担や勧誘法による就学奨励という「自治」的方法の行き詰まりの経験から国庫負担や強迫法の主張が導き出されていたこと、国家教育社は大集会で議論された教育費負担などの管理的問題を曖昧にし、「国家教育」論を国家の責務を強調する理念的問題に接合したことなどを明らかにした。

第2章では、国家教育社の活動、特に教育勅語の普及活動と国立教育運動を通して、大集会に現れていた問題認識の幅がどのように国家教育社の活動方針に収斂したかを分析している。この章では、「研究」を志向する大日本教育会に対して役割分担的に国家教育社が「実行」を志向して結成されたことや、同社は結成以来中央教育会として活動したが、1893年以降厳しい経営状況に陥って地方教育会との通信機能を弱体化させたこと、同社の教育費国庫補助要求は、1891年以降に全国聯合教育会等で形成された国庫補助要求とは異なる実行手段をとったこと、国立教育期成同盟会の補助要求は国家の教育干渉の強化要求と連動し、補助対象を正教員俸給に限定したこと、1893年箝口訓令と学政研究会結成によって国家教育社は「実行」の場を失い、その存在意義を失ったこと、日清戦争従軍者・戦死者子弟に対する授業料減免を提案した国家教育社の戦時誓約活動は、授業料は手数料ではないという考え方に直面して不調に終わったことなどを明らかにした。なお、

この章で明らかにされた授業料≠手数料という考え方は、義務教育・普通教育費のあり方や教育の「平等」に関する重要な論点に関わるので、もう一歩踏み込んだ検討が欲しかった。

　第3章では、宮城県と石川県の教育関係者がそれぞれどのように国家教育社に関わったかを分析している。宮城と石川が事例として選択されたのは、両県とも1890年代に高い就学率を維持したことは共通しながら、国家教育社に対する態度が異なったためである。宮城県の事例からは、国家教育社の活動がかつて民権運動における啓蒙活動に力を注いだ人々によって支えられたことや、同社は市制町村制以降に公教育を自主的に組織化する可能性が大きく制限されるなかで小学校教員が地域の現状の打開に向けて主体的に活動する場として位置づくこと、同社員の間でも教育勅語に対する関心が様々であったこと、国立教育期成同盟会に多くの請願者が集まったため行政側の圧力が強かったこと、戦時誓約活動は文部省・県の方針によって効果を上げにくかったことなどが明らかになった。石川県の事例からは、同県では国家教育社員の活動をほとんど確認できず、国立教育に関する要求も同社ではなく県内の教育会の合意によるものであり、国立教育運動とは別に石川県教育義団が組織されて期成同盟会とは異なる内容を要求したことや、同義団の運動は師範学校教員の不参加などによってスムーズに進まなかったことなどを明らかにした。

　第4章では、国家教育社員が台湾に渡って何をしたかを検討し、台湾の教育制度を形成した人的基盤について分析している。この章では、国家教育社の新占領地教育方針は、教育勅語導入を主張した一方で教育費国庫負担について言及しなかったこと、同社が1895年時点で社員の渡台による占領地教育の実現を目指しており、実際に複数名が渡台して学務部や教育機関の重要ポストに就いたこと、渡台した社員の間では教育勅語導入の方針については共有されたが教育費負担の方針については意見がわかれたことなどを明らかにした。

　第5章では、台湾総督府・学務部に関する公文書を検討しながら、台湾の国語伝習所・公学校制度の形成過程を分析している。この章では、台湾の一般人民子弟に対する普通教育構想は1897年3月頃から学務部にあったが、総督府の経費削減方針と衝突して挫折した結果、語学教育の延長線に位置づけて普通教育を先延ばしにする「語学的普通教育」の場として公学校制度が成立したこと、国語伝習所乙科や同分教場の町村負担の構想が将来普通教育実施を見越した過渡的な位置づけにあったこと、内地人教員と本島人教員との間の待遇格差が制度形成の過程で明確化されていったことなどを明らかにした。なお、「語学的普通教育」の位置づけが読者の興味をひくが、普通教育とどのように異なるか、具体的課程・内容等に基づく検討がもう少し欲しかった。

　第6章では、学校儀式に注目しながら、台湾における教育勅語の導入過程を分析している。この章では、学務部の漢訳教育勅語は台湾の人々に勅語謄本と同一視されることを懸念して便宜的な位置づけにとどめられたこと、学務部の教育勅語の漢訳文は1895年に伊沢修二が国家教育社で公表したものと同一であったこと、1912年の公学校規則改定以前にすでに台南県と恒春庁で祝日大祭日儀式の規程が作られ、勅語奉読を含む定期的な学校儀式が法制化されていたことなどを明らかにした。なお、学校儀式の法制化がなぜ台南県と恒春庁で行われたのかについては、不明である。

　第7章では、日本人官僚・地域有力者層の間の交渉過程に注目しながら、台湾の人々が学校制度をどのように受容したかを分析している。この章では、地域有力者層が地域の民族的課題に対応するために公共事業の延長として学校制度を受容したことや、国語伝習所分教場が学務部の教育制度の枠外に位置づけられていたことが語学教育に加えて儒学教育を可能にしたため、地域有力者層が学校制度を受容することを可能にしたこと、勅語奉読式は台湾の人々に清朝統治下以来の聖諭宣講と重ねてイメージされた可能性があり、「好笑」の的になったことなどを明らかにした。

　本書は、以上のような歴史的事実を明らかにし、1890年代後半から1900年代初頭までの台湾の教育制度の形成過程を検討した。そして、国家教育社の人材や活動が与えた影響の分析を通して、1890年代前半の日本国内における学校設置・運営や教育費負担、教育勅語導入に関する多様な立場や動向が、台湾の教育制度形成過程における複雑な経緯を生み出したことを具体的に明らかにした。また、それに加えて、台湾の地域有力者層がかかえていた地域的・

民族的課題が影響してさらに複雑化した制度受容の経緯を明らかにした。本書は、例えば駒込武（1996年）の提唱したような、地域の歴史・文化に注目する植民地教育史研究の重要な成果と言える。

また、本書は、国家教育社・国立教育運動研究の新しい成果でもある。これまでの国家教育社研究は大日本教育会との対立関係に注目してきたが、本書は両団体の役割分担関係に注目した。国家教育社の結成は、日本で初めて2つの中央教育会が並立することになった重要な事件であり、本書はその歴史的意義を的確に指摘している。また、民権運動と教育会・国家教育社の活動との接点についてはこれまで曖昧な点が残っていたが、その実態を具体的に明らかにした。さらに、全国教育者大集会の議論と国家教育社の活動方針、そして国立教育運動という一直線の流れで理解されていた教育団体・運動史の通説をくつがえし、それぞれの国家と教育の関係性に関する考え方における多様性を明らかにした。そして、その多様性が、各論者や支持者の背景にある各地域の現実的課題のありようによって生じたことを具体的に明らかにした。本書は、中央の動向や一部のリーダーの思想研究だけでは見えない教育団体・運動史研究の可能性を見せてくれている。

本書は最後に残された課題を記している。ただ、そこに明確に記されていない残された課題があるのではないか。特に、主題の「自由・平等・植民地性」に関することである。この主題をつけたのは学位取得後のようなので事情があるのかもしれないが、主題にしたからには、もう少しこの3つの概念にこだわった結論が欲しかった。例えば、国語伝習所分教場がわずかながらに台湾の人々の教育要求を反映させられる受け皿となることができたのは、分教場が「制度の埒外にある例外的かつ不安定な存在」であったからだというところがある（300〜301頁）。この考察を主題の3つの概念で説明するとどうなるか。台湾では、分教場制度が地域住民の教育の「自由」をかろうじて保障したと理解していいのか。授業料負担でなく国庫補助でもない地域住民負担の分教場制度は、誰にとっての教育の「平等」を保障したのか。分教場制度は植民地先住民の教育に利用された極めて「植民地性」の濃い制度であったと読み取れるが、そのような制度が植民地の人々の教育の「自由」を保障し、教育の「平等」に関わったという

のか。このような「植民地性」を帯びた「自由」・「平等」とは何なのか。なお、主題の3つの概念のなかで、本書の明らかにした事実によって理解するのが最も難しかったのは、「平等」概念であった。本書の「平等」概念は主に木村力雄の研究に基づいてるが、木村の「平等」概念は主に国家内部の歴史的事情に基づいて成立している。第1〜3章の考察概念として用いることはできるだろう。しかし、第4章以降に現れてくる植民地性を帯びた「平等」は、木村の「平等」概念だけでは取り扱うことはできないのではないか。本書の研究成果を用いて定義し直さなければ、教育の「平等」の問題に見られる「植民地性」を明らかにすることはできないのではないか。

以上のように、本書は、未解決の課題を残していると思われる。しかし、台湾（植民地）教育史研究や日本教育団体・運動史研究にとって重要な研究成果であると思う。国家と教育との関係について考察する上でも、示唆を得ることができる。台湾で発行された書籍であるため入手は容易ではないが、教育史研究において欠かせない先行研究の一つになるだろう。

（国立台湾大学出版中心、2015年5月、310頁、新臺幣800元）

藤森智子 著
『日本統治下台湾の「国語」普及運動
——国語講習所の成立とその影響』

北村　嘉恵（北海道大学）

本書は、慶應義塾大学に提出された学位請求論文「日本統治下台湾における国語普及運動—「国語講習所」をめぐる総督府の政策とその実際（一九三〇-四五）」（2011年、博士（法学））に加筆・修正したものである[1]。著者の説明によれば、本書は「日本植民地期台湾において、漢族系住民を対象として台湾総督府により設置された「国語講習所」を対象とした研究」（4頁）[2]であり、「日本統治下の台湾において国語がどれくらい普及したのか、どのような人々がなぜ「国語講習所」に通ったのか、「国語講習所」の教育内容はいかなるものであったのか、「国

語」の普及が台湾社会にどのような影響を与えたのか、という問いに答えること」（7頁）が本書の課題である。

本書の構成は、以下のようである（各章末尾の数字は実ページ数を示す）。

序　章　[23]
第一部　台湾総督府の国語普及政策
　第1章　植民地台湾における国語普及政策の成立と展開　[27]
　第2章　一九三〇年代初期の国語普及政策とその状況　[33]
　第3章　一九三〇年代後期から一九四五年までの国語普及政策とその状況　[29]
　第4章　「国語講習所」用教科書『新国語教本』の性格　[55]
第二部　台湾における国語普及運動の実際
　第5章　台北市近郊の国語普及運動―台北州海山郡三峡庄の事例　[23]
　第6章　北部閩南人農村地域における国語普及運動―台北州基隆郡萬里庄渓底村の事例　[18]
　第7章　北部客家人農村地域における国語普及運動―新竹州関西庄の事例　[72]
　第8章　南部離島における国語普及運動―高雄州東港郡琉球庄の事例　[30]
終　章　[23]
図表一覧／付録／参考文献／あとがき／索引

構成上の特徴は、台湾総督府管内の「国語普及」に関わる事象を「政策」と「運動の実際」という二部に分けて論じた点にある。章によりボリュームの偏りが目立つが、論述の粗密の度合いというよりは、文中で紹介される資料の多寡によるところが大きい。

序章では、「戦前植民地の国語普及を単なる過去の出来事として捉えるのではなく、今日に続く問題として取り上げる。」（1頁）という著者の姿勢がまず示され、検討対象である「国語講習所」の諸特徴や本書が明らかにするという論点が列挙される。次いで近年の植民地研究へのおおまかな論及があり、本書の概略が示される。著者の整理にしたがえば、もっぱら公学校教育に目を向けてきた既往の研究に対して「公学校にさえ通えなかった人々」（7頁）の通った教育施設を対象とすることに本書の特色があるといえる。国語講習所に通った人々の動機や通ったことの意味、社会的影響といった問題を、元講師や元講習生に対する面接調査（1997～2013年に実施）により検討するという手法を採用している点も特徴的だといえる。

第一部では、日本による台湾統治50年間にわたる「国語普及政策」の展開過程が、「国語普及政策の確立」（1895年～）、「国語普及運動の開始と展開」（1910年代～）、「国語普及運動の強化」（1930年代～45年）というおおまかな区分のもとで論じられる。「政策」「運動」という用語の使い分けが意味するところは判然としないが、本書が主な対象とする国語講習所は、1930年代以降の「国語普及運動の強化」を担った中心的な施設として位置づけられている。

第二部では、台湾総督府管内の4つの地域（庄）が取り上げられ、章ごとに当該地域の「概況」、「国語普及の状況」、「「国語講習所」教育の実際」が叙述される。4地域が選定された理由は明示的ではないが、第一部で論じた「政策を受けて」（16頁）各地の「国語普及運動」がどう展開したのか、その相似性と多様性とが示される。

終章では、本論各章のまとめに次いで、「統治下の動員」「「国語」概念の普及」「公民的教養の育成」といった観点から「「国語」普及政策と社会への影響」が論じられる。

植民地における「国語」「日本語」を主題とした研究は、日本・台湾の歴史的研究や言語研究の領域において相対的に数多くの研究が重ねられてきた。また、この四半世紀に隆盛した国民国家論や帝国史研究の領域においても、関連する議論はおびただしい。本書ではこうした研究蓄積の中身に踏み込んだ議論は乏しいものの、国語講習所研究の先駆としての位置づけは明快である。

評者が最も目を引かれたのは、本書が用いた諸資料である。とくに第二部で利用された、関西庄国語講習所の教案や日誌、三峡公学校文書、鶯歌庄役場文書など各地の公的機関や個人の所蔵する諸記録が注目される。台湾では近年、淡新檔案、台湾総督府公文類纂、台湾省政府檔案などの公文書をはじめとして、台湾近現代史の重要資料のデジタルデータベース化が急速に進む一方で、台湾各地で歴史資料

IV 書評

の掘り起こしとその再評価が進みつつある。このうち、役場や学校あるいは家族・親族のあいだで襲用・継承されてきた諸資料に視点を据えるとき、歴代の外来統治者を主軸に据えた歴史把握では見えづらい時空間の広がりに気づかされることが少なくない。上掲の諸資料も、単に微細な新事実を付加するというよりは、叙述の視座を問い直す契機に満ちたものだと思う。

また、本書巻末には、各州庁が定めた国語講習所規則（州庁により「規則」「要項」「設置基準」等）が収録されている。出典が明示されていないほか、制度改編の沿革や簡易国語講習所・特設国語講習所に関する規程が含まれていない等の憾みはあるものの、発足当初の国語講習所制度に関する基礎的資料として重要であり、本書読解の助けともなる。

ただ、残念ながら、本書の分析や叙述を通じて、これらの資料が十全に活かされているとは思われない。むしろ、個々の資料読解の不確かさが、先行研究の読解、課題や方法の設定、分析概念の吟味などの問題と連動し、本書全体の論述の水準を規定しているように思う。紙幅の制約上、本書の主題のひとつである「日本統治下の台湾において国語がどれくらい普及したのか」という問いに即して、論点を絞って評者なりの疑問や所感の一端を提示したい。

著者は序章において、「日本統治末期には国語普及率は八〇％近くになり、朝鮮の三五％に比べても高い普及率であった。この高い国語普及率に「国語講習所」は極めて大きな役割を果たした。」（4頁）と述べる。本書の基調となる論述であり、また主たる検討課題でもあり、終章でも同様の数値と見解が示される（315頁）。この「高い普及率」が何を示しているのか、素朴な疑問が浮かぶが初出箇所には説明も典拠も見当たらない。本書で最も関わりの深い記述だと思われるのは、「国語普及率は、一九三七年には三七・八％、一九四〇年には五一％（前掲『台湾の社会教育』）、一九四三年には八〇％を超えていた（周、前掲論文、一三四頁）とされている。」という脚注の一文である（117頁）[3]。この『台湾の社会教育』によれば、著者がここで「国語普及率」として示している数値は、総督府が「国語解者」としてカウントした人数が「本島人」の人口に占める比率であること、この「国語解者」とは、①公学校生徒数、②同上卒業者累計、③国語普及施設生徒数、④同上修了者累計、の合計であること、このうち③の数字は、国語講習所と簡易国語講習所の講習生総数に合致すること、などが確認できる。1932〜42年度の「国語解者」の統計はほぼ同様の算出法である。一方、周婉窈の論述は『興南新聞』（1943年10月12日付夕刊）に拠っている。

著者は1942年（58.02％）から43年への統計数値の飛躍について踏み込んだ議論を避けているようにも見えるが、それだけに「強化」「徹底」「浸透」といった指摘を重ねても説得力に乏しいうえ、制度・政策の分析として平板な印象を否めない。資料上の制約があるにしても、たとえば、1943年の「国語講習所教育ノ刷新強化要綱」や特設国語講習所新設に関する検討は不可欠だったのではないか。単に統計分析の精緻化という次元の問題ではない。徴兵制導入、義務教育制施行と軌を一にして進行した国語講習所制度改編の検討を欠いては、同制度の歴史的性格も同時期の「国語普及」の特徴も捉え損ねるように思う。

統計上の数値の飛躍に関わってもう一点。著者は、1930年前後の「国語普及率」の推移をもって、同時期に成立した国語講習所制度の果たした「大きな役割」を指摘する。たとえば、1930年12.36％から1932年22.7％へ「急速な伸張」をみせた、と（45〜46頁）。だが、国勢調査をもとにした1930年以前の「国語普及率」と、年鑑『台湾の社会教育』をもとにした1930年以降のそれとでは、その数字の示す内容が異なる。詳述する余地はないが、1930年の国勢調査では読む・書く・話すの三技能を指標として「国語普及の程度」の数値化がなされている[4]。統計調製の手法やその意味を不問にしたまま数値の変動に着目しても、統計の基底にある為政者の期待や焦慮、あるいは、実務担当者の苦心、講習参加者にとっての意味などを理解することは難しいのではないか。

総督府の「国語解者」数の算出方法については、前掲の周婉窈がすでに疑問を呈し、「国語普及」の具体相の検討を試みている。また、徴兵制導入との関わりで「国語不解者」の存在に対する台湾軍の「懸念」や徴兵適齢期の台湾青年たちの「不安」を論じた研究など、本書の主題と関わると思われる研究も少なくはない。陳腐な指摘になってしまうが、著者なりに先行研究の達成と「不足」（12頁）を明確にし

たうえで、新たに解明すべき課題とその方法を吟味すべきであろう。

　著者が「高い国語普及率」を強調するのは、国語講習所の「功績」をクローズアップするためだけではない。「国語普及」を通じて「共通語としての国語概念が社会に浸透し、戦後の標準語漢語普及の下地となった」（9頁）と述べるように、日本による統治の終結・中華民国による接収以降の台湾社会の言語状況への関心が底流しているといえる。本書では「国語の普及」と「「国語」概念の普及」という論点が混在しているうえ、「接収当初は反発があったものの、教育や公の場での標準漢語の導入が比較的順調に行われていった」（331頁）と論じうるほどに先行研究の吟味を経ていないため、拙速な断定（推論）だという印象を否めないが、1945年前後を見通す視座は重要であり、共有したいと思う。中華民国接収以降の「国語」の再編過程―脱日本化・中華民国化・「本土化」・台湾化をめぐる政策展開や台湾住民の葛藤、挑戦など―については近年研究が進みつつあり、日本植民地教育史研究の再考をも迫っている。そうした議論を深めていく土台となりうる知見の蓄積が進むことを切望する[5]。

（慶應義塾大学出版会、2016年2月、384頁、7,000円）

注
1　本書「あとがき」によれば、学位請求論文のタイトルは「日本統治下台湾の国語普及運動―台湾総督府の政策とその実際」（377頁）だが、ここでは、慶應義塾大学学術情報リポジトリ所収の「藤森智子君学位請求論文審査報告」（AN00224504-20110428-0142）によった（2017年2月20日アクセス）。
2　国語講習所・簡易国語講習所の設置者は市街庄（一部では州）ないし個人・任意団体であり、台湾総督府ではない。また、講習対象者は漢民族に限らず、行政区域内（一部では行政区域内外）の先住民族を含む。本書の関心と傾向をよく示す記述として採録したが、国語講習所・簡易国語講習所の説明としては的確な表現とはいえない。
3　引用文中の出典は、台湾総督府編『昭和十六年度　台湾の社会教育』1942年。周婉窈「台湾人第一次的「国語」経験―析論日治末期的日語運動及其問題」『新史学』6巻2期、1995年。
4　台湾総督府官房臨時国勢調査部『昭和五年　国勢調査結果表　全島編』1934年。
5　なお、前掲「藤森智子君学位請求論文審査報告」は、同論文の評価すべき点として「植民地統治下の歴史実証研究の手堅さ」（150頁）を筆頭に挙げる。同報告を手がかりに本書の再読を試みたが、むしろ疑問は増幅した。

渡邊隆信 著
『ドイツ自由学校共同体の研究
　　―オーデンヴァルト校の日常生活史』

池田　全之（お茶の水女子大学）

　本書は広島大学より学位授与された博士論文に関係論文を併せて編まれた労作である。扱われているテーマは、ドイツの教育改革家ゲヘープがオーデンヴァルト校において「自由学校共同体」の理想をいかに実現したのかを、同校の日常生活に密着して解明することである。従来の研究では、同校はドイツ田園教育舎を代表する学校の一つとみなされてきた。これに対し本書は、ゲヘープが同校を自由学校共同体とみなしていたことの意義を看過していると批判する。そして、学校運営上の一次史料や生徒たちの書簡等を渉猟することにより、教師側から見た学校の実態と生徒の側からの現実把握を包括的に視野に収めている。その結果、ゲヘープの理念が学校の構成員に及ぼした影響と、構成員の反応がゲヘープにフィードバックされ、同校の運営が変化した実態の活写に成功している。

　本書がオーデンヴァルト校の日常を描出する視角として採用したのは、生徒―生徒関係、生徒―教師関係、教師―教師関係である。この三つの視点からの学校運営分析は、第二部で行われている。それに先立つ第一部は、同校創設の理念を当時の社会状況や新教育運動の動向とゲヘープの思想経歴から読み解いている。20世紀初のドイツでは、都市を離れて田園での失われた共同体の再建が試みられ、その担い手が新教育運動だった。そして、リーツのもとで教職に就くことから経歴を始めたゲヘープが、ヴィネケンと新学校を設立した経緯、青年の指導者たる権威を強調するヴィネケンへの違和感と、それを機縁とした自身の思想の自律性の獲得過程が描かれる。そのうえで、ゲヘープの教育理念が、「教師と生徒が共同責任を負うパートナー的活動に力点が置かれた」学校運営だったと総括される。

　第三章と第四章は、本書の中心的視点の一つである生徒―生徒関係の実際を、異年齢集団の共同生活と男女共学の観点から分析する。第三章では、オーデンヴァンド校の創設理念である子どもの自由な自己発達と全学校構成員による共同責任が、上級生と

下級生の関係の中で実現された実際が明らかにされる。生徒に年齢制限がなかったことと幅広い年齢層の生徒が共同生活を送っていたこと（生活単位として、異年齢の7名の生徒が1人の教師とファミリーを形成していた）に同校の特徴がある。またゲヘープは、学校共同体と呼ばれる全校集会を設置し、学校の全構成員が参加義務を負うとした。そこで議論されるテーマは全構成員から自由に提案できることになっており、議決権については、全参加者に等しく一票が与えられていた。また、下級生との能力差を埋めるために、難解な言葉などについては教師や年長の生徒が下級生に説明する配慮もされていた。その結果、当時の生徒の回想から明らかになるのは、世代間に軋轢はあったものの、全生徒が学校運営に責任を負うという理念と実際の不一致はマイナス評価を受けるものではなく、容易に到達できない目標を達成に向けられた不断の過程によって実現しようとする、同校の実践の特徴が典型的に現れているということである。

第四章では男女共学の実態が解明される。男女同権が認められていたにもかかわらず男女別学が一般的だった社会動向の中で、オーデンヴァルト校は男女共学を教育原則として掲げた。男女共学を推進したゲヘープの念頭にあったのは、男性的要素と女性的要素の相互作用の重要性と青少年期の健全な男女交際の必要性と、そのために不可欠な教育者の援助だった。著者は、男女共学の理念は、新しい社会の創造という新教育共通の理念に方向付けられており、男女共学こそが男女の自然な差異の自覚に繋がるという考えは、当時の青年運動の動向とも異なっていたと指摘している。さらに、男女共学推進の根底には、リーツの田園教育舎に見られた同性愛的傾向の克服という問題意識があった。共学は性衝動の管理という難問を突きつけたが、その解決策がファミリー制度だった。ゲヘープはファミリー内での教師と生徒の信頼関係に性問題への有力な処方箋を見ていた。この制度によって学校内に擬似的な家庭が形成され、生徒間に兄弟姉妹的関係が要求された。信頼できる大人に性について相談することにより、性を重大で意義深いものとして認識するようになるのである。

第五章は生徒─教師関係の実際をテーマとし、学校共同体と作業共同体の運営を検討する。先述した

ように、学校共同体は自治的な学校運営のための議論の場だった。この集会の存在は、あらゆる構成員の制度上の同権が実践されていたことの重要な証拠である。生徒の回想からは、同校が一つの共同体だったとの認識が支配していたことが窺われる。反面、著者は、教師と生徒が完全にパートナー関係にあったと捉えるのは極論であり、学校共同体の議題から授業コースのカリキュラムの是非などが排除されていたこと、学校共同体への参加が義務だったことの背景に共同生活の心得を習得させるという教師の意図が隠されていたことを根拠に、学校共同体で認められていた生徒の自由は、あくまでも教師の指導の枠内での自由だったと結論づけている。さらに、1922年に学校共同体の下部組織として作業共同体が設置されることにより、全構成員の共同責任の理念に変化が起こったことを著者の慧眼は見逃さない。この設置に背景には学校共同体の形骸化があった。そのため、一部の構成員の興味しか引かないテーマを作業共同体で議論することになった。作業共同体への参加は各人の自由意志によるという原則が確認され、そこでは、学校運営にとって重大で難解な問題が集中的に討議された。だがこのことは、責任を自覚する生徒のみによって学校運営上の重大事が処理される事態を招来し、共同責任の理念との齟齬を生むことになった。ただし、作業共同体に現れる教師と生徒がともに学校運営に責任を担うという理念には、未熟な子どもを代理して大人が責任を負うという代理責任という近代教育の原理を超えている一面があったことを、著者は指摘している。

第六章は教師─教師関係の実態を明らかにする。オーデンヴァルト校の教員構成の特色は女性教師が半数を占め、既婚女性が教鞭を執っていたことにある。また、教師数の倍の職員が学校運営の裏方にあたっていた。学校共同体の議事録にお手伝い女性の待遇改善の議決の記録があるように、裏方の職員との関係にも全構成員の平等の理想が浸透していた。教師は学校共同体の他に教師会議を運営していた。そこでは、子どもたちの理解を超えた教授法や教育論が議論されていた。また、同校には制度上の職階が存在せず、教師一人ひとりが責任を持って自己の活動に専念していた。校長であるゲヘープは、構成員の主体的活動を尊重するために最大限の自由を与えようとしており、教師に全幅の信頼を寄せて距離

を置いて接していた。史料からは、教師たちはこのようなゲヘープの姿勢を、「見るとはなしに見ていた」、「神秘的なやり方で統制していた」と捉えていたことが明らかになるのである。

第三部ではオーデンヴァルト校の教育実践を支える空間と時間の管理が論じられる。第七章では時間割の編成規則が解明される。まず世紀転換期の標準的な時間割が確認される。そして時間割が生み出した、人間が支配した時間に人間が支配されるという逆説と、学習への没頭が時間割によって中断されることによる時間の浪費という逆説に言及される。著者はこの逆説への同校の対応に目を向ける。田園教育舎系学校は、午前中に知的学習を、午後に園芸などの実際的活動を設定していたが、同校では、コース組織と呼ばれる「早いコース」と「遅いコース」が設定された。その理念を方向付けたのは、初代教務主任エアドマンだった。エアドマンは授業の細切れ化を回避し、教師が教材に内在するもの全体の領域を提示でき、生徒も専心して対象に向うことを期待して、生徒がある期間に2、3科目だけに取り組むように授業を組織することに努めた。また、学習対象の決定において生徒に一定の選択の自由を認められた。この事実に、同校が重視したのは子ども一人ひとりの個別性や自発性だったこと、生徒が自発的に課題に取り組み各自のリズムで学習対象に向うことが教授理念として目指されていたことが典型的に現れていると総括されている。

第八章では、オーデンヴァルト校の学校建築が分析される。同校は、カッシーラの支援によって建物の配置や間取りなどを一からデザインすることができた。本章が特に注目するのは、生徒自身が学校空間の創造に関与したという事実である。このことは、運動場建設に典型的に見ることができる。学校共同体の議事録によれば、生徒の運動場建設作業への参加と資金調達への協力が議決された。あわせて建設過程で、同校で行うスポーツの種類やその運営形式も議論された。この事実に著者は、建設への参加という意味での労作の導入、学校構成員による共通の課題認識という意味での共同体意識の向上、生徒によるスポーツ運営という意味での自治の推進、スポーツの積極的実施という意味での身体の評価という新教育運動に通底する原理の実現を見ている。

緻密な史料分析の成果を通覧し終えて評者は、史料から洩映するゲヘープの希望（自由の最大限の保証と実現）に、ベンヤミンの一節「あらゆる時代は、自分に続く時代を夢見る」との共鳴を感じ取った。ゲヘープが夢見た自由の実現は、男女共学のように現代では相当程度実現されているものもあれば、権力関係に縛られない相互関係のように現代でも模索され続けているものもある。ベンヤミンは、史料には願望のイメージとしてその時代の夢が微睡んでいると考え、その救済作業に没頭した。著者の繊細な史料分析からは、ゲヘープの希望の内実が強い説得力を持って浮かび上がってくる。ゲヘープの希望と我々の学校の今が切り結ぶときに脳裏に浮かぶものに読者は思いを馳せることになろう。

他方、人間形成論研究の観点から見れば、著者が再現したオーデンヴァルト校の日常は、あまりにも予定調和的ではないかとの思いを払拭できなかった。葛藤や矛盾が、ゲヘープの教育理念の中にすっかり包摂され整理されてしまっているのではないか。著者は、同校での自由の相互承認の実際を解明しているが、相互承認論を圧倒的に前進させたヘーゲルによれば、真の合一は矛盾を耐え抜いた末に実現されるのであり、相互承認は承認を目指す戦いを経て初めて実現される。ヘーゲルの相互承認は、労働を巡る構成員の不平等な状態から平等な状態へと高まるものとして描かれており、それは近代市民社会を構成する論理でもあった。評者が受けた印象では、ゲヘープの実践はドイツ・ロマン主義が近代社会を批判するために提示した自他関係モデルである、同質な一者（この場合にはゲヘープの教育理念）が分岐し我と汝にいったん分有され、同質性を基盤として交流し合うという、真の意味での他者性を欠いた汎神論的世界観に近いように思われた。他者性と媒介を欠くというこのモデルへのヘーゲルの批判を想起すれば、自他の人間形成論に関する積極的な着想を得ることができるのか、やや疑問に思われた。

また上記とも関係して著者の見解を伺いたいのは、山名淳会員がアジール論で明らかにした社会的力動とゲヘープの実践分析との関係についてである。ドイツの教育運動や同時期の建築に関する山名会員の分析によれば、社会体はその中にアジールを形成する運動を惹起する。しかしこのアジールの形成は安定することができず、形成されたアジール自

Ⅳ　書評

体を再び打ち破り穴を穿つ働きをするという。本書も山名会員のアジール論を引用し、ゲヘープの学校が近代社会に対するアジールだったと述べているが、オーデンヴァルト校には学校を根底から動揺させて変容を促す内在的な働きはなかったのだろうか。

本書は対象の日常に微細に沈潜する新しい歴史学的手法に従う秀作であり、評者もまたゲヘープの希望に魅了された一人であることを付記しておきたい。ドイツ新教育運動史の研究者に多くの新しい知見を与えるばかりか、過去に思いを馳せて学校の明日を構想する人に励ましを与える好著である。

（風間書房、2016年2月、353頁、9,500円）

河合　務　著
『フランスの出産奨励運動と教育
　　―「フランス人口増加連合」と人口言説の形成』

尾上　雅信（岡山大学）

Ⅰ.

未開拓で魅力的なテーマに取り組む力作が刊行された。本書は、現代日本の少子化対策の重要なモデルとされるフランスにあって、19世紀末に設立された「フランス人口増加連合」（以下「連合」と略記）と出産奨励運動を通史的に扱った力作である。このテーマに一貫して取り組んできた著者が、これまでの成果をとりまとめ、2012年5月に神戸大学大学院人間発達環境学研究科より博士（教育学）の学位を授与された論文をもとに加筆修正して公刊したものである。

Ⅱ.

本書の構成は、以下のとおりである（「節」以下は省略）。

序　章　フランス出産奨励運動史研究の課題
第1章：「フランス人口増加連合」の成立
第2章：「フランス人口増加連合」の周辺
第3章：「人口問題教育」の胎動―両大戦間期
第4章：「少子高齢化社会」の可視化―1930年代
第5章：ヴィシー体制と出産奨励運動
第6章：戦後の再出発と移民問題の再浮上
第7章：〈産児調整〉のヘゲモニー――1960年代の転換
第8章：出産奨励運動と極右勢力
終　章：出産奨励運動の意義と限界

Ⅲ.

以下、まずは各章ごとに梗概を紹介し、最後に評者のコメントを附したい。

序章では、先行研究の詳細な整理と批判から研究課題が設定される。「連合」を対象に、これを中心とした出産奨励運動に注目し、「出産奨励運動によって産出される人口言説の内実を丁寧に分析し、また、人口言説を流布する場として学校が活用されていくことの問題性を教育史研究として探究すること」（5頁）である。ここで著者のとる研究方法論は、フーコーに代表される「言語分析」理論である。分析のための素材として活用する史料は、「連合」が設立以来発行してきた「機関誌」、啓発用のパンフレット、「連合」メンバーの著した教師用手引書などの第一次史料、あわせて各種法令や政府委員会報告書など、多岐にわたっていることも特記したい。

第1章では、「連合」創設者の著作を素材に、その言説の分析を行う。文明化により社会的上昇の意欲が増大する一方でその阻害要因となる子孫繁殖を断念することに人口減退の原因を見出す「文明化（civilisation）」論（29頁）を明らかにするとともに、その対処法として、子ども3人以上の多子家族への経済的な支援及び「祖国の永続」を国民に「教え込んでいくこと」を提唱している点を指摘し、ここに教育の問題とともに「家族道徳」の課題も浮上することを強調する（34頁）。

第2章では、前章を受け、時代的には1920～30年代を扱う。まずは「連合」と共同戦線を張った「生活改善協会」を取り上げ、その会長の著作（1920年）および副会長の著作（1924年）の言説を分析し、前者は「生命の伝達」の重視、習俗の規律化、家族の強化、婚姻生活における多産の賛美、さらに習俗の規律化こそ学校の役割としたことを指摘する。一方後者については、「性的不道徳」をいかに克服するのかという論点から学校教育の活用を主張、「多子家族の価値を小学校において教える必要性」（49頁）の

強調を明らかにする。ついで、「連合」メンバーの他の著作（1896年）も検討し、子どもの生存権の主張とともに、その保護のために「国家介入を促進する」言説が見られること、これは「家族への国家介入を正当化する根拠を提供」（55頁）するものである、と指摘する。これらを踏まえ、「連合」の「周辺」（57頁）に存在したデュルケームの言説（おもに家族論と道徳教育論）が取り上げられる。一夫一婦婚の安定性と未婚者の不安定性を対比、その不安定性を「アノミー」ととらえ回避しようとする家族論、「規律の精神」等を柱とする道徳教育論の検討から、「道徳的行為を規範（norme）に従った行為」とみなし、規律とは、「規範からの偏差を極小化することを目ざすものであった」（66頁）ことを明らかにしている。

第3章では、主に1920年代において「人口問題教育」が学校のカリキュラムに導入される歴史的文脈を検討する。「連合」事務局長の著作（1924年）から教育改革提言を析出し、「家族的徳」（家族の素晴らしさ）の重要性を理解させるために、子どもを育てる義務の観念を中核とした道徳教育の学校への導入の提唱を明らかにする。ついで、リセ教員で「連合」メンバーの著作（1923年と1927年の二冊）の分析から、学校への期待の内実、つまり子どもたちに対して、多産な家族を形成する意欲とともに、「子どもを産まない生を軽蔑する気持ちを芽生えさせ」（79頁）ようとする主張を指摘する。さらに、同じ著者の「教師用手引書」では、各教科で「出産奨励的・家族的教育」（80頁）を展開する具体的手法とともに、ポスターによる視覚的な教材も提案されていたことを明示している。

第4章では1930年代が扱われる。同じ事務局長の著作でも1930年代になると「高齢化」の観点が強調されること、そこに登場する統計技法としての「年齢ピラミッド」に注目する。人口の男女・年齢別構成を図化して高齢化を可視化し、理解しやすく示すための技法として「『少子高齢化社会』への危機意識を高めるために効果的であった」（90頁）とする。こうして「連合」は「子どもたちに多産な家庭を築く義務を教えることに主眼をおいたキャンペーンを展開」（93頁）する。また、「家族法典」（1939年）の制定に「連合」の会長と副会長が「主導的役割を果たし」（96頁）たとし、その142条の条項が現行の「教育法典」の「人口問題教育」規程の原型となったと位置づけるのである（99頁）。

第5章では、ヴィシー体制下（1940-1944年）で、「連合」とその出産奨励運動が体制とどのように結びついたかが検討される。まずは国家主席ペタンの家族観を分析し、「道徳秩序」の回復、人口再生産の場としての家族に期待していたことを明らかにするとともに、その主張は「連合」と、出生率回復・母親賛美・個人主義批判の点で、「きわめて親和的な関係にあった」（106頁）とする。また、この時期の「連合」キャンペーン、「人口問題教育」の勧め、国民教育省への働きかけを検討し、国民教育大臣カルコピーノの「人口動態教育に関する訓令（1941年）」への「連合」の影響・働きかけを明らかにする。さらに、「連合」作成の「教師用手引書」等の分析から、各教科で「家族形成への意識づけ」（114頁）を行うことを提唱し、グラフや図による視覚的な技法も提案していることを明らかにしている。これらのことから、「ヴィシー体制との密接な結びつきによって出産奨励運動は最盛期ともいえる高揚をみせたのである」（115頁）とするのである。

第6章では、時代的には、「家族政策の黄金期」（122頁）とされる第四共和政（1946-1958年）を扱う。その家族政策の立案にあたった高等諮問会議の報告書（1955年）の分析から、人口減退への危機感とともに、その原因として多産を避ける傾向をあげていること、それへの対応として経済的支援の他に、子ども・若者に家族の価値を教える教育活動を提案したことを明らかにする。その具体的内容を検討するために、「連合」メンバーの著す「教師用手引書」を分析する。そこでは、「教育目標として重視されている『正常な家族』とりわけ『正常normal』という概念は、実際の家族の反映ではなく、家族が多産であるべきであるという道徳的な規範（norme）として用いられている」（129頁）と指摘するのである。

第7章では、1960-70年代にかけて運動の衰退・妥協期を扱う。そのターニング・ポイントとなったのが、避妊を認めた1967年「ニュヴィルト法」であり、さらには妊娠中絶を許容する1975年の「ヴェイユ法」であった。これらの法制化を促す風潮の中で「連合」は、「避妊に対する夫婦の自由という考え方を受け入れながらも、性的快楽の追求に対する懸念が大きな論点となり、その懸念を払拭することが基本的に教育の任務と考え」（147頁）るに至り、「自己

制御」を根幹とする教育の重要性を強調することとなる（148頁）。つまりは、産児調整に関する夫婦の自由を認め、経済発展のための労働力確保の観点から人口増加に国家が関心を払うこと、避妊公認による家族道徳衰退を回避するため自己制御を根幹に据えた教育を重視していくというのである。

第8章では、1980年代以降いわば現代の「連合」及び出産奨励運動が扱われる。移民をめぐる社会情勢などを背景に極右勢力「国民戦線」が躍進するなかで、これとの「親和性」を考察する。「連合」の批判者の論稿、それに対する「連合」の反論を取り上げ紹介するとともに、これまでの考察全体を踏まえて、「連合」の保守的で政治的右派としての基本的性格、それを「公益性」の名のもとにカムフラージュしてその時々の政権や有力な政治勢力とのすり合わせを巧みに行ってきた団体、と特徴づける。さらに、1996年のアピール等の分析を通して、「連合」は「私生活（vie privée）や自由が阻害されることがあってはならないという原則」（164頁）を認め、結婚・出産をめぐる習俗の大規模な変化を受け入れながら現在も存続していることを指摘するのである。

終章では、「連合」とそれが主導した出産奨励運動の通史的な考察の総括とともに、それが提唱してきた「人口問題教育」を総括する。すなわち、1920年代から行政の後押しを受け、学校の各教科（授業）において「人口」を論点化して「家族の価値」を論じるという定型を確立し、「多子家族を正常な家族と考えるように、子どもたちを習慣づける」ことを目標に据えることで、「学校を巻き込」むことになったとするのである（172頁）。著者はこれについて、フーコーの「生政治」＝「統治性」論を「参照」（176頁）することで、「出産奨励運動は、フーコーのいう『第二の極』、『生―政治』に主に関わる運動ととらえることが可能である」（176頁）と言う。最後に「連合」の歴史的な評価として、実際的側面として経済的支援への取り組みという観点でみれば現在の家族政策における経済的支援の充実・拡充に寄与してきたことでは積極的な意義をもつ一方で、1970年代でも「母性」の重要性を主張、「女性解放」などに批判的であり、「仕事と家庭の両立支援」や「保育サービス」の拡充には貢献したと言えない点が限界性であった、とまとめるのである（179頁）。

以上のような本書は、出産奨励運動について第一次史料を駆使して通史的に検討した労作であり、少子化対応としての教育という視角からなされる歴史研究の嚆矢と言うべき新規性あふれる書物である。その一方、細かな点では、とくに方法論的には気になる事柄も見受けられる。若干コメントしてみたい。

一点は、フーコー等の言語分析の手法などを援用する史料読解と歴史的評価についてである。もちろん評者の能力不足だろうが、各種多様な文書を素材に「人口減退」や「人口問題教育」などに照準をあわせた丁寧で丹精な読解と抽出を行っていることは了解できるが、序章で紹介したような言語分析の手法が具体的にどのように活かされているのか、十分読み取ることができる叙述とは言えない。また終章においては、フーコーが「生―政治」を「生―権力」の第二極に位置づけたことを参照しつつも、出産奨励運動をこの第二極に関わる運動と捉えるに留まってしまったのは、運動の歴史社会学的評価としては物足りなさを感じる。また、第三共和政期は近代的学校制度が整備される時期であり、これとの関連において「連合」や出産奨励運動の意義と限界性を考察して欲しいところである。

第二に、人物や団体の関係性を示す根拠として、各種の文書に現れた言説の分析に基づく内容の「親和性」の指摘に過度に依拠している点である。とりわけデュルケームと「連合」との関係において顕著である。ないものねだりかもしれないが、歴史研究としては、人的な交流・影響関係を実証的に示すことにも努めてもらいたかった。

第三に、これは対象を通史的に取り扱ったことが裏目にでたのかもしれないが、運動の変容を追跡するにあたり、その変容の原因・要因を外部の、とくに時代の「風潮」のみに求め過ぎていることも気になる。運動内部からの変化・変容もあわせて検討することも必要であろう。

細かな事柄をコメントしたが、全体としては、これまで教育学・教育史研究の視野に入りにくかった出産奨励運動を教育史の領域として開拓してみせた独自性に富む刺激的な書物であると言えよう。

（日本評論社、2015年12月、228頁、5,700円）

※表記した金額はいずれも本体価格です。

Ⅴ 図書紹介

Ⅴ　図書紹介

太田拓紀　著
『近代日本の私学と教員養成
——ノン・エリート中等教員の社会史』

杉森　知也（日本大学）

　本書は、太田拓紀氏が京都大学大学院に提出した博士論文「近代日本の中等教員養成における私学の機能に関する歴史社会学的研究」（2014年）をベースに、加筆修正の上、刊行されたものである。現在の、とりわけ中学校と高等学校教員の養成において、私学を抜きにして考えることはできない。常に論争の的となってきた「開放制」教員養成制度の、「古層を探求」（p.5）しようとする本書は、戦前中等教員の多様な養成ルートのうち、私学に焦点を当て、そこを経由した教員がいかなる社会的評価を得て、その後のキャリアを形成していったのかについて卒業生名簿や職員録、自伝的資料等を駆使して教育社会学的に解明を試みたものである。たとえば、山田浩之（2002）『教師の歴史社会学』が、帝大と高師を中心に両者間の階層を分析したが、本書はそうした成果を踏まえて、主に高師と私学との比較分析をおこなっている。以下、本書の構成に沿って内容を概観したい。

　第1章「私学の目的的な中等教員養成機関の生成過程と内部過程」では、私学が中等教員養成に参入して目的的な養成部門（高等師範部など）が作られていく過程について、①中等教員需要の増大、②学校経営・存続のための戦略、③就職に弱い人文系卒業生のリクルート先の確保という点から検討している。また、学内においては、高等師範部所属の学生が学術機関としてのヒエラルキーの低位に位置づき、それが教師としての社会化に影響を与えたとしている。

　第2章「私学における中等教員養成機関の社会的評価」では、私学出身教員の「質」の変化を扱っている。大正後期から中等教員の需要が拡大する中で、入学時選抜は徐々に厳しくなり、卒業時の免許取得率も大幅に上昇した。しかし、教員剰余の時代には私学出身教員の「質」について批判が高まるなど、その「評価傾向は、教員需給関係の変化という社会的文脈に左右される側面があった」（p.74）という。

　第3章「私学出身者の中等教員就職過程とその変容」では、高師とは異なり、私学は卒業生の赴任先決定に苦労していたことを自伝的資料等から明らかにしている。また、こうした赴任校決定の過程や初任時の待遇などについても、教員の需給状況が強く影響していたことを指摘している。

　第4章「私学出身中等教員におけるキャリアの特性」では、早稲田大学高等師範部を事例に、高師との比較において、①卒業後のキャリアが中等教員社会に限定されていたこと、②中等教育段階の学校としてはやや威信の低かった実業学校への赴任が多かったこと、③昇進の機会は限定されており、校長に昇進したとしても新設校や小規模校がほとんどであったことを浮き彫りにしている。

　第5章「私学夜間部における中等教員養成機関の機能」では、日本大学高等師範部を事例に、①大学周辺に勤務している小学校教員が多かったが、地方出身者が80％存在したこと、②待遇への不満から中等教員に移ることを目的に通学していた者が多かったが、ほかにも上京遊学や自己修養といった通学理由があったこと、③中等教員への配分機能は弱かったが、小学校校長になった者が多かったことなど、「私学夜間部における中等教員養成の機能として、地方青年の誘因となり、結果的に大都市部の初等教員供給に貢献した」（p.136）と指摘している。

　第6章「昭和初期4私学の教員養成機能に関する総合的分析」では、校友会・卒業生名簿を駆使した調査に基づいて、私学出身者は中等教員としての「地位達成の可能性は低い一方で、出身地に帰郷し、郷里の中等教育を支えるという私学出身者のキャリアの特性」（p.155）があったとしている。

　第7章「昭和初期中等教員社会と私学出身者の位置」では、岩手県の教育関係者名簿に基づいて俸給額、昇進などの異動実態調査から、中等教員の階層で大きく区別できるのは、帝国大学・高等師範学校と私学その他の学歴者との間にあると結論づけている。

　第8章「戦前期私学出身中等教員の教師像」では、帝国大学より低位に置かれた高師が「地位向上の戦略として凝集的な社会集団（筆者注：学閥）を生成させ」（p.178）たとの解釈に基づき、それよりもさらに低位に位置づいた私学出身者がどのように教員社会に適応していったのかについて、学閥戦略と教

師像の両面から考察している。私学出身教員は、中等教員社会の主流たり得ず、高師出身教員から時には排除されてきたが、それへの対抗としての学閥を発展させる凝集性を持てなかったこと、中等教員社会における傍系の位置にあって官学出身教員が抱く「栄達」を望む価値観からは比較的解放されていたことなどが示されている。

　私学は、帝大・高師では充足されない学校種・地域の需要を満たしたことや、待遇面で不利であったことなどを総合的に読み取れば、先行研究によって中等教員供給ルートにおける安全弁の役割を持っていたとする指摘を、本研究によっても確認できたといえる。しかし、本書の特色は、そうした中等教員養成制度上における量的側面での貢献以外の、私学出身教員の実相をとらえようとしたことにある。中等教員の階層として私学出身者が文検ルートとほぼ同等に、帝大・高師よりも低位に位置づいたことを、赴任校決定過程、俸給額、昇進の機会、学閥の形成とその効果などから浮き彫りにしつつ、そうした私学出身者が中等教員社会の中で独特の教員としての価値観を形成していったことを生き生きと描写することに成功している。分析に自伝的資料を活用することの妥当性については、著者もためらいがあったとしているが、こうした資料を扱ったことで、制度の調査やデータの分析だけでは見えない私学出身教員の思いや生活感が読み取れたのは確かである。

　なかでも、赴任校の決定や異動、昇給や昇進などにおいて学閥や同窓会、「就職教授」といわれた教員の存在が欠かせなかったことについては、評者の研究関心とも共通するところで特に刺激を受けた。赴任校決定以降の異動が、高師においては昇給・昇格とセットになっており、それゆえに府県をもまたがって頻繁に移動した背景には、同窓会や「就職教授」の存在があったと推測できる。学閥というネットワークが自校出身教員の地位獲得競争において重要な役割を果たしていたし、それが強固なものにまで組織化することができなかった私学出身の教員は、将来にわたって不利な立場に置かれるという自らのキャリアを見通せたがゆえに、それが「教員としての態度形成、教師像のあり方に水路づけられ」(p.210)たとの考察は、ノン・エリート中等教員の社会史という本書のサブテーマを如実にあらわす部分であろう。

　本書は、近年、解明が進みつつある中等教員養成史研究において、私学の分析を通してそれぞれの先行研究の成果を縦にも横にもつなげるものであるところに大きな価値がある。さらには、著者がはじめにや序章で触れていたように、私学における教員養成の役割という今日的な課題に迫れた点でも、本書が刊行された意義は大きい。

(学事出版、2015年12月、246頁、4,800円)

佐々木浩雄 著
『体操の日本近代
　――戦時期の集団体操と〈身体の国民化〉』

鈴木　明哲（東京学芸大学）

　本書は、戦時下日本における集団体操について、ラジオ体操、建国体操、日本産業体操、大日本国民体操、国鉄体操などを、「身体の国民化」という視点から叙述したもので、青弓社の「越境する近代」シリーズ、第14巻目にあたる。

　著者の佐々木浩雄氏は龍谷大学文学部准教授、専門は体育学・スポーツ史で、これまでにも戦時下日本における体育やスポーツについて数多くの論考をまとめている。本書は、「社会史的視点を主とし」ながら、「体操を作り、普及する側の論理について論じ」(p.369)ているところが大きな特色である。ただし、学校体操については、これまでの体育史研究の成果が充実していることを理由に本書においては概観するにとどめてある。

　構成は以下のようである。

はじめに
第1部　民衆体育の時代　1930-36年
　第1章　体操普及の課題と集団体操の可能性
　第2章　アトラクティブな体操の発見と集団体操の国家的イベント化
　第3章　工場体育としての体操普及
　補　論　修養団の「国民体操」
第2部　国民体育の時代　1937-41年
　第4章　国民体育の振興と集団体操

Ⅴ　図書紹介

　　第5章　体操の乱立と「紀元二千六百年」奉祝行事での集団体操
　　第6章　国民精神の涵養と体操の日本化
　第3部　国民錬成の時代　1942-45年
　　第7章　アジア・太平洋戦争下の鍛錬体操
　　第8章　東京帝国大学の「全学鍛錬体操」
　　第9章　戦後の体操
　あとがき

　第1部では、集団体操が国民の間に広く普及した嚆矢として1928年に始まる国民保健体操、すなわちラジオ体操から筆を起こし、その後音楽を伴った律動的な体操が大正自由教育や海外の影響を受けながら普及していく様子や、工場体育として体操が広く行われていた事実を掘り起こしている。そして1931年11月3日の「明治節」には、全日本体操連盟主催の「体操祭」が文部省の「全国体育デー」や明治神宮体育大会という既存の「国家的イベント」とリンクし、国家との接点を見出していく様子が描かれている。1935年4月には、大阪朝日新聞社主催で第1回日本体操祭が、「大楠公六百年祭記念体操大会」として開催され、演技者総計1万1890人を集めていた。この大会はラジオ中継もされ、本書では「集団体操イベントの確立」（p.75）に位置づけられている。注目すべきは、ラジオ体操に代表されるような従前の体操が「個人的な体力向上」を目指していたのに対し、この大会において実施された体操は「全体美」を作り出し、協力一致の精神を養うという新たな機能を明確にしていった点である（p.85）。体操の機能面が体力向上から協力一致の精神に転換しているが、これが集団体操の特質であった。第2部では、日中戦争勃発後、国民精神総動員運動が展開されていく中での「体操の乱立」状況が叙述されている。まず1937年12月16日、「国民精神総動員ニ際シ体育運動ノ実施ニ関スル件」において、「合同体操」、「体操大会」などの実施が指示されていた様子が引かれ、集団体操が国民精神総動員に必要なツールとして組み込まれていったことが論じられている。とりわけ国民精神涵養のために創案されたのが建国体操であった。さらに1939年の第10回明治神宮国民体育大会（明治神宮体育大会の後身）では、主催が民間組織の明治神宮体育会から新設の厚生省に移管されたが、同時に厚生省による「大日本国民体操」が新設され、文部省との「体操の乱立」に拍車がかかっていった。しかも、同大会参加者の約半数にあたるおよそ2万1800人が集団体操に参加していた（p.180）。ついには文部省も1939年2月に「自校体操制定ニ関スル件」を通牒し、集団体操ブームは社会から学校の中にまで入り込んでいった。1940年5月、大阪朝日新聞社主催の第6回日本体操大会中央大会が紀元二千六百年奉祝行事として奈良県の橿原神宮外苑大運動場で開催され、1万人による建国体操が実施された。本書では「この大会が集団体操イベントの一つの到達点だった」（p.218）と評している。そして第3部では、アジア・太平洋戦争の激化とともに深刻の度合いを増していった軍部の体力養成要求と、それに集団体操がいかに応えていったのかについて、実証と考察が加えられていく。この時期、もはやラジオ体操は体力養成には適さない生ぬるい体操と批判され、それに代わって海軍体操、国鉄体操、東京帝国大学の全学鍛錬体操などが創案された。しかしながら、1943年の日本体操大会と明治神宮国民錬成大会（明治神宮体育大会の後身）の閉幕をもって集団体操ブームは収束していった。そのような中、ラジオ体操の放送だけは1945年の8月14日まで続けられ、8月23日に再開されたことから「ラジオ体操の定着度が揺らぐことはなかった」（p.311）としつつ、戦後へと筆を進めている。

　さて、本書によると「大勢の人間を動員し全員を参加させ、同時に見る者にも印象的な催しを企画する場合に集団体操は非常に有用だった」（p.227）が、その一方で「集団体操イベントに向けて体操指導や創案の技術を競う『創案者本位』の面があった」（p.231）ことが指摘されている。つまり、「指導者たちの技量を示したり、イベントで統制美を演出したりすることに比重が移り、実生活に根づいて継続的に親しむものにはならなかった」（p.231）ことを集団体操ブーム衰退の要因としている。となると、本書のサブテーマである「身体の国民化」とは、「実生活」にまでは浸透していなかったことになるのか。

　また、本書の大きな特色はおよそ60枚に及ぶ写真資料の挿入である。集団体操はその参加人数を「増せば増すほど勇壮になり、人々の精神的な高揚を引き出すことができる」（p.85）という本書の指摘は当を得ているが、写真資料を見ながら「人々の精神的な高揚」という文言はとても興味深かった。「高揚

感」に便乗しつつ、そこに体操の普及を目指す関係者と国家の思惑がうまい具合に一致していた様子が読み取れる。高揚感と一体感こそが、集団体操の凄まじいまでの熱狂を支えていたエネルギーであったような気がする。そのことは、例えば「大楠公六百年祭記念体操大会」の写真（pp.78-79）や「紀元二千六百年の集団体操」の写真（pp.216-220）からも感得することができた。実演者と観衆、両者を取り込んだ高揚感と一体感、昨今の運動会における組み体操問題を考えていく一助となるような気がする。

（青弓社、2016年2月、374頁、3,400円）

天野郁夫 著
『新制大学の誕生—大衆高等教育への道』（上・下）

西山　伸（京都大学）

本書は著名な教育社会学者である著者がまとめた、戦後教育改革における新制大学誕生の経緯を明らかにした大著である。周知のとおり、著者は近年『大学の誕生』全2巻（中央公論新社、2009年）、『高等教育の時代』全2巻（同、2013年）と相次いで日本近現代高等教育の通史を上梓しており、本書によっていわゆる旧制期については完結したことになる。

本書の概要は次の通りである。

「第Ⅰ部　戦時体制と高等教育」は「第1章　戦時下の高等教育改革」と「第2章　高等教育の決戦体制」で構成されている。まず第1章では、教育審議会における高等教育改革に関する議論が分析され、高等学校・大学については現状維持的な、専門学校と師範学校についてはより改革の方向性を打ち出した答申が出される経緯が明らかとなる。しかしその後戦争の長期化と深刻化に伴い、さまざまな側面での教育の構造転換が構想されていくことになる。続いて第2章では、戦時下具体的にどのような高等教育の改変が実施されたのか跡づけられる。もちろん、学徒出陣や勤労動員によって最終的には教育機関は事実上破綻していくわけだが、その一方で戦時期は理工系を中心に高等教育の大幅な量的拡大の時期でもあった。本書では専門学校をはじめとしたその実態が丁寧に追われる。公私立を中心としたこうした急激な拡大は「濫造」であったことは当然だが、大学における大学院の充実や附置研究所の増加に示されているような研究機能の強化とともに、戦時下の構造転換が戦後の前提となることが示される。

「第Ⅱ部　戦後の高等教育改革」では、主に教育刷新委員会における議論が丹念に跡づけられている。第Ⅱ部は「第3章　使節団報告書から学校教育法へ」「第4章　学校教育法以後」「第5章　新制大学像の模索」の3章で構成されている。第3章では、学校教育法制定までの第五特別委員会での議論が取り上げられている。そこでは（旧制）高等学校および帝国大学制度の継承を求める意見が主流を占め、そのため新制高等学校の年限に幅を持たせる建議が出されることになるが、その反面本来検討されるべき新制大学についての明確な像を示すことができなかったとされる。第4章では、学校教育法制定から1947年12月に第五特別委員会がその使命を終えるまでの錯綜した教育刷新委員会における議論が扱われている。依然として旧制高校問題が関心の中心であった第五特別委員会は、結局新制大学の理念も具体的な新制移行のあり方も提示できなかったが、一連の議論の中で早期の教員養成の必要性という別の文脈から二年制大学の可能性が生じてくる。また、この時期設置認可基準の問題が浮上し、文部省、教育刷新委員会、およびCIEと密接な関係をもった大学基準協会の間の軋轢が混迷を深める様が描かれている。第5章では、1947年末から始まった新制移行にあたっての具体的な諸課題に関する教育刷新委員会での議論が扱われている。それらのうち、学芸大学による教員養成や、暫定措置としての短期大学設置などは実現していくことになるが、学術研究者養成を本質とする大学院構想は挫折し、大学構成員に強い権限をもたせる大学法については白紙還元となった過程がたどられる。一方、単位制や一般教育制度に代表される教育課程の編成基準は教育刷新委員会ではなく大学基準協会で検討されたが、その経緯についても述べられている。

「第Ⅲ部　新制大学の誕生」は、「第6章　終戦処理と戦後対応」「第7章　移行と昇格の過程」「第8章　新制国公立大学の誕生」「第9章　新制私立大学の誕生」の4章で構成されている。第6章では、

Ⅴ　図書紹介

敗戦直後の高等教育機関の諸動向が具体的に述べられているが、新制発足までの僅かな時期に展開された事象、例えば旧制帝国大学の整備や医科大学・専門学校の新設ブームなどが、新制移行に大きな影響を与えたことが明らかにされる。第7章では、新制発足までの経緯が政策主体の側から描かれている。ここでは、改めてCIEのもった影響力の大きさが示され、文部省の意図を越えて急速に進められた新制大学への移行が、資格要件を充たす教員の不足、不十分な予算措置などの問題を抱えながらのものだったことが述べられる。その一方、旧制度からの大学と新たな大学との間には明確な差異的取扱があったことも指摘される。第8章では、新制国公立大学がどのように誕生したか、具体的な経緯が記されている。周知のように、多くの国立大学は複数の旧制教育機関が統合されて発足しているが、比較的スムースに進んだ国立総合大学群、総合大学への志向を有していた旧制官立大学群、さまざまな統合構想の消長があった旧制高等学校・専門学校群などに分けて論じられている。そして、元の旧制教育機関によってその後の発展が左右されていくことも触れられている。第9章では、国立と異なり新しい法制度の下で大幅な自由を獲得した私立教育機関だが、国立同様旧制度におけるありようが新制移行およびその後の展開に大きく関わっていたことが示される。すなわち、概ね安定的に移行を果たした旧制私立大学群に対して、旧制私立専門学校、中でも敗戦前後に置かれたそれの場合は、廃校や短期大学への移行を選ばざるを得なかったものも少なくなかったことが述べられる。これらの教育機関にとっては、新制移行は淘汰の過程であったとされているのである。

以下、簡単に本書についてのコメントを述べる。

何と言っても本書のいちばんの特徴は、新制大学誕生についての記述を戦時期から始めていることである。評者はかねて教育史記述では敗戦による断絶の大きさを感じていたが、本書はそうした従来の研究を覆すものである。特に戦争末期および敗戦直後における高等教育機関の膨脹がいかに新制移行に影響を与えたか、本書では説得力をもって語られている。二つ目の特徴として、教育刷新委員会における議論についてこれだけ詳細に追ったのも本書が初めてであろう。保守派と進歩派の対立で語られがちな教育刷新委員会での議論が、実はもっと錯綜した（言い換えれば非生産的な）側面を多分にもっていたことが伝わってくる。三つ目の特徴は、前二著と同様、各教育機関の沿革史がふんだんに利用されていることである。本書でいえば特に第2・6・8・9章などがそうであり、それにより記述が臨場感に満ちたものになっている。評者は、かつて沿革史と歴史研究の生産的な循環が必要と述べたことがあるが、評者の想像を超えた実例がここに見られることを実感させられる。

それにしても本書のエピローグにある「関係者の誰もが発足直後から手直しや修正、さらには再改革の必要性を感じていた」「新しい大学制度」（732頁）が、基本的には改編されず現在まで続いているのは、ある意味驚きである。本書では分析の対象外となっている、当事者たちの思想を含めて、総合的な考察が求められるところであろう。いずれにしても、今後新制大学発足について考察しようとする者にとって、本書が必読の基本文献となったことは間違いない。

（名古屋大学出版会、2016年8月、763＋26頁、全2巻計7,200円）

三好信浩　著
『日本の産業教育―歴史からの展望』

三羽　光彦（芦屋大学）

本書は、著者の40年余りにわたる産業教育史研究の総括ともいえるものである。著者は産業教育史に関する大著13巻を風間書房から世に問うなど、実に精力的な研究によって学界を牽引してきた碩学である。このたびこれらの研究のエッセンスを体系化し、「産業教育学の構築という遠い理想に向けて、日本の産業教育の歴史的特質と今日的課題」を論じたのが本書である。

稀代のジャーナリスト・長谷川如是閑は、80数年前に二つの「錯誤」として、産業と教育に関する考え方を鋭く批判している。著者はまずまえがきでそれを引用して、本書における問題意識の所在を示している。如是閑のいう「錯誤」とは、一つは「教育の原理を産業形態と没交渉の基礎の上に置くこと」であり、もう一つはそれと対照的に、「教育機関をも

需要供給の原則に従ふ大量生産による人間供給の機関」とみなすことであった。著者はこの二つの「錯誤」は、今日なお払拭されていないとし、こうした「錯誤」の是正を念頭に置いて「産業教育学の構築」を目指したと述べている。

まず序章で、産業教育の範疇は、「時代とともにその範囲を際限なく拡張する運命にある」ことを指摘し、「『学』としての固有性や体系性を確立することは困難な状況にある」（p.3）と述べ、以下の三点から自己の「守備範囲」を限定している。第一は、産業の変容は著しいが、「人間の『生きる力』の原点」である農工商の三業を産業の中心とすること、第二は、産業教育という時、ペスタロッチのいう、「基礎陶冶、道徳的陶冶、職業陶冶」の三者の関連を念頭に置いて、「教育に引きつけて」考察すること、第三は、産業教育の中核に学校を据えること、である。

また、近代日本においては、きわめて早い時期に産業系学部を大学教育に含み込むなど、学校で産業教育が積極的に実施されたが、それと関連して、「学理と実地の結合」と「産業と道徳の結合」の二点が産業教育ではことに重視された。著者はその二つの視点を分析視角として提示している。

ところが「産業と道徳の結合」については、一般的に否定的に評価する論者が多い。たとえば本田由起は、その点について、「各人は『分』に従って産業社会に貢献すべき」という考え方や、「体制への＜適応＞のみが強調されていたこと」などから、「戦前期の『実業教育』を賞賛すべきではまったくない」（『教育の職業的意義』2009）と評している。しかしながらこの見方は一面的なように思われる。「産業と道徳の結合」の意義について、著者は、「産業教育の世界では、理想的な産業人を育成するという発想から独自な実践倫理観が生まれ、その教育が学校に対し期待されたという事実に注目したいと思う」（p.22）と述べている。まさに慧眼である。徳目主義的な国家道徳ではなく実践的な倫理が産業教育の内部から生み出されていたことに注目するのである。

第3章は、「産業国家の教育戦略」と題して、富国強兵から民業育成、植民地産業政策、戦時体制、占領政策に分けて、そこにおける政策の意義と問題点を的確に整理している。そのなかで印象的なのは、戦時期の諸改革が極めてドラスティックものであったことである。ところがそうはいっても、産業教育という視角から見ると、私は必ずしも戦時体制期を例外的な特異点とみることはできないように思われる。著者が整理している三点、すなわち、工業を中心とした工農商三分野間の連携、普通教育と実業教育の二分岐状況の改善、男女両者の懸隔の縮小は、むしろ現代にも通底しているからである。いわば現代は、新自由主義的な形での国家総動員体制とでもいえるように思われるのである。

第4章は、産業啓蒙書の教育的意義について分析している。この章ばかりではないが特にここでは、著者の博覧強記、該博な知識に驚くばかりである。しかしその豊かな知見は、全国の図書館をくまなくまわり、近世から近代にかけての膨大な産業啓蒙書を渉猟した成果によるものである。まったく著者の努力には頭のさがる思いである。そしてその研究の上に、明治初期には、「学校教育と産業啓蒙が内的な構造関連」をもって「相乗効果を生み出し、日本産業の近代化のテンポを一段と早めた」（p.155）という結論を導いている。産業の啓蒙と教育は車の両輪であったというのである。きわめて重要な指摘である。

第5章から第7章は、工・農・商の順にそれぞれの特徴的な教育家・思想家と教育実践、基幹となる学校を取り上げており、本書の本体ともいうべき部分である。第8章では戦前の女子の産業教育について良妻賢母論との関係、女子の職業学校の展開、戦争と女性の社会進出との関係を考察している。そして結論として「隠れた女性役割」（p.287）という表現で、表面に出にくかった産業社会における女性の役割が、「想像以上に大きな」（同）ものであったことを論じている。ついで第9章では、高等教育の地域配置や地域間格差を論じた上で、産業教育の先進県として、総合的に愛知、工業では福岡、農業では長野、商業では兵庫の各県を取り上げ、代表的な教育者や学校を考察している。この章では、特に地域における実業専門学校の存在意義が大きいことが印象的である。

第10章は本書の結論部分であり、問題点と「解決の方策」および今後への「提言」からなっている。そして、「戦後の難題」と題して、教養教育と専門教育の関係、学校教育と職業訓練の関係が大きな問題点（難題）としてあげられている。前者の問題は、戦後高等学校の成立過程に胚胎しており、端的には

V 図書紹介

高校三原則に起因すると指摘している。すなわち、とりわけ総合制においては、「戦前期の産業系中等学校の特色であった職業性と専門性が希薄になったことと、普通科に比べて職業科が軽視されるようになった」(p.329)ことを問題点として論じている。そしてそうした傾向は「進歩派を自認する教育学者」(p.330)などに継承され、富山の三・七体制の批判を経て、職業科より普通科を選択する傾向が生じたとしている。

私も、かねてよりそうした職業科軽視の傾向を青年の発達という観点から、現代日本の教育の深刻な問題点の一つと認識してきた。しかしその問題が高校の総合制という在り方に起因していたとは必ずしも考えていない。それは戦後改革期に、「ある意味においては、新制高等学校の生徒はすべて職業科の生徒であるといえる。」(文部省学校教育局『新制高等学校教科課程の解説』1949)と述べるなど、職業に関する問題意識は高かったからである。いわゆる「進歩的教育学者」といわれた人たちも、城戸幡太郎や宮原誠一など、戦後初期に新潟県や長野県で生産教育の実践に乗り出し、具体的な成果も上げていたのである。

さらに、高度成長期以後の普通科高校の拡大は、教育界や国民の普通教育重視の考え方だけでなく、それが現実の社会と適合した制度として成立し得た背景があったからではないかと、私は考えている。たとえば乾彰夫は、高度成長期の「労働力需要の急激な増大」は「労働力の確保競争」「定着化対策＝企業内囲い込みに走らせ」(『日本の教育と企業社会』1990)、学歴別賃金体系や企業内訓練を含むいわゆる「日本的雇用」を広めたという。そしてこの雇用の在り方を背景として偏差値的な高校の一元的序列化が形成され、大学進学において不利と考えられた職業科は相対的下位に位置付けられた。すなわち産業社会における労働力の実態が現実の教育を規定した側面が大きかったというのである。いずれにせよ本書は、戦前部分がメインであって、戦後の本格的な歴史研究は今後の課題といえよう。

現在、日本を代表する製造業の経営破綻や農林水産業の衰退、そして非正規労働によるワーキングプアや高学歴貧困の問題などなど、産業をめぐる問題は難問山積といった状況である。本書を読み終わって、こうした産業社会の諸課題に目を向けたとき、産業教育が教育としていかに可能なのか、産業の進展とはてなき高度化は人類を真に幸福に導くのかといった思いが脳裏を去来し、産業と教育をめぐる問題の深さを痛感せざるを得なかった。

(名古屋大学出版会、2016年6月、373＋11頁、5,500円)

学校沿革史研究会 寺﨑昌男・西山 伸・湯川次義 著
『学校沿革史の研究 大学編2
―大学類別比較分析』

小宮山道夫（広島大学）

本書は公益財団法人野間教育研究所の日本教育史研究部門に設けられている「学校沿革史」研究部会がまとめた5冊目の刊行物であり、野間教育研究所紀要第53集として2013年に刊行された『学校沿革史の研究 大学編1―テーマ別比較分析―』（以下、『大学編1』と略記）の続編にあたるものである。

本書の目次構成は以下のとおり。

刊行に際して（学校沿革史研究部会）
第1章 大学沿革史の評価をめぐって（湯川次義）
第2章 国立大学Ⅰ（西山伸）
第3章 国立大学Ⅱ（西山伸）
第4章 大規模私立大学（湯川次義）
第5章 宗教系大学（寺﨑昌男）
第6章 女子大学（湯川次義）
補 論 大学沿革史における索引（西山伸）

本書の構成の意図は序文にあたる「刊行に際して」において次のように述べられている。「個々の大学はそれぞれ独自性をもっているが、一方、成立事情、教育理念・方針、学部構成・規模などに着目すると類似した大学が存在する。類似した、あるいは共通性の多い大学を一つの類型として捉えると、同一類型の大学沿革史の間には、編纂方針、全体構成、記述事項などに一定の共通性があることが確認でき、類型に分けて分析することが有効と考えた」という。このため旧制帝国大学を由来とする国立大学（国立大学Ⅰ）、それ以外の国立大学（国立大学Ⅱ）、

大規模私立大学、宗教系大学、女子大学の5類型を設定し、それぞれの類型の中での「類似性・共通性、さらには相違に着目し、複数の沿革史を横断的に比較することにより個別沿革史の特性がより明確になり、沿革史評価を深めることができる」と目論む。果たしてこの5類型で良いのかという疑念が読者の中にはわき起こることと思うが、それについては編者も自覚的で、「これらの類型以外にも、例えば設置主体別では公立大学、規模別では中規模大学や単科大学、専門分野では医学系・理工系大学、あるいは戦前には高等教育機関としての母体をもたない大学など、多様な類型が設定できる」が、「紙幅の関係も含めて一定の枠を設置する必要もあり、上記の類型に限定して考察を進めた」と説明がなされている。

その前提のもと、各類型に対応する各章においてまず「はじめに」にて類型の定義を述べ、第1節でその類型の大学の成立史や沿革史の編纂状況を概説し、第2節で類型内の「沿革史の比較検討」を行い、「おわりに」でまとめるというスタイルをとっている。第4章と第6章においては第3節「記述内容の比較検討」が設けられ、対象とした沿革史の注目すべき記述を示している。また第4章では特に学生関連の記述が充実している明治大学の例を個別に分析した補論「『明治大学百年史　通史編』における学生関係記述」が加えられている。例外として第5章のみは、第1節「仏教系大学」、第2節「キリスト教系大学」、第3節「神道系大学」と系統別に分けるスタイルをとっている。言わば各章は評価対象を共有しつつも執筆者の興味関心に応じて変化をつけた構成であるといえる。

加えて沿革史を評価する意義、評価の対象・基準などを論じるため、第1章「大学沿革史の評価をめぐって」を設けてその妥当性について試論的に説明を加えている。また巻末には沿革史編纂における索引づくりの経験を紹介する補論「大学沿革史における索引」が加えられている。

筆者はかつて『大学編1』について他誌にて図書紹介を行い、「続編が楽しみ」と述べたが（『教育学研究』第81巻第2号、239-240頁所収、2014年）、その時想像した視点とは違う形で興味深い分析がちりばめられた一書となっている。本書の読者を想定するならば、最も相応しいのはこれから沿革史編纂に携わる関係者や、大学史研究を志す初学者であろう。編纂を終えた者—特に本書で取り上げられた沿革史の編纂者—たちにとっては、高評価を光栄に思う部分もあれば、注力した部分に言及がないと落胆することもあるだろう、悪くすれば不当な評価と憤ることもあるかも知れない。また、特定のテーマを持って大学史に取り組んでいる者にとっては『大学編1』の方が利便性が高いと思うかも知れない。初学者に相応しい最大の理由は、本書が指摘する沿革史の未到達地点を、今後部分的にでも実証的に明らかにすることができれば、学界に裨益する成果を世に送り出したことが確実になるからだ。

ところで書評ではないので多弁は控えたいが、これから沿革史編纂に取り組む人々が本書を読む上で気に留めておいて欲しいことを1点のみ示しておきたい。本書は①編纂体制、②編纂方針、③目次構成、時期区分、④資料の収集・分析、⑤記述事項・内容、⑥記述のあり方、⑦学術性、⑧その他、評価対象を設定し、個別大学の沿革史をマトリックス的に分析することを基本としている。一定の基準によって比較することは分かりやすいし、公平な評価がなされたように思える。しかしながら各大学はそれぞれ固有の歴史的背景と組織文化の違い、そして沿革史自体にも「書かれざる編集方針」があり多様である。自ずと記述には粗密があるし、その粗密は資料的制約によるものが大きい。そしてマトリックス分析では粗の部分が目立ち易い。記述量の「バランス」についての批評が本書の端々に出て来るが、その要求に応えようとすると形式主義に陥る危惧が生じる。極端に気にすることはないだろう。資料上の制限があるからこそバランスは崩れがちであるし、予定していた執筆者が必ず執筆してくれるとは限らない。そして執筆者の性向もある。記述の粗密こそ個別沿革史の個性であり多様性の礎と理解すべきだろう。

大学沿革史の存在感が大きく変わったのは1980年代後半のことで、その契機を作ったのが『東京大学百年史』の編纂事業であったことは識者の認識の一致するところであろう。執筆体制の面で言えば、それまで個人が単独で執筆してきたものが、組織的な分担執筆に切り替わり、刊行物の内容について言えば、「通史」のみの刊行から、大学の基礎統計データを含む「資料」を併せて刊行するようになり、「通史」とは別に部局の詳細を記した「部局史」も刊行されるようになった。『東京大学百年史』が大学沿革

史のスタンダードを形作り、それ以後編纂された沿革史に多大な影響を与えた。ここで重要なのは「本格的な歴史研究編纂物としての沿革史」の編纂が意識されるようになったことと、「歴史研究を支える史料の収集・整理・保存」の重要性が認識されるようになったことである。その土壌づくりに尽力した寺崎昌男氏や中野実氏、そしてその後に続いて各大学で沿革史編纂に携わってきた多くの先達の積み重ねた三十余年があったからこそ、個別大学史を横断的に類型化し、比較検討するという本書の企画が可能となった。このことを何より喜びたい。そして将来全ての大学に整備されていくアーカイブズの存在により、いずれ全ての人が同じ資料を目にし、沿革史の記述内容の検証も可能となることだろう。その時大学沿革史という教育史研究は科学の領域に両足を踏み入れるのである。

(野間教育研究所、2016年2月、423頁、7,000円)

奈良女子大学アジア・ジェンダー文化学研究センター 編
『奈良女子高等師範学校とアジアの留学生』

佐藤　由美 (埼玉工業大学)

本書は、奈良女子大学が所蔵する〈校史関係史料〉を基に、前身の奈良女子高等師範学校 (以下、奈良女高師と略す) における留学生制度の変遷や留学生教育の実際について整理することを目的に編まれ、「奈良女子大学叢書1」として刊行された。奈良女高師では、明治42年の開学から昭和27年3月31日に同校課程が廃止されるまでの43年間に、延べ301名の留学生をアジア諸地域から受け入れている。アジア諸地域というのは、清国、中華民国、「満洲国」と、当時は日本の統治下にあった台湾、朝鮮を指す。留学生の身分は本科生、保姆養成科生、選科生、聴講生、特設予科生と様々であった。本書は序章を含め全9章で構成されている。以下では章立ての順に主な内容を紹介していくことにしよう。

「序章」では学内外の史料状況が説明されている。奈良女子大学の〈校史関係史料〉のうち、アジアの留学生に関する史料群「十九　特設予科・外国人特別入学」には、外国人留学生に関する官庁との往復文書や特設予科に関する書類、通牒類、名簿、成績綴などが合計で38点 (補4点を含む) 存在する (史料一覧は本書16～18頁)。さらに、〈校史関係史料〉「一　会議録」中の「会議録」、「評議会記録」、「教官会議記録」などからは、外国人留学生の受け入れや指導をめぐり学内でどのような議論があったのかを、「二　庶務関係記録」中の「学校長訓話概要綴 (昭和十二年度～二十年度)」では留学生に対する訓話の内容を知ることができる。他にも「十一　入学者選抜」や「十二　生徒状況」、「十三　学級日誌・学級週録」のなかに留学生に関する記録があり、留学生に対する教育の具体相が見えてくる。学外の史料として特筆すべきは、桃山学院史料室所蔵の柳原吉兵衛関係史料である。柳原は朝鮮女子留学生を支援していた大阪堺の実業家で奈良女高師とは関係が深かった。「寄宿舎部屋割り一覧表」や留学生の写真、書簡など、奈良女子大の〈校史関係史料〉にはない貴重な史料が含まれているという。

「第一章　留学生の在籍概況」では、留学生受け入れ制度の概要と在籍留学生数の推移、国・地域別留学生数、卒業・修了留学生一覧、留学生の退学が述べられている。奈良女高師では明治43年から大正2年にかけて清国からの留学生数名を受け入れた後、8年間のブランクを経て、大正11年に朝鮮からの留学生2名を受け入れている。その後、朝鮮出身の在籍者は昭和20年まで途切れることはなかった。大正14年度には特設予科が設置されたことに伴い、中華民国からの留学生が増加するが、昭和13年度になると「満洲国」からの留学生数が逆転するようになる。本科・保姆養成科に在籍した170名の留学生のうち、卒業者は105名、退学者・除籍者は65名だった。これを地域別にみると、清国留学生は5名中卒業者なし、朝鮮留学生は55名中46名が卒業、中華民国留学生は56名中31名が卒業、「満洲国」留学生は49名中25名が卒業、台湾留学生は5名中3名が卒業 (30頁) である。特設予科は在籍者131名中、中華民国留学生は80名中50名が修了、「満洲国」留学生は51名中43名が修了 (31頁) であった。卒業者105名の科別は、文科40名、理科30名、家事 (家政) 科33名、保姆養成科2名で、朝鮮人留学生は文科、家事科を専攻し、中華民国留学生は理科を専攻する傾向があった (32頁)。中途退学者は約3分の1だが、そのほとんどは

私費留学生で、退学の主な理由は経済的な問題や健康上の問題とみられている。

「第二章　留学生の進路」では、特設予科の修了者93名中、90名が奈良女高師の本科に進学、残りの3名は東京女高師に進学したこと、中途退学者の他校への進学状況、本科卒業生の赴任先、大学への進学状況が示されている。本科卒業後の進路は、それぞれの出身地である朝鮮、中華民国、台湾、「満洲国」の中等教育機関に赴任する場合が殆どであった。

「第三章　留学生受け入れ政策と制度の変遷」では、奈良女高師が留学生を受け入れた期間を四つに時期区分し、それぞれの時期に位置づく史料（[資料1]～[資料33]）を原文で示しながら叙述している。史料には文部省の規程や通牒、奈良女高師の規程・細則、入学試験問題、特設予科年間行事などが含まれる。文部省からの指示に学校がどのように対応したのか、学内で起こった問題にどのように対処したのかがわかる展開となっている。

「第四章　国・地域別にみた留学生」は、必要に応じて史料（[資料34]～[資料39]）を原文で示しながら、それぞれの国・地域の事情や個別の留学生に焦点を当てた叙述となっている。いずれも「在籍者一覧」が掲載され、氏名、出身地、出身学校、生年月日、専攻学科、入学年月日、退学年月日、卒業年月日などの情報が整理されている。

「第五章　留学生の修学旅行」は、特設予科と本科の修学旅行の記録である。実施年月日や具体的な行程、見学場所、参加学生数、引率者などが整理されている。[資料40]は「特設予科修学旅行の旅行記」、[資料41]は本科生の「日本見学旅行の旅行記」である。

「第六章　留学生の生活」は学業成績、寮生活、恋愛問題の三つの側面から留学生の苦労や学校の対応について「教官会議記録」や「評議会記録」の記述を史料に叙述されている。学業成績への対応として留学生には「欠課」や「廃課」が認められていた。欠課は「しばらくの間授業を休むこと」で、廃課は「ある科目の受講を取りやめ、成績からその科目の評価を削除してしまうこと」（316頁）である。欠課に多かったのは薙刀、体操、習字など、廃課に多かったのは動物・植物・園芸・国語・音楽・英語などである。理由には病気や学習困難が挙げられているが、和裁や実習系科目への反発があったことも史料からわかる。

「第七章　留学生とナショナリズム」では、中国人留学生による山東出兵反対運動、朝鮮人留学生の民族運動が取り上げられ、留学生の行動と学校側の対応が示されている。奈良女高師の留学生も他校の留学生との繋がりのなかで民族運動や社会主義思想と無関係ではなく、県警などから監視されていた。しかし、学校の厳しい管理下に置かれていたことから、問題が発覚しても学内で穏便に処理された。「第八章　元留学生ヒアリング調査摘録」は奈良女高師の卒業生や家族へのインタビュー記録5件である。

本書は奈良女高師の留学生を〈校史関係史料〉を駆使して様々な角度から捉えた好著である。序章から第三章では史料状況、留学生の在籍・進路概況、制度・政策の展開過程を客観的に示し、第四章から第八章では出身地域に特徴的な事情や留学生の個別具体的な問題を取り上げながら具体相を描いている。日々の授業を必死でこなし、寮生活では慣れない炊事当番、修学旅行にワクワクし、恋愛もすれば民族運動にも目覚める、そうした「生身」の存在である女子留学生の息遣いが感じられる。留学生研究ではこの両面からのアプローチが重要であろう。

「あとがき」にもあるように、奈良女子大学の〈校史関係史料〉が「よい状態」で残っているのは偶然ではない。史料に対する深い見識と愛情のある関係者によって守られてきたために、後進の私たちが利用の機会を与えられたのだ。本書からは史料への向き合い方も再認識させられた。

（敬文舎、2016年3月、431頁、4,500円）

上垣　豊著
『規律と教養のフランス─近代教育史から読み直す』

井岡　瑞日（大阪総合保育大学）

本書は、ナポレオン時代に始まり、複線型教育体系が色濃く残存した第三共和政期に至るまでの初等・中等・高等教育の制度史からフランス近代を読み直す試みである。著者は論点として、「フランス革命のような大きな民衆運動の高揚を経験し、第三共和政初期には民衆に対して市民教育が施される国

V 図書紹介

で、高い人文的教養を持つエリートの養成が（いかに、紹介者）重視され、維持されてきたか」、「フランス革命によるラディカルな過去との断絶を経験し、支配階級も含めて社会的に深い分裂を経験したフランスが、伝統的な教育文化を残しながら、どのようにしてイギリス、ドイツなど外来の教育文化を導入していき、自前のペダゴジーを発展させていったのか」、「ブルデュー、フーコー、アリエスらの学校批判の議論を、教育問題を歴史的に論じることによって、あるいはフランスという具体的な文脈に即して理解することによって、間接的に相対化、歴史化する」の3つを挙げる。また、これらに加えて、社会史的アプローチを採用する方法論ともかかわる「最近の傾向として制度史的関心が乏しいのは全体史への志向の弱まりとともに大きな問題である」という指摘も見逃せない。以下、著者の論に沿って各章の概要を述べる。

第Ⅰ部「エリート教育と教養教育」では、中等・高等教育段階でのエリート教育を扱う。著者は、学部の独立性を特徴とする現代フランスの大学像との連続性を示唆しながら、帝国ユニヴェルシテ（行政機関かつ教職員の同業組合）創設に象徴されるナポレオン時代の高等教育再編について論じる。そして、総合大学化及び一般教養の導入を目指すものの結果的に挫折に終わった第三共和政期の高等教育改革にも言及していく（第一章）。また、こうした動向は19世紀末から20世紀初頭の中等教育改革とも連動するものであった。19世紀の中等教育においては、古典人文学が生徒の知性を鍛える学問（ディシプリン）として威信を保ち続ける状況が続いていた（第二章）。しかし、ラテン語教育を伴わない専門中等教育の誕生や、ラテン語のディシプリンとしての有効性をめぐる古典派と近代派との激しい論争を経て、19世紀末から20世紀初頭には、フランス語に代表されるラテン語以外の教科もディシプリンとして認められていくようになる（第三章）。さらに、一連の中等教育改革の帰着点、レイグ改革（1902）の下で「ラテン語の障壁」が取り払われたことにより、女子中等教育が高等教育へ開かれ、この点で男子中等教育と「同格化」していったことを説明している（第四章）。

第Ⅱ部「民衆教育の再創出」で問題となるのは初等教育を中心とした民衆教育である。著者は、初等教育の世俗・義務・無償の三原則で知られるフェリー改革の相対化、歴史化を進めてきた近年の先行研究をつぶさに検討することで、第三共和政期の初等教育の実態を明らかにしている。そして、ルソーやペスタロッチに由来する近代的ペダゴジーへの期待が19世紀を通じて高まりをみせ、フェリー改革下で大学に「教育科学」が導入されるようになる経緯を辿ることで、同改革の歴史的位相について再考している（第五章）。このことと深くかかわる点として、著者は初等教育のライシテに着目する。というのも、19世紀末にペダゴジーがアカデミック・ディシプリンとして形成された背景として、教育の世俗化政策により新たな市民道徳の構築が必要とされたことは大きい。具体的には、初等教育局長としてフェリー改革を支えたF．ビュイッソンンの経歴を軸に、共和派とプロテスタントとの関係性をよみときながら、「道徳・公民科教育」の名の下に階級や宗派を超えてモラルが統一され、市民教育が普及していったことを論じている（第六章）。このように、第三共和政下では複線型教育制度が依然として根強く担保されながらも、単線型教育制度を求める議論や運動が起こっていた。このことを、20世紀初頭に出現した初等教育の教員養成機関であった師範学校廃止論と、19世紀末から20世紀にかけて起こった師範学校改革を詳述することでも跡づけている（第七章）。

第Ⅲ部「若者の自律と子どもの組織化」では、教育を受ける側に焦点が当てられる。著者はまず、学部学生のソシアビリテの歴史について考察する。19世紀の学生は、一部の例を除き、自律的に団結を図ったり、学部行政への参加を求めたりすることはなかった。しかし、19世紀末の大学教育改革において学生への管理主義的な対応が徐々に緩和した結果、学生団体の結成が認められるようになる。著者は、初期の学生団体の諸潮流を踏まえ、20世紀初頭にかけての学生運動のあり様についても検討を加える（第八章）。こうした学生の組織化に影響を受け、リセの生徒も「監獄」や「兵舎」と揶揄された寄宿舎の厳格な規律に対し、より激しい反乱を起こすようになる。著者は、これに対する政府の規律改革について、イングランドのパブリックスクールに模範を見出そうとする路線と、フランスの伝統的な教育文化に立脚しながら、教育科学の成果を手がかりに

新しい教育観を自前で創造しようとする路線との両面から論じる。さらに同改革は、「青年（期）」の再評価とこれによる若者への新たな眼差しの形成を伴うものであった（第九章）。一方、著者は、民衆の若者の組織化に成功したカトリックの若者運動にも着目する。そして、その代表例、カトリック青年会（ACJF）の特質を前史における慈善事業や社会事業とのかかわりから明らかにした上で、同会が戦間期にかけて民衆層にも開かれ、大衆的規模で発展していったことを指摘している（第十章）。

　以上が本書の概要である。本書は、エリート教育と民衆教育、あるいは教育を施す側と受ける側のように、別個に検討されることの多い論題を、各々の連続面や断絶面を随所で明示しながら幅広く網羅している。多彩に構成される全十章と補章は、規律と教養からみるフランス近代国家の再検討というテーマで貫かれており、第三共和政期を中心に、フランスの近代教育が試行錯誤の中でどのように構築されたのかを、広い眺望の下に読者に示している。このことは、例えば、日本においては国民統合やライシテとのかかわりで知られることの多い第三共和政期の教育改革についてのより多面的な理解を促していくことに資するだろう。また、冒頭で紹介した論点だけでなく、国民国家論の再考や今後の大学像の模索など、読む側の問題意識に応じて豊かな示唆を与えてくれる一冊である。紹介者自身も本書から多くの刺激を受けた。例を挙げると、一次史料を用いた歴史叙述の前提として、日本とフランスにおける研究の到達点をそれぞれ精査した上で、日本では十分に知られていないがゆえにフランスでの先行研究を直近のものまでより丁寧にレビューしていくよう努める態度は、外国史研究を行う上でとても大切であると改めて教わった。また、細かい点ではあるが、第九章でリセの規律改革に伴って、自宅からの通学制が推奨されるようになり、家庭教育を重視する傾向が生み出されたことが触れられる。学校教育の制度的変容は家庭教育の振興とも連動するものであったことが推察されるが、新たな観念としての「青年」に向けた家庭教育とは具体的にどのようなものであるべきとされたのか。紹介者自身の課題として考えてみたい。

　　　（ミネルヴァ書房、2016年1月、363＋5頁、6,000円）

藤澤房俊　著
『ムッソリーニの子どもたち
　　　　　—近現代イタリアの少国民形成』

柴田　賢一（尚絅大学短期大学部）

　著者は本書において、イタリア統一後の国民形成に腐心した時代の教育政策から始まり、「ファシズムの母」と呼ばれる第一次世界大戦を経て、教育が徹頭徹尾ファシズム的なものに改革されようとする姿を、教科書や教育指導要領、調査報告書などから浮かび上がらせていく。タイトルである『ムッソリーニの子どもたち』と副題である「少国民形成」が組み合わされば、イタリア・ファシズムが象徴的に表現されているようにもとらえられるが、ムッソリーニが登場するのは主に後半の第6章からである。

　本書では、子どもの少国民化という主軸が、統一からファシズム政権の成立・崩壊に至る時間軸に沿って描かれるとともに、かつきわめて複雑な「二つのイタリア」という言葉に表現されるこの地域の諸事情（国家と教会、君主主義と共和主義、北部と南部など）をさらもう一つの軸として展開される。まずはその構成を見ておきたい。

序　章　近現代イタリアの国民形成
第1章　「イタリア」誕生と初等教育
第2章　本格化する国民形成
第3章　帝国主義時代の少国民形成
第4章　ジョリッティ時代の教育改革
第5章　教科書に見る第一次世界大戦
第6章　ムッソリーニが「最もファシスト的」と称賛した教育改革
第7章　「バリッラ」による少国民形成
第8章　少国民を創る国定教科書
第9章　ファシズム思想が充満した国定教科書
第10章　「バリッラ」員だったお爺さんと、それを拒否したおばあさんの話

　本書は当時の教科書を主な史料に据えており、約150点の教科書を丁寧に、かつ使用された痕跡を確かめながらの分析は、教科書に表れるその時々の教育政策の変遷を鮮明に描き出すだけではなく、その

教科書を前にして教室で学んでいた―落書きなどの痕跡からは、学校や教育という時間・空間から逃避しようとする姿も含めて―子どもの姿を脳裏に思い起こさせるものがある。

本書を紹介するにあたっては各章を縦断するいくつかのテーマに沿って紹介するほうが適切なように思われるが、それらは国民形成に不可欠な三要素「武器・言語・祭壇」（すなわち軍隊、共通語としての言語、カトリック）として現れる。そして当時のイタリアにおいては「そこに欠落していたのが教育である」と著者は指摘する（序章）。

王国成立直後は「イタリア」という国名さえ知らない南部の住民、分裂要素としての宗教など、「統一」後も国民としての統合は大きな課題であった。当時のカザーティ法（1859年）では、2年間の無償義務教育はコムーネ（地方自治体）の管理・負担であり、財政的能力を欠き、住民の「需要」もないコムーネでは行わなくてもよかった。さらに高等・中等教育には国家予算が充てられる一方で、幼児教育は教会の活動に委ねられるなど、教育制度そのものが分断された状況にあった（序章）。

以下順不同だが、まずは言語の問題からみておこう。統一当初は、低い識字率（特に南部）がまず問題となっていた。まともにイタリア語が読み書きできる教員も乏しい中で、人口のわずか1％ほどしか正しく使えなかったトスカーナ語を国語として浸透させていくのは難しかった。多様な方言と、地域主義や郷土主義（カンパニリズモ）はイタリアの国民化を遅らせる一つの要因となる（第1章）。

歴史的左派政権時代のコッピーノ法（1877年）では識字率の向上が目指され、無償義務教育期間の延長や、義務教育を履行しない親への罰金刑などの取り組みがなされたが不十分であり（第2章）、オルランド法（1904年）にその役割が受け継がれた（第3章）。同法において、さらに義務教育期間が延長され、読み書きのできない成人のための夜間・祭日学校が設立されたことで、イタリア全土で識字率は大きく改善されていく。

ムッソリーニ政権下では、1938年に女性的な人称代名詞「lei」（あなた）の使用を禁止し、「Voi」を使うことが提案され、言語によるファシズム・イデオロギーの貫徹が図られようとする。これに対してGalileo Galilei を Galileo Gali*voi* と呼ぶのか、という皮肉が出されるが（第9章）、このような視点にイタリアにおけるファシズムの不徹底さが見え隠れする。

宗教については、イタリアでは宗教（カトリック）が「国民統合を深く分裂させる主体として立ち現われることになった」というB・クローチェの言葉が正鵠を得ている（序章）。教会は教育を神によって教会に与えられた権威としていたため、子どもが小学校へ通学することを悪辣な噂によって阻止しようとする（第1章）。コッピーノ法では教育の世俗化政策の中で「宗教」は必修科目から外され「市民の義務」が導入される。これをもって「近代イタリアの少国民形成が本格的に開始される」と著者は述べる。しかし宗教を多くの学校が廃止した北部と、過半数が維持した南部というように、世俗化教育には南北格差が存在していた（第2章）。イタリアでは1911年のダオーネ・クレダーロ法で小学校は国家に移管されたが、この時にもカトリック勢力は小学校の国有化に反対した（第4章）。

しかしカトリックと世俗権力は世紀末ごろから融和しはじめ、ムッソリーニ政権下のジェンティーレ改革では、小学校に「宗教」が復活し、1929年以降は、カトリック教会のファシズムへの同意獲得を目論んで中学校にも「宗教」が導入される（第6章）。

最後に軍隊である。1860年の教育指導要領ではサヴォイア家を統合原理とする少国民形成が教科書を通して推進されていた（第1章）。コッピーノ法時代の教科書では「祖国が危機にある時（中略）祖国を防衛するのが、市民の義務」とされ（第2章）、1905年の教育指導要領下で出版された教科書には、「僕も兵士になりたい」という章があり、軍国主義的な少国民形成が教科書を通じて展開していくことになる（第4章）。

1922年のムッソリーニによる政権獲得後は、教育のファシズム化が進展する。ムッソリーニはジェンティーレ改革には妥協的であったものの、1925年以降は「全国バリッラ事業団」（未来の兵士である子どもを鍛錬し、軍隊式に規律化することと、ファシスト精神を刷り込むための組織）の創設や、「ファシズムのベファーナ」という行事を通して、少国民形成を積極的に進めていく。その中で国王や王妃も国民統合のシンボルとしての役割を果たしていく。また1930-31年学期からの国定教科書の導入は「教科書

を通じて学校のファシズム化を完成」しようとするものであり、その中でムッソリーニの神格化も図られている。そして1939年の「学校憲章」によって、教育原理はファシズム体制によって網羅されていく。しかしムッソリーニは1943年に国王によってその任を解かれ、統合の一つのシンボルであった国王も、1946年の国民投票で統治者の地位を否定される（第10章）。

　著者が「はじめに」において日伊の比較を行っているように、このテーマを当時の日本やドイツにおける国家統一・少国民形成と比較して検討することも、もちろん重要な課題であると思われる。しかしそれよりもイタリアという地域（国）の独自性が本書では際立つ。帝国になろうとしても、大戦に参加しても、どこか統一感がなく、一つの色に染まり切らないイタリア。教科書の隅に落書きをして、教育されることから逃れ出ようとしていた子どもの姿は、ガリレオ・ガリレイをガリヴォイと皮肉った、「まだら模様」（第10章）でファシズムの色に染まり切らなかったイタリア人の姿とも重なり合うように思われる。

　　　（ミネルヴァ書房、2016年1月、318＋9頁、4,000円）

※表記した金額はいずれも本体価格です。

機関誌編集規程

第1条　機関誌編集委員会規程第10条に基づき、本規程は、機関誌『日本の教育史学』（以下「本誌」と称する。）の編集にかかわる事項を定める。

第2条　本誌は、年1回発行する。

第3条　本誌は、本学会員による研究論文、課題研究、シンポジウム記録、書評・図書紹介、学会彙報（各専門領域ごとの「研究動向」）その他会員の研究活動に関連する記事等を掲載する。

第4条　本誌に論文掲載を希望する会員は、まず本学会年次大会において口頭発表を行ったうえ、同一主題による論文原稿を、所定の「投稿要領」に従い編集委員会あて送付するものとする。ただし、同一会員の論文を2年連続して掲載することは認めないものとする。

2　投稿論文の採否は、編集委員会における審議を経て決定する。

3　論文審査の手続きは、別に定める。

4　論文の審査にあたり、編集委員会は、委員以外の会員を特別委員に委嘱して意見を求めることができる。

5　掲載予定の原稿について、編集委員会は執筆者との協議を通じ、内容の変更を求めることがある。

6　専門領域別（西洋・東洋・日本）の掲載論文数については、年度ごとの各領域における投稿数を勘案して、編集委員会が決定する。

第5条　書評・図書紹介の編集は、機関誌編集委員会規程第1条の規定にかかわらず、理事会が設置する書評委員会が行う。

2　書評委員会に関し必要な事項は、別に定める。

第6条　編集委員会は、必要により特定の個人または団体に対して原稿の依頼を行うことができる。

第7条　本誌に掲載された研究論文、その他の原稿は原則として返却しない。

第8条　掲載決定の通知を受けた執筆者は、定められた期日までに、最終原稿を提出するものとする。そのさいには、必要最小限の修正がみとめられる。

第9条　執筆者による校正は、再校までとする。

第10条　図版等にかかわる特定の費用を要する場合には、執筆者の負担となることがある。なお、抜刷については執筆者の実費負担とする。

　　　附　則

この規程は、第54回大会年度から施行する。

機関誌編集規程第4条運用内規

1．個人で投稿すると同時に共同でも投稿することは、1件に限り認める。
2．同一メンバーの共同発表に基づく投稿は、個人に準じる（連続不可）。
3．同一でないメンバーの複数の共同発表に同一の会員が加わって投稿する場合は、連年も可とするが、同時に複数の投稿に加わることは不可とする。

編集後記

　『日本の教育史学』第60集をお届けします。執筆者の皆様、編集に携わってくださった関係者の皆様に感謝申し上げます。
　第60集では、これまでの「研究論文」「大会記録」「書評」「図書紹介」に加えて、国際交流委員会の企画による「海外研究情報」欄を設けることになり、その第1回として新保敦子会員に「グローバリゼーションの下での教育史研究」と題する論考を寄稿していただきました。
　研究論文については、31本（日本23本、東洋2本、西洋6本）の投稿がありましたが、2本が字数超過等で不受理となったため、29本を対象に審査を行い、そのうちの7本（日本4本、東洋1本、西洋2本）を掲載することができました。
　教育史学会の論文審査は、2段階に分けて行っており、第1段階審査では1論文あたり2名の担当者が査読を行い、その査読結果（第1段階審査票）を執筆者に送付し、申し立てを受け付けます。その後、第2段階審査に入り、第1段階審査票および執筆者の申し立てを参考にしつつ、各領域の編集委員が領域ごとの投稿論文をすべて審査し、10点満点で評点を付けます。そして、編集委員会では平均点6点以上を採択の基準として審議を行い、採否を決定しています。なお、今回は第1段階審査に編集委員以外の特別委員（1名）を委嘱し、専門的な立場から審査に当たっていただきました。
　近年、論文の採択率の低さが問題として指摘されていますが、その要因として、論文としての完成度の問題に加えて、先行研究の検討が不十分な論文が多く認められるようになったことがあげられると思います。また、編集委員会では、投稿論文の図表の文字サイズがいつも問題になります。そこで、次回からは投稿時の図表の文字サイズについて、「A4判の原稿の本文に図表を組み込む場合は、本体を10ポイント以上、備考を9ポイント以上に設定すること」とわかりやすい表記に改訂することにしました。投稿を予定されている方はご留意ください。
　「書評」「図書紹介」には合わせて17本の著作を取り上げました。書評・図書紹介の執筆をご担当くださった会員の方々に深甚の謝意を表します。
　本集の英文校閲もネルソン氏にお願いし、短期間に適確な校閲を行っていただきました。
　編集実務は、幹事の川村千尋さんにお世話になりました。

（湯川　嘉津美）

機関誌編集委員会

◎ 委員長　　○ 副委員長
（　）内は所属・担当領域

〔第59・60集編集委員〕
　一見真理子（国立教育政策研究所・東洋）
　井上恵美子（フェリス女学院大学・日本）
　今井　康雄（日本女子大学・西洋）
　大桃　敏行（学習院女子大学・西洋）
　木村　　元（一橋大学・日本）
　坂本　紀子（北海道教育大学函館校・日本）
　佐藤　由美（埼玉工業大学・東洋）
　宮本健市郎（関西学院大学・西洋）
　山名　　淳（東京大学・西洋）
◎湯川嘉津美（上智大学・日本）

〔第60・61集編集委員〕
　荒井　明夫（大東文化大学・日本）
　大塚　　豊（福山大学・東洋）
　大矢　一人（藤女子大学・日本）
○小野　雅章（日本大学・日本）
　駒込　　武（京都大学・日本）
　三時眞貴子（広島大学・西洋）
　白水　浩信（北海道大学・西洋）
　樋浦　郷子（国立歴史民俗博物館・日本）
　古川　宣子（大東文化大学・東洋）
　吉川　卓治（名古屋大学・日本）

〔英文校閲〕David G. Nelson（California Lutheran University）

〔第60集書評委員〕
◎小野　雅章（日本大学・日本）
　沖田　行司（同志社大学・日本）
　小玉　亮子（お茶の水女子大学・西洋）
　駒込　　武（京都大学・日本）
　白水　浩信（北海道大学・西洋）
　鈴木　理恵（広島大学・日本）
　古川　宣子（大東文化大学・東洋）

日本の教育史学

教育史学会紀要　第60集
2017年10月1日発行

編　者　　教育史学会機関誌編集委員会
発行者　　教育史学会
　　　　　代表理事　米田俊彦
　　　　　〒102-8554 東京都千代田区紀尾井町7-1
　　　　　上智大学総合人間科学部
　　　　　湯川嘉津美研究室気付
　　　　　e-mail mail@kyouikushigakkai.jp
　　　　　郵便振替 00140-0-552760
発　売　　株式会社日本図書センター
　　　　　〒112-0012 東京都文京区大塚3-8-2
　　　　　電　話 03(3947)9387
　　　　　ＦＡＸ 03(3947)1774
　　　　　http://www.nihontosho.co.jp
印刷所　　城島印刷株式会社
　　　　　〒810-0012 福岡市中央区白金2-9-6
　　　　　電　話 092(531)7102

© 2017 教育史学会機関誌編集委員会
Printed in Japan
ISBN 978-4-906194-34-6

文献選集 近代の親子問題

〈全Ⅱ期・全20巻〉

[監修] 広井多鶴子／鈴木智道

「親子問題」の誕生・形成の源流を明治・大正・昭和に求めて!

[体裁] A5判・上製・布クロス装・総約7,000頁

現代的な「親と子」「家族」が登場した明治・大正・昭和戦前期の、親子関係に関する多様なジャンルの重要文献を精選! 好評の『文献選集 現代の親子問題』と合わせて親子関係の歴史一〇〇年を展望する!

第Ⅰ期・全10巻 親子関係と子育ての変容

[定価] 本体120,000円+税

主なテーマ 親孝行／新しい家庭論／良妻賢母／家族と法／胎教／早期教育／しつけ／子育ての方法／メディアと子育て

2016年5月刊行

第Ⅱ期・全10巻 「親子問題」の登場

[定価] 本体120,000円+税

主なテーマ 農村の母親／悪癖矯正／教育する母親／教育問題としての子ども／子殺し・親子心中／児童虐待・産児制限・離婚／保護される家族 ほか

2017年9月予定

全Ⅱ期・全20巻
揃定価(揃本体240,000円+税)

倉橋惣三 保育人間学セレクション 〈全7巻〉

学術著作集ライブラリー 発行=学術出版会

保育学、教育学、児童心理、児童文化、芸術・宗教など多様な分野に関わる、選集未収録の膨大な論考を集成!

[編集・解説] 浜口順子 [体裁] A5判・上製・布クロス装・総約3,000頁

[定価] 本体120,000円+税

- 第1巻 幼児期の教育
- 第2巻 教育論
- 第3巻 家庭生活と教育Ⅰ
- 第4巻 家庭生活と教育Ⅱ
- 第5巻 児童保護
- 第6巻 児童文化・宗教教育
- 第7巻 児童心理・その他

主な収録文献・論文 「聖書と小児」(一九〇六)／「保育入門」(一九一四～一五)／「遊戯の価値とその指導」(一九三五～三六)／「児童保護問題」(一九三七) ほか

2017年1月刊行

復刻版 『保育』戦後編Ⅱ 1956-1965 〈全3回配本・全20巻〉

[解説] 湯川嘉津美

戦後保育の発展を担った代表的な保育雑誌、待望の復刻!

[体裁] A5判・上製・布クロス装・総約9,200頁

回	内容	巻数	定価	刊行
第1回	第11巻第1号～第14巻第12号	全8巻	本体110,000円+税	2016年1月
第2回	第15巻第1号～第17巻第12号	全6巻	本体110,000円+税	2016年10月
第3回	第18巻第1号～第20巻第12号	全6巻	本体110,000円+税	2017年1月

全3回配本・全20巻
揃定価(揃本体330,000円+税)

戦後幼児教育・保育実践記録集 〈全Ⅲ期・全29巻〉

[監修] 太田素子 [編集] 福元真由美・浅井幸子・大西公恵

[体裁] A5判・上製・総約9,000頁

一九五〇年代から八〇年代までの、実践記録を集成した初の試み!

期	内容	巻数	定価
第Ⅰ期	表現する子ども	全9巻	本体98,000円+税
第Ⅱ期	子どもの生活と仲間関係	全10巻	本体98,000円+税
第Ⅲ期	保育のデザイン	全10巻	本体98,000円+税

全Ⅲ期・全29巻
揃定価(揃本体294,000円+税)

文献資料集成 日本道徳教育論争史 〈全Ⅲ期・全15巻〉

[監修・解説] 貝塚茂樹 [体裁] A5判・上製・総約9,000頁

明治から平成までの道徳教育の歴史と論点を網羅!

期	内容	巻数	定価
第Ⅰ期	近代道徳教育の模索と創出	全5巻	本体94,000円+税
第Ⅱ期	修身教育の改革と挫折	全5巻	本体94,000円+税
第Ⅲ期	戦後道徳教育の停滞と再生	全5巻	本体94,000円+税

全Ⅲ期・全15巻
揃定価(揃本体282,000円+税)

※内容は変更となる場合がございます。

日本図書センター
〒112-0012 東京都文京区大塚3-8-2
TEL03-3947-9387 FAX03-3947-1774
http://www.nihontosho.co.jp

*ご希望の方にはパンフレットをお送り致します。